200%
Un Manual Para Vivir Plenamente

Arjuna Ishaya

200% - Un Manual Para Vivir Plenamente®
Derechos de Autor, Arjuna Ishaya 2018. Todos los derechos reservados.

A través de este medio, Arjuna Ishaya confirma sus derechos morales, incluyendo, sin limitación, identificarse a sí mismo como el autor, dueño y licenciante de este trabajo y al derecho de oponerse al trato despectivo del trabajo.

Ninguna parte de este libro podrá ser reproducida de ninguna manera o a través de ningún medio electrónico, fotográfico o mecánico (incluyendo sistemas de almacenamiento o recuperación), transmitido o copiado para uso público o privado (excepto las breves citas incluidas en artículos o reseñas) sin previo permiso escrito por parte del autor o sin acreditar al mismo.

Esta publicación contiene las ideas, opiniones y experiencias propias del autor; ninguna otra persona u organización es responsable de las mismas. Su propósito es brindar material informativo útil en los temas aquí tratados. Se publica y distribuye bajo el estricto entendimiento de que ni el autor y ni la editorial están involucrados en brindar orientación médica, de salud o cualquier otro tipo de consejo o servicio en este libro. Este trabajo no tiene la finalidad de ser utilizado a manera de solución. Este trabajo no tiene la finalidad de ser utilizado como una solución a los problemas emocionales que manifieste el lector; si éste no se encuentra en las mejores circunstancias, se recomienda buscar ayuda de un profesional.

El diseño de la portada, la ilustración y fotografía son obra de Ali Hodgson, (*www.alihodgson.co.uk*)

Traducción: Mayra Anahí Cisneros Omaña (Pavitra Ishaya).
Edición y Revisión Técnica: María Carmen Omaña Orduño.
Revisión e Investigación: Andrew Barajas y Luis Reyes (Jñadev Ishaya).

Visita *www.arjunaishaya.com*

ISBN: 978-0-9572056-9-7

"Creo que cada ser humano debería recibir una copia de este libro al nacer. Arjuna ha hecho un grandioso trabajo. Es un libro maravilloso, me encanta."

— Manyu, maestro de meditación y Mindfulness internacionalmente reconocido.

"Este libro tiene una clara visión para enseñarnos el camino de la verdadera felicidad de cuerpo, mente, alma y espíritu. Es una lectura maravillosa, volveré a sumergirme en él muchas, muchas veces."

— Dan John, legendario entrenador de levantamiento y académico en estudios religiosos, autor de siete exitosos libros incluyendo *Never Let Go*.

*"**200%** contiene gran sabiduría de la vida real. Sé que este libro cambiará vidas porque hace que vivir la mejor de las vidas sea posible para cualquier persona con un deseo interno y un llamado a más. Si te sientes llamado a 'más', entonces el libro de Arjuna es la respuesta."*

— Sandy C. Newbigging, experto en coaching y meditación, autor de siete exitosos libros incluyendo *Mind Detox*.

*"**200%** está escrito con tal claridad y humor que simplemente leerlo es un placer. Pero no sólo eso, si los lectores llevan estas palabras a la acción tendrán un gran impacto, no sólo para ellos, sino para el mundo entero."*

— Rebekah Palmer, periodista, editora y autora de dos libros, incluyendo *Rhythm*, así como la serie de libros para niños *Champ The Chopper*.

"Arjuna encuentra el equilibrio correcto entre la paz interior y vivir para realizarse. Estos dos aspectos, que normalmente son opuestos, dejan de serlo. Bienvenido al Club del 200%"

— Pat Flynn, experto en fitness, filósofo, autor de cinco libros exitosos incluyendo *How to be Better at (Almost) Everything*, uno de los mejores 500 bloggers en salud y condición física.

"Me ENCANTA. Me encanta la mezcla de sabiduría, humildad y humor. Me encanta el formato y los consejos prácticos y reales que transforman la vida. ¡Todos deberían de leer este libro!"

— Joanna Taylor, experta internacional en yoga y meditación.

A mis compañeros Ishayas, quienes están dedicados a vivir las vidas más plenas. Ustedes siempre han sido una inspiración y un faro de esperanza para mí...
Que sean encontrados por quienes desean plenitud en su vida.

A Sumati y May, gracias por ser parte de mi vida... ¡Son grandiosas!

"Sé excelente."

—Maharishi Krishnananda Ishaya,
maestro Ishaya de The Bright Path.

ÍNDICE

PRÓLOGO
¿Hay Más en la Vida?
— Sandy C. Newbigging

INTRODUCCIÓN
Bienvenido al Club del 200%

PRIMERA PARTE
Cómo Funciona la Vida (y Cómo No Funciona)

1
Los Dos Juegos de la Vida - 7

2
Cómo Disfrutar una Mala Vida - 23

3
Tu Vida es Tu Decisión - 41

4
Los Grandes Beneficios de Elegir en Grande - 49

5
¿Qué es lo que Realmente Quieres? - 55

6
Por Qué el Problema No es el Problema - 61

SEGUNDA PARTE
Las Ocho Elecciones Para Vivir Plenamente

7
Los Prerrequisitos Para Elevar Tu Nivel Juego - 79

8
Las Elecciones Fundamentales de la Vida (con 'V' Mayúscula) - 93

9
Primera Elección: Asumir (cuando quieras inculpar) - 99

10
Segunda Elección: Responder (cuando quieras reaccionar) - 105

11
Tercera Elección: Aceptar (cuando quieras rechazar) - 119

12
Cuarta Elección: Apreciar (cuando quieras criticar) - 135

13
Quinta Elección: Dar (cuando quieras recibir) - 169

14
Sexta Elección: Estar Presente *Aquí y Ahora* (cuando quieras estar en otro lugar) - 185

15
Séptima Elección: Ser Audaz (cuando quieras encajar) - 227

16
Octava Elección: Ser Nada (cuando todos te dicen que seas algo) - 267

17
Vivir Plenamente – Viviendo de Verdad - 281

EL SIGUIENTE PASO
The Bright Path - 291

SOBRE EL AUTOR
295

GLOSARIO DE CITAS Y BIBLIOGRAFÍA
297

AGRADECIMIENTOS

"Nada de mí es original.
Soy el esfuerzo combinado de todos los que he conocido."

—Chuck Palahniuk, autor de *The Fight Club*.

Si alguna vez has trabajado de cerca con un gran maestro, mentor o coach, sabrás cuando estimas, respetas y admiras a esta persona.

Todo en este libro es gracias a mi maestro de The Bright Path, Maharishi Krishnananda Ishaya. Aprendí de él, filtré sus enseñanzas de manera muy particular y ahora, en este trabajo, te comparto los resultados. Él siempre dice que tienes el maestro que mereces, por lo que me siento increíblemente afortunado. Si – en efecto – existen las vidas pasadas, yo debí hacer algo muy, muy bien. Gracias por todo, Maharishi.

Gracias, desde el fondo de mi corazón, a Savitri y a Prasada por tan brillante trabajo de edición y todo su increíble apoyo; fueron más allá de sus responsabilidades y por ello siempre estaré en deuda con ustedes. A Kali por la increíble portada, los consejos y el diseño; eres genial y súper talentosa. A Sutratman, por poner todo esto en tan perfecto orden. A Dharani, por el gran apoyo con tu labor editorial. A Julian, por tu sensacional aportación a través de tus comentarios y correcciones textuales. A Purya, por tan fenomenal trabajo, ¡eres fantástica!

A Pavitra, María Carmen, Andrew, Jñadev, Dhanya, Sri y todos aquellos que hicieron posible esta traducción en español: ¡Wooooow! Muchas gracias (utilicé el traductor de Google para agregar estas palabras después de que hayas terminado tu trabajo, ¡espero que esto sea atractivo para tu sentido del humor!)

Y gracias a ti, por tomarte el tiempo de leer esto. Deseo que siempre vivas el 200% de tu vida.

PRÓLOGO

¿Hay Más en la Vida?

"En la vida hay algo más importante que acelerarla."

—Mahatma Gandhi, político y líder espiritual de la India.

¿Eres demasiado feliz? ¿Sufres de elevados niveles de paz interior? ¿Estás cansado de amar tanto la vida? No conozco a nadie que sea demasiado feliz, demasiado pacífico o que esté demasiado enamorado con su vida. Creo que esto se debe a que siempre hay más, y algo en nuestro interior lo sabe.

Debe haber más en la vida que esto. ¿Alguna vez has pensado o experimentado el sentimiento que engloba ese enunciado? Hay una gran posibilidad de que así sea, especialmente si este libro te ha llamado la atención. La razón por la que ese sentimiento es tan común es porque realmente hay mucho más de lo que experimenta una persona promedio. Y una parte de nosotros lo sabe bastante bien.

Una vida humana 'promedio' va más o menos así: naces, aprendes lo básico (a caminar, hablar, comer, etc.), vas a la escuela (aprendes a contar, escribir, pensar, etc.), sales de la escuela, haces cosas para ganar dinero, vas a lugares, encuentras una pareja, tienes hijos, compras una casa, compras más cosas, trabajas 30 o 40 años, pagas la hipoteca, te jubilas, te relajas y mueres. ¿Te suena familiar?

Aunque vivir este tipo de vida no necesariamente está mal, ¿es suficiente? No siempre. Como decía antes, sabemos que hay más que sólo vivir este tipo de existencia humana convencional.

Por fortuna, no hay un límite de amor, o una cuota predeterminada de paz que puedes experimentar. Independientemente de lo que creas que experimentas hoy (amor, paz o felicidad, ya sea mucho o poco de cada uno) siempre hay más esperando a ser experimentado, pero ¿en dónde?

He ahí el dilema. La mayoría de nosotros no sabemos en dónde encontrar la verdadera plenitud. Creemos en esa sensación de que algo falta y será resuelto una vez que hayamos arreglado, cambiado o perfeccionado nuestro mundo externo; hasta que finalmente encaje en nuestra idea de cómo debería verse la vida.

Es común que en esta búsqueda por 'más' pisemos a fondo el acelerador de la vida. Terminamos trabajando, y viviendo, cada vez a mayor velocidad. Todo en un inocente intento por lograr más y alcanzar cada vez mayor éxito.

Pero, si no tenemos cuidado, podemos terminar saltando rápidamente de 'una dosis de plenitud' a la siguiente, pasando por alto tanto la presencia de paz (que está siempre presente) como la vida externa sucediendo a nuestro alrededor en toda su gloria.

En su libro **200%**, Arjuna nos explica con elocuencia porqué no estamos viviendo nuestro máximo potencial y como la mayor parte de nuestro enfoque se mueve principalmente hacia afuera, hacia la parte 'externa' de nuestra vida: consiguiendo un ascenso, conociendo a la pareja perfecta, etc. Rara vez nos detenemos, estamos quietos y dirigimos nuestra atención hacia adentro; rara vez exploramos y experimentamos nuestro infinito 'mundo interior'. Como bien señala Arjuna, al hacer esto terminamos viviendo una vida a medias sin darnos cuenta.

Puedo identificarme con esta percepción errónea que nos lleva a tantos a perdernos del vivir plenamente. Todo en mi vida iba genial: tenía una novia hermosa, vivíamos en una zona de gente pudiente en Edimburgo y conducíamos autos de lujo. En cuanto a mi carrera, pues, trabajaba alrededor del mundo, todos mis eventos y cursos estaban llenos, el dinero seguía llegando, incluso me presentaba en televisión internacional.

Llevaba lo que muchos consideran una 'vida exitosa', el único problema era que yo no me sentía así, faltaba algo. Estaba completamente estresado, sufría de ansiedad en secreto, con frecuencia me sentía frustrado, constantemente disgustado y sentía que estaba a millones de kilómetros de ser la persona feliz y tranquila que quería ser.

Fue alrededor de esa época que un amigo me sugirió probar la meditación. Accedí a probarla sabiendo que ningún tipo o nivel de éxito externo me había traído serenidad interna. Poco después de comenzar una práctica diaria de meditación (utilizando el mismo tipo de meditación que Arjuna también enseña) descubrí que había comenzado a sentirme realmente emocionado por la vida, la paz y la plenitud.

No necesariamente porque mi mundo externo hubiera cambiado o mejorado, sino por haberme embarcado en la más grande de las aventuras: el camino hacia adentro. Descubrí que esa paz interior era posible para mí sin que mi desempeño exterior se viera impactado negativamente; todo contrario, la quietud interior pagaba dividendos a mi productividad en el movimiento de la vida exterior. Ahora no tengo duda de que el secreto a la vida exterior es la quietud interior.

En **200%**, Arjuna comparte Las Ocho Elecciones para vivir plenamente, las cuales son fantásticas para crear cimientos firmes, sólidos, y adecuados para la existencia más satisfactoria y emocionante posible. Te invito a que no sólo las leas, sino que hagas todo lo posible para ponerlas en práctica y vivirlas en tu vida diaria. Si lo haces, te prometo que descubrirás que vivir al 200% es un camino a la grandeza.

Uno de los capítulos principales para mí es cuando habla de Cómo Disfrutar una Mala Vida. Sí, leíste bien: ¡una mala vida! No sólo me pareció un giro gracioso para este tipo de libro, también me encantó la manera en que Arjuna explica los numerosos hábitos negativos que todos hemos tenido en algún punto, y que nos llevan tanto a la infelicidad como a una vida a medias.

Tómate la vida muy, muy en serio, **olvídate** de lo que es realmente importante para ti y **culpa** a todos los demás, son los primeros tres de más de 50 hábitos que resalta. Creo que cualquier vida mejoraría al dejar de hacer estos tres. ¡Imagina lo que pasaría si también te liberarás de los demás!

Cuando nos tomamos la vida muy en serio, nuestro gozo se desvanece rápidamente. Cuando damos prioridad a otras cosas sobre, por ejemplo, nuestra felicidad o amor, entonces estamos en la vía rápida a la frustración. Y cuando culpamos a otros, cedemos nuestro poder, reprimimos nuestro éxito y posponemos nuestra paz.

Pero, si estamos dispuestos a tomar una perspectiva de la vida más relajada, damos mayor importancia a la paz interior (no a que la vida vaya siempre según nuestro plan) y renunciamos al juego de la culpa. Entonces, rápidamente somos testigos de las mejoras en todos los aspectos de nuestra vida. Vivir al 200% es una estrategia magníficamente simple para una vida súper exitosa.

200% es un maravilloso manual para cualquier persona que quiera más de la vida. Es un libro que contiene mucha sabiduría cotidiana con la que es fácil relacionarse. Sé que este libro cambiará vidas porque hace posible vivir de la mejor manera, para cualquiera con un deseo interno y un llamado a *algo más*.

Si sientes el llamado a 'más', entonces el libro de Arjuna es la respuesta.

Sandy C. Newbigging

Autor de siete libros de gran éxito, incluyendo *Mind Detox*.

INTRODUCCIÓN

Bienvenido al Club del 200%

"No es a la muerte a quien debería temer el hombre, debería de temer a nunca comenzar a vivir."

— Marco Aurelio, emperador romano y filósofo.

Al tomar este libro te has embarcado en una de las más grandiosas aventuras que la vida tiene para ofrecer: unirte al Club del 200%.

Los miembros de este club tienen un deseo y una prioridad en común: comenzar realmente a vivir y experimentar la vida en su máxima expresión, al 200%. Quizá sea matemáticamente imposible, pero no de manera empírica.

Permíteme explicarte. El 200% de la vida es la experiencia de todo.

Es la vida entera: 100% de conexión, estabilidad y profundidad interna más 100% de gozo, efectividad y plenitud externa. Es tener paz y realización, un balance perfecto. No se puede tener uno sin el otro, por algo hay dos mitades completas que forman el símbolo del *ying yang*. El equilibrio lo es todo. El éxito, sin satisfacción y gozo, es media vida. Permanecer 'Zen', sin acción, es sólo la mitad de la imagen.

No es una cosa o la otra. Puedes tener ambas. Mereces tener ambas. Mereces vivir el 200% de la vida.

Una cosa importante que necesitas saber

Una vida sin ningún tipo de estrés, conflicto, confusión, reacción, autosabotaje, duda, preocupación, enojo o miedo es completamente posible (sí, incluso para ti).

No sólo porque la mayoría de la gente experimenta este tipo de limitaciones cada día de sus vidas, quiere decir que sean una parte necesaria de la condición humana.

¿Es posible vivir sin algún tipo de sufrimiento, infelicidad, incertidumbre, frustración, sensación de estar perdido... o preguntarte constantemente de qué se trata la vida?

Sí. Puedes estar permanentemente libre de todo eso. **Sí puedes**.

La única razón por la cual sé esto, es porque he estado ahí. De hecho, cada cierto tiempo mi vida estaba 'llena' de estas cosas.

Por mucho tiempo, desperté en las mañanas y el miedo ya estaba ahí, acumulándose, como una inminente alarma dentro de mi cabeza que no podía apagar, enviando impulsos de nerviosismo a lo largo de mi cuerpo y tensión a mis entrañas.

Encontré maneras de lidiar con esto, pero no quería pasar el resto de mi vida simplemente lidiando. Quería la respuesta, quería liberarme de estas cosas que me apresaban.

Lo peor era sentir que la solución estaba justo ahí, frustrantemente fuera de mi alcance.

¡Y tenía razón! La solución está tan cerca, que lo único que necesitas saber es dónde buscar. Vivir libre de agobio, negatividad y limitaciones; ser la mejor versión de ti al adentrarte al 200% de la vida es increíblemente simple y sencillo... cuando sabes cómo hacerlo. Puedes aprender a permanecer constantemente claro, calmado, satisfecho, plenamente vivo, lleno de propósito, enfocado, relajado, feliz.

La vida puede ser profunda y productiva; de hecho, para sacarle el mayor provecho es necesario tener ambas. Vivir al 200% es una habilidad que puedes adquirir y manejar fácilmente. De hecho, más que adquirirlo, puedes recordarlo, volviéndolo mucho más fácil. Como todo, se necesita un poco de persistencia y una pizca de dedicación para aplicar el conocimiento correcto.

En realidad, necesitas poco para ganar mucho. No tienes que convertirte en monje, hippie o ermitaño, ni sacrificar absolutamente nada... salvo el sufrimiento, el estrés y las limitaciones. Hay tantas ideas falsas acerca de cómo es vivir así, que la mayoría de la gente ignora lo fácil que puede ser. Para lograrlo, sólo tienes que aprender a buscar en el lugar correcto.

Hay tantas ideas falsas acerca de cómo es vivir así, que la mayoría de la gente no sabe cuan fácil puede ser. Si cuentas con la pasión por llevar la mejor y más plena de las vidas, o simplemente quieres un poco más de ella, entonces estás en el lugar indicado.

Puedes tenerlo todo: desde una experiencia vasta y plena de paz interior y propósito, hasta el completo disfrute y efectividad en el mundo. Sin importar qué vida lleves, el 200% puede ser tuyo.

Este libro puede aplicarse a todos los aspectos de tu vida, ¡en tu vida entera! Si realizas las pocas cosas que aquí te explico, notarás los beneficios. Intenté hacer este mensaje tan simple, práctico y ejecutable como fuera posible, para que tengas la mejor oportunidad de llevarlo a cabo.

Tú mereces algo sencillo. Como dijo el artista y científico, Leonardo da Vinci:

> *"La simplicidad es la máxima sofisticación."*

En la **Primera Parte – "Cómo Funciona la Vida (y Cómo No Funciona)"**, aprenderemos sobre los dos juegos que crean el 200% de la vida, explicaremos por qué quieres volverte experto en ellos y exploraremos qué puede estar evitando que lo hagas.

En la **Segunda Parte – "Las Ocho Elecciones para Vivir Plenamente"**, te llevaré de la mano para que sepas exactamente qué hacer para vivir plenamente.

Comencemos.

PRIMERA PARTE

Cómo Funciona la Vida
(y Cómo No Funciona)

CAPÍTULO 1

Los Dos Juegos de la Vida

"Un jugador de tenis enfrenta el Juego Interno por primera vez cuando descubre que hay un oponente mucho más formidable dentro de su cabeza que aquél del otro lado de la red."

—Tim Gallwey, 'El Padrino' del coaching.

Existen dos juegos interconectados que jugamos al vivir el 200% de la vida: el interior y el exterior.

Implica el enfrentarse a los desafíos de la vida, pero también se trata de alcanzar tus metas y hacer lo que más disfrutas: tu profesión, trabajo y finanzas, romance y familia, salud y aptitud física, pasatiempos y deportes, posesiones, viajes y vacaciones, etc. En esencia, el juego exterior es lo que haces para abrirte camino en el mundo, para sobrevivir y encontrar una estabilidad en tu vida. Se trata del desempeño, de disfrutar, prosperar, y lograr lo que te propones. El juego interior, por otro lado, brinda los cimientos que determinan el juego exterior.

Se confrontan las fuerzas mentales y emocionales como, por ejemplo, la negatividad, la duda, confusión, miedo, agobio, arrepentimiento, culpa, enojo y arrogancia. Las recompensas de realizar un buen juego interno son la plenitud, satisfacción, calma, confianza, dirección, enfoque, sentido, felicidad y paz. Al dominar el juego interno, el juego externo se convierte en algo sencillo y simple: se elimina el estrés de vivir y lograr.

Como tal, el juego interior es básico: al modificarlo afectamos directamente al juego exterior. Los pensamientos y sentimientos que sigues dirigen tus palabras y tus acciones, lo que haces y dices, al igual que lo que no haces o no dices, crea tus resultados, los cuales están directamente relacionados a tu mundo interno. Dominar el juego interno significa que puedes obtener lo que quieras de la vida. Implica reemplazar viejos patrones, hábitos y programas de pensamiento y emociones limitantes, para que no:

➢ Te interpongas en tu propio camino.

➢ Dejes de hacer lo que quieres hacer.

➢ Caigas víctima de la duda, agobio, negatividad, ansiedad, preocupación, frustración y enojo.

➢ Reacciones en maneras que después puedas lamentar.

➢ Pases toda tu vida atrapado pensando demasiado en el pasado o el futuro.

Y entonces puedas:

➢ Enfocarte justo en *este momento*, en aquello que tienes frente a ti.

➢ Sentir que la vida tiene sentido, propósito y dirección: que tiene un *para qué*.

- Disfrutar realmente este y cada momento, sin importar lo que contenga, plenamente vivo, contento y satisfecho con los frutos de tu trabajo, con ganas de más.

- Vivir la vida al 200% y ser la fuente de inspiración para que tus seres queridos hagan lo mismo.

El vivir la vida al 200% empieza desde adentro, en medio de nuestras orejas, y de eso se trata este libro.

El juego interno: tu mente, consciencia y paz

En cierto nivel, jugar el juego interior es la habilidad de enfocarse en los pensamientos positivos (aquellos que te hacen feliz, ayudan, motivan, etc.) e ignorar los pensamientos negativos (los que te entorpecen, limitan, agobian, etc.) Se trata de tomar las decisiones que mejoran en lugar de aquellas que le restan valor a la vida.

También de lidiar con la exorbitante cantidad de pensamientos ocurriendo dentro de nuestro cráneo. El pensamiento (consciente e inconsciente) es abundante y una verdadera causa de desdicha y agotamiento.

Pero el buen conocimiento del juego interno va mucho más allá: involucra la habilidad de estar presente y atender la necesidad precisa en el *aquí y ahora*, eliminando la idea de lo que 'debería' de estar ocurriendo en este momento. Es la posibilidad de soltar un muerto y un futuro incierto para vivir en el mismo lugar en el que está tu cuerpo: aquí, ahora, en este momento. Esto es la vida.

En esencia, el juego interno es un tipo de consciencia en particular. Entre más consciencia hay en ti, más logras relacionarte contigo mismo y con el mundo, de una manera poco común.

Con la guía apropiada, la consciencia puede identificar su origen permanentemente: esa parte de ti que va más allá de tu cuerpo, pensamientos y sentimientos. Identificas que tienes pensamientos, pero no son tú; que tienes emociones, pero no son tú; sabes que tienes un cuerpo, pero no eres tú.

Un sólo momento de esta experiencia, por sí misma, es una maravillosa fuente de alivio y tranquilidad.

El crecimiento de esta consciencia te ayuda a recordar quién eres realmente, más allá de todo lo que creas que 'eres'. Es liberarte a ti mismo de tus propios límites.

En medio de un mundo sobrepoblado y en constante cambio, en medio de una vida saturada y en constante cambio, en medio de una cabeza llena y en constante cambio, ahí estás Tú. Esta consciencia es un oasis de permanencia y estabilidad, la fuente de todo el enfoque, fluidez, gozo, calma, felicidad, plenitud y sentido. En esta experiencia están la paz absoluta y la libertad verdadera; vivir desde este lugar es otra cosa.

El sentimiento de absoluta certeza, la satisfacción, el estar inmerso en el momento y que todo fluya por completo es magnífico. Una pequeña degustación de esto puede ser suficiente para cambiar el resto de tus días.

Si entiendes esto, ¡genial! Si no, no hay problema. Sólo sigue leyendo con una mentalidad abierta y lo comprenderás en cualquier momento.

El problema es que nuestra cultura mantiene diversas ideas falsas, y bastante arraigadas, sobre la naturaleza del buen entendimiento este juego interno y tener estas experiencias supremas de vida.

Hablamos del control de estrés como si éste fuera inevitable. Muy pocos saben cómo vivir *completamente libres* de él y de sus limitaciones sin dar por perdidas sus metas; de hecho, muy pocos saben que es posible vivir una vida al 200%. No porque sea raro hacerlo, deja de ser cierto (afortunadamente).

Un malentendido común: *¿paz o desempeño?*

Entenderemos como paz al resultado inevitable del buen conocimiento del juego interno y el desempeño el del juego externo.

Mucha gente se devalúa a sí misma, ya sea persiguiendo sus objetivos a costa de su paz (y salud) o a expensas de sus metas, preguntándose: *"¿Cómo puedo estar lleno de paz y aún así lograr lo que quiero en la vida?"*... como si fueran dos cosas distintas, y no lo son. No necesita ser así.

Estar en paz no es darse por vencido; avanzar en la vida no requiere involucrar estrés ni conflicto. De hecho, la paz y el desempeño se nutren mutuamente. No se puede llevar una vida completa sin ambos. Toda la gente grandiosa en este mundo tiene ambas.

Como explica el consultor de negocios Jim Collins en su estudio de grandes líderes y organizaciones *De Bueno a Grandioso*, ellos encarnan la aparente paradoja de tener voluntad y enfoque intensos y unidireccionales y, a su vez, poseer una gran cantidad de *habilidades interpersonales*, tales como la humildad y el altruismo.

Los verdaderos grandes líderes tienen dirección, valor, certeza absoluta y no dan concesiones. Sin embargo, también saben que son parte de un todo y están completamente abiertos a aprender, al cambio, a ayudar a todos a crecer.

Para ellos no existe la paradoja, saben que la calma y la claridad son la piedra angular para llevar la vida para la que nacieron.

La habilidad de estar en paz y satisfecho, y la habilidad para dedicar tu atención a cualquier cosa que desees lograr, son dos ramas que surgen del mismo árbol.

Esto significa que puedes dedicarte por completo a lograr tus metas, a concentrarte en tu misión de vida, a no dejar que nada se interponga en tu camino; a tener la habilidad absoluta de *fluir* y *dejar ir*, de estar completamente calmado y presente *en este momento*.

Es crucial que sepas que *la paz* y *el desempeño* no son mutuamente excluyentes. De hecho, son sumamente necesarios para llevar una vida completamente satisfecha y plena. Ambas están dentro de ti, sólo necesitas saber dónde buscar. Lo puedes tener todo. Sí puedes.

Prioridades: ¿*primero* desempeño y *después* paz?

> *"Tratamos al descanso como una recompensa al trabajo duro, y no lo es. El descanso y la recuperación son un prerrequisito para ser sobresalientes."*
>
> —Paul Mort, coach de vida y negocios.

El resultado de dividirse entre la paz y el desempeño es que el mundo antepone el *hacer* sobre el *descansar*: primero las metas, después la paz. Es una medalla de honor (bastante retorcida), considerar como algo 'bueno' el estar frenéticamente ocupado. *"¿Cómo estás?"* – le preguntas a alguien – *"Ah, ocupado, súper ocupado"*, responden, diciendo que son importantes y que están haciendo cosas.

Sin embargo, el abrumador desequilibrio de *hacer* es una de las más grandes causas de estrés, agobio, insatisfacción y agotamiento. Diría que también es la causa de muchos de los problemas mentales con los que está saturada nuestra sociedad. Olvidamos cómo hacer *nada*, cómo descansar y reponernos, cómo desconectarnos por completo.

¿Nuestros hijos? Ellos nos observan cuidadosamente y aprenden que el modo correcto de vivir es a través del agotamiento, la ansiedad, el estrés (físico, mental, emocional) y el colapso espiritual.

Hace poco, impartí una charla en un grupo de chicos de 10 años. *"¿Quién se preocupa?"*, les pregunté, y toda la clase levantó la mano. *"¿Con qué frecuencia?"*, la mayor parte del grupo dijo que todos los días. A sus 10 años, estos niños ya están estresados. Recientemente, un artículo reportó que varias líneas de prevención del suicidio en el Reino Unido reciben, en promedio, 60 llamadas a la semana por parte de los infantes.

La realidad es que nuestra cultura es un desastre, de pies a cabeza.

Vivir el 200% de la vida implica proteger tu paz primero, antes de cualquier cosa. La paz, tranquilidad y claridad, te brindan frescura física, mental y emocional, así como la perspectiva y energía que necesitas para lograr tus metas.

La *paz y el descanso* son la base para cualquier *desempeño*, sin ellas funcionarías con el tanque vacío, como un celular a punto de quedarse sin batería. ¿Cuándo te detienes por completo? Al igual que tu celular, se requiere mucho, mucho más tiempo para que puedas regresar a la acción; cuando colapsas, realmente colapsas, y es un desastre.

"En ocasiones, la acción más urgente es descansar por completo."

—Ashleigh Brilliant, autor y caricaturista.

Es mucho más inteligente llenarse de energía que saturarse continuamente; de esta manera siempre podrás adelante, y hacerlo por siempre. Al no tener la prioridad de descansar y recargar energía, no obtenemos claridad ni creatividad. Te haces rehén de la negatividad en tu cabeza, de la duda, del miedo, del estrés y el agobio. El agotamiento se vuelve normal para ti, ni si quiera te das cuenta de lo exhausto que estás, ni experimentas la felicidad. Sin la perspectiva de la paz como tu cimiento, no importa lo que logres, todo carecerá de sentido para ti.

Si estás interesado en lograr cosas en este mundo, en disfrutar de tu tiempo, tener buena salud y ser un gran padre, pareja, amigo, jefe, colega... entonces, es crucial proteger tu paz y tu energía.

Renunciando al mundo y volviéndose 'espiritual'

Cuando comencé a buscar información sobre cómo manejar el estrés y la limitación, y cómo entrar en un estado de flujo y unidad, pensé que el lugar más obvio para buscar era el sector espiritual. Leí muchos libros, fui a muchas pláticas impartidas por budistas, taoístas, yoguis, sufís, estoicos, místicos, meditadores, gente canalizando alienígenas... ¡todo lo que se te ocurra!

Todos hablaban sobre la renunciación y la ausencia del deseo y cómo eso me permitiría controlar mi mente y hacerme feliz. Fue así como, entusiasmado y siendo el buen alumno que soy, intenté renunciar a las cosas y vivir sin deseos.

También intenté imitar el porte, la forma de hablar, la manera de vivir y de ser, todo era demasiado ridículo. Estaba copiando a alguien que, probablemente, estaba copiando a alguien que a su vez (quizá) estaba copiando la idea de alguien más de lo que debía de ser *correcto y espiritual*. Ese es el problema con iniciar algo: no identificas cuando alguien está diciendo puras tonterías o cuando los estás malinterpretando. Sin la guía calificada, puedes terminar a la deriva y lejos en el camino equivocado.

Déjame asegurarte una cosa: no tienes que renunciar al mundo, a tus deseos, ni volverte de cierta manera (sin importar lo que digan los 'expertos' espirituales ni cuánta gente crea que es el caso) para estar en el Club del 200%.

Aceptando y amando quien eres y lo que amas hacer es crucial para vivir el 200% de la vida.

Antes de saber esto, hice un gran esfuerzo intentando cambiarme a mí mismo, desde el tuétano.

Intenté ser vegano, porque leí que eso era lo 'correcto' y 'adecuado'. No importaba que pasara todo el tiempo pensando en comida, o que estuviera pálido y flacucho: ¡era lo 'correcto'! No bebía alcohol, ni café o té, ni azúcar; tampoco consumía cebolla o ajo, ya que alguien me había dicho que encendían las pasiones ¡y vaya que mis pasiones estaban bastante encendidas!... las muy ingratas.

Me despertaba muy temprano y hacía yoga *"porque eso hacen los hombres de paz, temprano por la mañana."* Me sentaba a meditar por una hora, con las piernas cruzadas y la columna rígida, con cierto aire de superioridad en mi cara porque, aún y que mis rodillas y espalda me estuvieran matando, *"yo era más fuerte que el dolor y podía aceptarlo todo con ecuanimidad"*, tal y como decía el tipo de los videos.

Y me sentía muy, muy orgulloso porque era lo suficientemente rudo para llevar realizar todas las acciones 'adecuadas', dominaría mi mente y sería súper pacífico, entraría a Shangri-La, o al cielo, o me volvería un buda o un ser iluminado (seguramente algún día lo lograría). La verdad es que no estaba muy seguro de lo que estaba haciendo, pero esperaba encontrar el sentido de mi vida. Sabía que eso pasaría pronto gracias a mi esfuerzo y arduo trabajo en mi transformación, el cual ya comenzaba a afectarme. Entonces, todo habría valido la pena. Me esforcé muchísimo (¡en verdad que sí!) por eliminar mis deseos 'normales' y reemplazarlos por deseos espirituales 'adecuados'... y pues, fallé.

Y no es de asombrarse: sin deseos ni siquiera te puedes levantar de la cama. Lo que sea que te apasione es vital para la vida; es lo que le da chispa. Sin eso, la vida me resultó gris, y un tanto falta de sentido.

Asumir los deseos de alguien más es perder por completo el punto de todo, sin importar cuanto insistan en que es el camino 'correcto' para vivir.

En retrospectiva, me alegra haber fallado intentar ser alguien más... (y recuerdo el alivio de darme por vencido).

Por fin, conocí a un monje Ishaya de The Bright Path que me sugirió que me relajara tantito, que me aligerara, que escuchara a mi corazón y no hiciera lo 'correcto', sino que disfrutara todo lo que yo quisiera disfrutar, pero con moderación (por supuesto).

Una taza de café, un buen corte de carne o una copa de vino me resultaban bastante disfrutables; necesitaba dejar de rechazarlos sólo por una idea ajena a mí. No había manera en que eso fuera 'fruto del Demonio'. Comencé a ver claramente que todos mis deseos podían ser cosas maravillosas y eran parte de mí. Nadie podía decirme cuál era la mejor manera de vivir mi vida. Estaba abierto a los consejos, pero el mejor que recibí en toda mi vida fue el buscar dentro de mí y aprender qué hay dentro de mi propio corazón.

Si quería vivir una vida plena, una vida al 200%, era necesario que no negara quién era, sino que aceptara y honrara la plenitud de Mi propio Ser, mi personalidad, mis deseos y mi vida.

¿Tiene sentido? Espero que sí y que no hagas todo lo que yo hice, no es necesario. De hecho, es desafortunado.

El único problema con el deseo llega cuando te aferras a él, cuando insistes en que tu felicidad depende de que cierto deseo se cumpla de determinada manera... o te vuelves adicto al deseo mismo, lo cual ocurre cuando un patrón de pensamiento inconsciente te 'informa' que *"sólo puedo ser feliz cuando tenga esto a lo que soy adicto"*, y sólo pierdes la habilidad de estar presente o encontrar satisfacción en cualquier otro lugar. Sea lo que sea: nunca se trata del deseo, sino del apego a éste, del cual hablaremos más adelante.

Tus patrones mentales son los que siempre te causan problemas. Nunca se trata de las cosas, sino de cómo las defines.

Paz y desempeño = 200%

La paz, por sí sola, no es suficiente.

Tus habilidades en el juego interior se vuelven resistentes, la destreza se vuelve permanente al mantenerse en acción en la vida real.

¿Evitar la vida? ¿Evitar la acción? Eso no es vida ni paz verdadera. Como decía, el 200% de la vida requiere aceptar tu vida entera, tal y como es. No se trata de rechazar algo de ella, ni requiere un cambio substancial en cualquier forma.

Claro, puedes hacer algunos pequeños cambios o elecciones que te ayuden, en lugar de afectarte negativamente (las cuales voy a detallar más adelante). En realidad, también es de gran valor pasar pequeños periodos en retiro, alejados de la vida 'normal'.

El punto de cualquier tipo de retiro o cambio es el descubrimiento de profundidades mayores y nuevas perspectivas dentro de ti, volviendo esencial su misma integración, tal como es. ¿Cuál es el punto de la paz y el enfoque, si sólo lo tienes cuando te enclaustras?

¿De qué te sirven la claridad y la satisfacción, si se pierden con el primer inconveniente?

Lo que buscas es que, todo eso, sea perpetuo, continuo, SIN FIN. Hace poco, regresé a casa después de trabajar durante tres meses en un retiro de meditación con los Ishayas del Bright Path, en las montañas en España. Todo el lugar tenía un aura de paz, serenidad y viveza... ¡Igual que en mi hogar! Mientras esperaba un aventón al aeropuerto, di con la autobiografía de un tipo que se fue a vivir junto a un río, en la India, para encontrar su paz.

Tras décadas de estudio y práctica espiritual, finalmente regresó al oeste y de inmediato entró en pánico: el ruido, las multitudes de gente, el tráfico, el consumismo, la borrachera, el deseo... todas las cosas normales de la vida.

Se volvió loco por completo (¡un maniático!), hasta que, por fin, encontró un centro de meditación 'hecho a su medida': un oasis sagrado en medio de una ciudad de profanos.

Qué triste... Perdió por completo el punto de toda su práctica. En todos esos años creó un estado de ánimo y la creencia de que la paz y la claridad sólo están disponibles cuando el mundo se ve de cierta manera: *"Cuando estoy junto a mi río, entonces hay paz. Cuando estoy de retiro en la montaña, entonces hay paz."*

¿Te das cuenta de que tú, a tu manera, también lo haces?

Menos es más... Pero ¿y si puedes tenerlo todo

No sé cuántas conversaciones he tenido con gente que añora una vida sencilla.

Lo simple es bueno. Pero su reacción al estrés y al agobio es arrojar todo y huir a una isla en el Pacífico. O ya se hartaron de Facebook, o de sus teléfonos celulares, o de lo que sea, y terminan eliminando todas sus cuentas en redes sociales y quemando sus celulares, con una sola idea: "Seré feliz y estaré en paz cuando me deshaga de estas cosas." La realidad es que, sin las herramientas adecuadas, terminarán aburridísimos y encontrarán la forma de estresarse, aún en Fiji. Tomas tu cabeza y tus patrones limitantes y negativos, y los llevas contigo a todos lados. ¿No sería más fácil si sólo ajustas la forma en que vives la vida?

El ser miembro del Club del 200% no implica huir y esconderse, sino de tomar acción.

Cuando estás abrumado y *no puedes* lidiar con las cosas, una estrategia perfectamente válida y útil es encontrar algo que *sí puedas* manejar.

El estrés viene de nuestra relación con las cosas, no de las cosas por sí mismas. No es inherente en la ciudad o en Facebook, si no en cómo reaccionamos o respondemos a estas cosas. Puedes encontrar paz y tener una vida realmente ocupada, una vida activa. Es importante que no hagas distinción entre una y otra; al final del día, la paz y estabilidad interna no vienen de las cosas mundanas.

> *"Paz no significa estar en un lugar en el que no hay problemas, ruido o trabajo duro. Significa estar en medio de todas estas cosas y, aún así, tener calma en tu corazón."*
>
> —Anónimo.

La vida está aquí, tocando constantemente a tu puerta; no puedes evadirla para siempre ni hacer que se vea de la manera que quieras, todo el tiempo.

Jugar el juego interno significa que puedes experimentar paz en cualquier lugar, sin importar lo que está pasando o en dónde estás, siempre y cuando sepas cómo adentrarte en ella. Todo este tiempo que estuviste buscando la paz, ha estado dentro de ti, y ahí estará por siempre. La paz no es una experiencia. La paz es quien realmente eres... ¿Has buscado paz? Tú lo has sido todo este tiempo. Las circunstancias de la vida no te dan paz, tú traes paz a la vida, independientemente de ellas. La vida se transforma cuando te das cuenta de esto.

La paz permanente, la libertad y la felicidad son un trabajo interno. Puede que requiera práctica darse cuenta de esto, pero es la única realidad existente.

La buena noticia es que, para encontrar paz y gozo, no necesitas renunciar a nada.

De hecho, es un poco gracioso pensar que un camino a la paz, la calma, el gozo y la claridad, requiera que lo intentes con un esfuerzo excesivo; que necesites adoptar una dieta o un peinado en particular o simplemente que tengas que creer en algo. No necesitas cambiar nada en absoluto, pero... lo más probable es que hagas algunos cambios en tu vida porque quieres y estás motivado a hacerlo y no porque 'debas'.

Te das cuenta de que tienes que hacerlo, de que necesitas una vida más grande y expansiva que, en ocasiones, requiere hacer algo diferente.

¿Cómo se ve ese 'algo diferente'? Bueno, en el siguiente capítulo te explico cómo **no** se ve.

CAPÍTULO 2

Cómo Disfrutar una Mala Vida

"Todo ha sido resuelto, excepto cómo vivir."

— Jean-Paul Sartre, filósofo francés.

A veces somos nuestro peor enemigo. A veces no estamos ni siquiera conscientes de que son nuestras propias decisiones las que nos están llevando a una 'mala' vida: una vida en donde el estrés, la infelicidad, el enojo, la ansiedad, la culpa, el arrepentimiento, la insatisfacción y la frustración llegan sin ser deseadas y puede ser difícil librarse de ellas.

¿Qué decisiones nos llevan a tener una mala calidad de vida? Sólo para asegurarnos de que estés claro, a continuación, te dejo una lista con varias opciones para en que puedes disfrutar una mala vida.

(¡Advertencia! Mi intención es ser gracioso, pero estoy consciente de que he sido *bastante* sarcástico. Necesitarás poder reírte de ti mismo. Si no puedes hacerlo, este podría ser un buen momento para que dejes de lado este libro y sigas con tu camino. El Club del 200% no es para ti.)

Date cuenta de que estas decisiones son inconscientes, pero reconocer que cualquiera de estas 'formas de disfrutar una mala vida' se dan en tu vida, es un maravilloso comienzo. Si estás consciente, entonces y sólo entonces, puedes comenzar a elegir vivir de manera diferente.

No te preocupes si reconoces muchos de los puntos en la lista (la mayoría los hacemos). Obtuve muchos de estos puntos por experiencia personal.

1.- Tómate la vida muy, muy en serio.

Recuerda, nadie sale vivo de aquí. La vida es algo serio, de vida o muerte (literal). Lo que sea que hagas, asegúrate de jamás reírte. Especialmente de ti mismo.

2.- Olvídate de lo que es realmente importante para ti.

Porque, como mi mamá solía decir, *el mañana nunca llega* y dejar las cosas más importantes para el final significa que nunca llegas a ellas. ¡Qué maravilla! Puedes llegar al final de tu vida y darte cuenta de que nunca le dedicaste tiempo a lo que realmente era importante para ti. También obtienes una fuerte dosis de 'arrepentimiento en el lecho de muerte', la manera perfecta para irte de esta vida... de la peor manera.

3.- Culpa a todos los demás.

"Es su culpa..." "Si no hubieran..."

El filósofo Jean-Paul Sartre alguna vez dijo que *"el infierno es otra gente"*. Aún cuando tengas la más alegre de las personalidades, sin duda te encontrarás con alguien que te haga daño o a quien no soportes. Es aquí donde yace un poderoso secreto: si quieres garantizarte una interminable vida en un infierno, entonces culpa a todos los demás por lo que está mal en tu vida. No asumas la responsabilidad de nada.

4.- Guárdatelo, no hables al respecto.

Cuando alguien hace algo que te afecta de manera negativa, tú:

    a) ¿Te enojas y le gritas a otros y a todos a tu alrededor por lo idiotas que son, y pasas los siguientes tres días malhumorado por 'Ese idiota...'?

    b) ¿De manera tranquila y clara les comunicas lo que te gustaría que hicieran, sin la expectativa de que en verdad te hayan escuchado?

    c) ¿Piensas que quizá los escuchaste mal y que no están siendo así intencionalmente? ¿Tal vez fuiste tú quien hizo algo mal, y realmente no importa? ¿Piensas: *"lo dejaré pasar"*, y entonces pasas los siguientes tres días ensayando la conversación en tu cabeza de la manera en que te hubiera gustado que fuera, lamentándote por no haber dicho lo que querías decir?

¿Cuál eres?

Déjame darte un consejo, gratis. Es muy poca la gente que puede tomar la opción *b)*. Quedarte en la opción *a)* es como culpar a alguien más (ve el inciso 3, arriba), y el único resultado de la opción *c)* es que el resentimiento se acumule y explote espectacularmente, llevándose a todos a su paso (tú incluido)... Eso es bonito.

5.- Habla de tus problemas TODO el tiempo.

Porque lo único que quieren los demás es escuchar tu historia y tus problemas, todo el tiempo.

Quejarse se siente increíble para el ego, y claro que te impulsará a corto plazo, pero ¿te funcionará a largo plazo? Es una excelente manera de asegurarte de que tus amigos tengan excusas de más cuando les sugieras que se vean.

6.- Rodéate de gente quejumbrosa, negativa y miserable.

Porque esa es la única opción que te queda después de que tus amigos te hayan abandonado, cansados de tu constante lloriqueo.

7.- Enfócate en lo que está mal o en lo que falta.

Intenta hacerlo tanto como sea posible. Esta es la fuente de todo el material para quejarse, además, te perderás de todo lo bueno. Pasar cualquier cantidad de tiempo reconociendo todo lo bueno *no* es la mejor manera de llevar una mala vida.

8.- Ignora lo que está mal.

Esconder la cabeza en la arena, con la esperanza de que lo que está mal desaparezca, es una buena forma de exfoliar todas las células muertas y asegurarse de que tu vida sea un desastre, o por lo menos se mantenga en pausa permanentemente.

9.- Insiste en que esto no te debería de estar pasando a ti.

Una forma activa de evasión implica, si eres inteligente, que puedes involucrar a otros al enojarte y quejarte todo el tiempo. (Buen intento, pero *esto te está pasando a ti*. Sabiendo esto, ¿qué vas a hacer al respecto?)

10.- Espera a que se te sea dado, o espera la autorización.

Si tienes un sueño, sigue soñando. No hagas nada, puede que alguien sienta lástima por ti y te traiga todo lo que sueñas y lo ponga a tus pies.

Quizás...

11.- Insiste que lo mereces y te será dado.

Quién sabe, es posible que te sea dado. (O tal vez te den una cachetada).

12.- No pidas ayuda.

Tratar de encargarte de las cosas por ti mismo es una maravillosa receta para una mala vida. Puede que seas tímido o estés orgulloso de ser rudo e independiente, pero no pedir ayuda garantiza que no la obtendrás.

Después de todo, las personas deberían de leer tu mente. Si quieres tener una vida putrefacta, sólo espera a que los demás aprendan. Nunca expreses de manera clara y calmada lo que quieres que hagan. Guárdatelo y espera la explosión.

13.- Nunca hagas ninguna pregunta.

Porque entonces sabrán que eres un tonto. Es mucho mejor *ser* estúpido que parecer estúpido, ese es el gran lema para vivir una mala vida.

Como maestro involucrado en ayudar a la gente, te puedo decir que *odiamos* las preguntas. Nos pone en evidencia e implica que sepamos algo que va más allá de lo que se nos ha dicho. Y no estamos aquí para ayudar a la gente a crecer, sólo queremos terminar la presentación de PowerPoint y que se nos pague.

(Te recuerdo que estoy bromeando.)

14.- Constantemente cambia de camino.

Nunca te mantengas en algo lo suficiente para llegar a entenderlo porque puede que tengas que abrirte realmente, sacrificar algo o descubrir algo sobre ti mismo. Entonces, la vida tendrá la oportunidad de mejorar y esa no es la forma de llevar una mala vida.

15.- Sé muy duro contigo.

De ser necesario, compra el látigo más grande y ve si eso te ayuda.

16.- Genera resentimientos y rencores.

Es una excelente manera de ocupar tu tiempo, energía y atención. Un medio extremadamente útil y productivo para llevar una mala vida. ¡Todos quieren una úlcera gástrica!

17.- Mantén expectativas ridículas de ti (y de los demás).

Asegúrate de vivir siempre bajo presión, llevarte siempre al límite máximo y nunca sentirte suficientemente capaz. Haz esto y nunca estarás satisfecho de tus logros. ¡Excelente!

18.- Compárate constantemente.

El truco está en tener cuidado de no inspirarse en los demás al momento de compararse con ellos, por ejemplo: *"Si él puede, yo también"*. Asegúrate de siempre quedar mal al compararte, porque, como dijo Thomas Jefferson: *"La comparación es el ladrón del gozo"*, y el gozo no tiene lugar en una mala vida.

19.- Duerme menos y consume más azúcar.

20.- Utiliza la palabra 'Debería' tanto como sea posible.

Algo así cómo: *"Yo debería consumir menos azúcar"*. 'Podría' y 'haría' también deben de utilizarse tanto como sea posible.

21.- Vive en el pasado y en el futuro.

Porque, en realidad, la vida no está ocurriendo en este momento frente a tu nariz, es más importante ocuparte primero de otro momento.

22.- Que sea mayor el deseo de tener razón que de ser feliz.

Enfocarse en tener siempre la razón es una excelente manera de darle prioridad a ganar discusiones y acumular esas 'victorias' tan importantes. La gente te amará y respetará por tener la habilidad de hacer esto, lo que quiere decir que nunca tendrás que entender el punto de vista de alguien más. ¿Puedes acabar a alguien en una discusión? ¡Maravilloso! Al final será una excelente contribución a una pequeña, diminuta y miserable vida.

23.- Nunca te equivoques o cometas un error (y si lo haces, jamás lo admitas).

Quien haya dicho que no puedes aprender sin cometer errores, claramente no tenía orgullo ni respeto propio.

24.- Considera el estrés como una herramienta útil para hacer las cosas.

El estrés no es emocionante, sino una sobrecarga y agobio, haciendo que tu efectividad y tu alegría se vayan por el drenaje. Perfecto para ponernos a correr en círculos rápidamente.

¿Lograr menos y avanzar hacia un paro cardíaco a pasos agigantados en lugar de mantenerse en calma y lúcidos, libre de angustias y estrés físico? ¡Perfecto!

Esto también tiene el efecto secundario de hacerte (por lo menos) amargado y gruñón todo el tiempo. ¿Tus seres queridos? Sigue así y no lo serán por mucho tiempo.

25.- Sé tan dramático como sea posible.

La gente quiere y necesita más drama en sus vidas, después de todo, sólo observa lo populares que son las telenovelas, las películas y los libros, todos rebosantes de drama. Tú también deberás de ser una fuente de drama; la gente te amará por esto. Sé tan dramático como sea posible, haz escándalos, haz de todo un desastre, que todo sea acerca de ti.

26.- Preocúpate de lo que no puedes controlar.

Considera la preocupación como un ejercicio para tu cerebro. ¡Quema calorías mentales! ¡Deshazte de la 'lonja mental'! Una excelente estrategia para asegurarte de que tu cerebro no se vuelva flojo durante esos momentos tranquilos de tu día... por ahí de las 2 de la mañana.

27.- Asume las preocupaciones de otras personas también.

Todos, especialmente tus hijos, necesitan un ejemplo a seguir que les ayude a ver los verdaderos beneficios de la preocupación. ¿Por qué sólo ser feliz con tus propias preocupaciones? Toma también las de ellos y crecerán sabiendo lo importante que es preocuparse.

28.- Nunca hagas nada respecto a las cosas que puedes controlar.

Quédate a gusto y evita todo aquello que requiera algo más. ¿Todas esas cosas increíbles que te sucedieron en el pasado? Todas necesitaron un salto de fe hacia lo desconocido. Eso requirió valor, y el valor es definitivamente incómodo, pero tú no quieres eso. La comodidad es clave para disfrutar de una mala vida, llena de arrepentimientos y 'hubieras'.

29.- Mantente firmemente en control.

Nunca dejes ir; nunca sueltes, ni por un momento. El mundo entero caerá si lo haces. La tensión creada dentro de ti al garantizar la supervivencia de la civilización humana te hará tan divertido como el herpes.

30.- Sé un perfeccionista.

No hagas nada a menos de que lo puedas hacer perfectamente. No permitas que nadie vea tu proyecto hasta que sepas que 'ya está'. Después de todo, tú eres tu peor juez y tu mente jamás estará satisfecha, así que escucha esos pensamientos y asegúrate de nunca terminar algo.

31.- Sé descuidado.

¿Cuál es el punto? Deja que otro tonto lo vuelva a hacer o lo use tal como lo dejaste. Imagínate el gozo de descubrir el poco esfuerzo que dedicaste y lo poco que te importan.

32.- Lucha, resiste, esfuérzate.

Nunca aceptes lo que es. Aférrate a tu idea de lo que debería ser o estar sucediendo. ¿Ver con claridad, ser fluido y flexible, aceptar, permitir y adaptarse? ¡Eso es de perdedores! Nunca dejes de pelear, ni siquiera cuando estés teniendo un ataque al corazón.

33.- Reacciona.

Pierde el control, enójate y sé impaciente, tanto como sea posible. A la gente le encanta cuando les gritas.

34.- Sé chismoso.

Las redes sociales han facilitado bastante el disfrutar de una mala vida. ¡Hurra!

El chisme es un excelente tema para iniciar conversaciones y pasar el tiempo. Comerse al prójimo, especialmente basándonos en lo que alguien más te dijo, es una forma garantizada de mejorar tu posición social entre personas con ideas afines. Sólo cuídate las espaldas.

35.- Siente culpa por hacer cosas que te ayudan.

¿Por qué hacer ejercicio o cerrar los ojos para meditar, leer un libro o tomar un descanso para tomar el té, cuando podrías estar limpiando el piso una vez más?

¿Tomarte el tiempo para recargar la batería haciendo las cosas que te gustan? Significa que estarás más feliz, menos malhumorado y gruñón, juzgándote menos por *'hacer todo mal, otra vez'*, lo que implica que ya no podrás ser una fuente de desdicha para los demás. En definitiva, esto es *altamente* contraproducente para todos los que disfrutan de una mala vida.

36.- Haz que todo gire en torno a ti.

Asegúrate de que, en cada interacción y situación, te preguntes a ti mismo *"¿Qué puedo obtener de esto?"* Si no puedes encontrar algo, aléjate. ¿Cuándo, en tu vida, has ayudado a otras personas, incluso un poco? Los estudios han demostrado, una y otra vez, que tu bienestar emocional, tu salud y los niveles de satisfacción en la vida mejoran drásticamente... y no quieres eso, ¿o sí? Mantén una vida triste, pequeña, dramática... ¡haz que todo gire en torno a ti!

37.- Da tanto hasta que sientas resentimiento.

Asegúrate de nunca explicar tus expectativas con claridad y calma ni actuar de manera coherente con la gente. Jamás comuniques cómo te sientes respecto a lo que haces porque 'eso ya deberían saberlo'. Si te ves forzado a hablar de ello, nunca y de ninguna manera estés preparado para conocer sus puntos de vista.

38.- Anhela la nostalgia de quien ya no eres.

Lejos están esos días de vacaciones sin planes, en los que te subías a una motoneta en alguna isla griega y acampabas en la playa, o te despertabas tarde, o te ibas de fiesta toda la noche hasta el amanecer... Ahora tienes una familia, un trabajo o algún otro tipo de responsabilidad.

No hay razón por la que no puedas mantener esa gloria viva al referirte constantemente a esa vieja versión de ti y lamentándote de lo que vives ahora.

A pesar de lo evidente que es el momento presente, haz como si las cosas no hubieran cambiado, como si tu vida no hubiera evolucionado y regodéate en la nostalgia. ¡Aférrate! Una mala vida odia *el ahora* y todas esas elecciones que hiciste para traerte aquí.

No dejes de anhelar la libertad y la felicidad que sólo existirán cuando la vida sea diferente, *como antes*.

39.- Piensa demasiado las cosas, tanto como sea posible.

Haz suposiciones, trata de predecir, piensa demasiado las cosas. Harás muy bien al desvelarte hasta muy noche imaginando lo que la otra persona está pensando sobre ti, por tratar de controlar todos los resultados posibles. Esa es una excelente para mantenerse despierto toda la noche.

Una mala vida tiene como núcleo una mente demasiado activa. Piensa de forma salvaje, dramática y sé lo más crítico posible.

40.- Olvídate de ser agradecido y apreciar a los demás.

No necesitan escucharlo. El decirlo también te hace sentir bien a ti, y en términos de vivir una vida mala, eso es definitivamente un 'No-No'.

41.- Juzga, genera prejuicios.

Juzga y genera prejuicios sobre el mundo entero. Sabes exactamente quiénes y qué son esas personas y qué es lo que harán si les quitas los ojos de encima.

42.- No hay segundas oportunidades.

Nunca le des a nadie una segunda oportunidad, especialmente si vienen, se disculpan y tratan de arreglar las cosas contigo. Definitivamente están tramando algo.

43.- Nunca te disculpes.

Porque tú nunca puedes hacer nada mal. Todos los demás están equivocados, TODOS. Ultimadamente ellos no importan... Y decir *"lo siento"* es un signo de debilidad.

44.- Se dependiente de la aprobación de los demás.

Encadénate emocionalmente a otras personas, sé como un mono amaestrado y haz lo que sea necesario para obtener su aprobación. Si el mundo encuentra algo inaceptable en ti, cámbialo.

Un giro importante en esto es centrarse en la única persona a la que no le caes bien, esas personas representan lo que todos piensan realmente de ti. Tenlo presente. Ah, ¿y si un ser querido está triste, deprimido o con cierto estado de ánimo? Bueno, es tu responsabilidad sacarlos de ese estado; estar contento, feliz y en paz, es muy egoísta de tu parte si ellos eligen seguir así.

45.- La miseria ama la compañía.

Ayuda a otros a mantenerse miserables siendo miserable tú mismo, es realmente una manera brillante de asegurarte que disfrutas una vida llena de miseria y menosprecio. Rodéate de gente desdichada. Compadécete, escúchalos lloriquear una y otra vez, pero ten cuidado de nunca sugerirles cómo podrían hacer algo diferente. Después de todo, todo es culpa de alguien más.

Regodéate, si piensas que la compañía es la adecuada, crea una pequeña competencia de desdichas a través de las frases: *"Oh, piensas que te ha ido mal, a mí me ha ido peor. Escucha esta triste historia..."*

46.- Quédate en la montaña rusa de la vida.

Asegúrate de que tu estado de ánimo y tu equilibrio interno estén vinculados a eventos externos. ¿Entonces, la vida es buena? ¡Bien hecho! Ahora puedes ser feliz... ¿La vida no está funcionando como tú quieres? ¡Pierde la cordura y vuélvete loco!

47.- Ni te molestes en detenerte a oler las rosas en el camino.

Tienes tanta prisa, tantas cosas por hacer y gente que ver, que es mejor delegar las actividades mundanas, improductivas y que mejoran la vida: págale a alguien para que huela las rosas por ti.

De todas formas, cuando finalmente llegues a donde te diriges, tu sentido del olfato se habrá deteriorado.

48.- Llena tu vida de arrepentimiento.

El arrepentimiento es una emoción muy práctica, te impide avanzar y aprender de tus errores. Las medidas del autocastigo, *'pobre de mí'*, *'debí hacerlo mejor'* y vivir en el pasado junto con la vieja y confiable técnica de sobre pensar las cosas, se combinan para crear algo sensacional. Es una herramienta crucial para cualquier persona interesada en crear una mala vida.

49.- Agótate a ti mismo.

Descansa cuando estés muerto. Es importante que nunca, o rara vez, recargues baterías. El agotamiento es maravilloso: cuanto más agotado estés, más abrumado estarás y más probable será que siga la depresión, no pensarás con claridad y tu sentido del humor desaparecerá. ¡#EquipoInsomnio por siempre!

50.- Pasa más tiempo en la oficina.

Es esencial pasar el mayor tiempo posible en el trabajo, así tu empresa o gobierno cuidará de ti... sólo necesitas cavar un poco más, durante un poco más de tiempo.

¿Trabajador independiente? ¡Estupendo! Nadie lo hará por ti y tu familia entenderá por qué nunca estás en casa y, cuando estás, siempre estás durmiendo.

51.- Sé flojo.

Nunca llegues a tiempo, no hagas nada, regresa temprano a casa. Todos son unos idiotas.

52.- Pasa toda tu vida pensando.

Acumula conocimiento, pero nunca lo pongas en práctica. Cree, pero nunca lo demuestres. No te ensucies las manos, nunca salgas a experimentarlo. Desea más, pero no hagas nada. Deja las cosas para después. Platica tus planes, pero, para llevar una mala vida, intentar vivirlos es una pérdida de tiempo comparado con saberlo todo.

53.- Ignora esa 'vocecita'.

Hagas lo que hagas, no escuches esa pequeña voz que susurra: *"¿Esto es todo?"*

¿Hay algún vacío en tu vida que no tienes ni idea de cómo cerrar? Ignora ese sentimiento también, no tiene sentido en una mala vida y, probablemente no lo encontrarás si lo buscas. Mantente en la zona segura.

Intenta apagar esa pequeña voz que te tienta a encontrarle sentido a tu vida y adormécete lo más que puedas, repitiéndote: *"Debe haber más en la vida que esto..."* Compra más cosas, trabaja más, consume más alcohol y drogas, regodéate en juegos de azar, aventuras sexuales, pornografía, juegos, incontables series de televisión, revistas y novelas chatarra, más vacaciones, más Facebook, Twitter, Instagram, etc.

A toda costa, distráete de esa voz y de todo aquello que genere insatisfacción en tu vida; de no hacerlo, puedes encontrar una salida y nunca más volver a disfrutar de una mala vida. Eso sería una pena y también muy egoísta: ¿cómo pueden los demás disfrutar realmente de una mala vida, cuando alguien como tú decide dejarlos solos en su desdicha?

Ahí lo tienes.

53 maneras diferentes e infalibles de disfrutar de una mala vida. Estoy seguro de que hay más, muchas más, pero no quiero molestarte más de lo que ya lo he hecho.

Por favor, no uses esta lista como evidencia de que has hecho algo mal, otra vez. Recuerda sonreír y ver el lado divertido de todo esto.

A veces la verdad duele un poco, pero la verdad sólo lastima esa parte de ti empecinada en que tengas una mala vida. Esa parte que prefiere ser pequeña porque es cómodo y parece seguro.

Iluminar esa parte de ti es como iluminar una cucaracha: intentará escapar y ser invisible lo más rápido posible, lo que significa que puede continuar sin cambios, como siempre lo ha hecho, mientras que ser visto es una receta para el desastre. La claridad es el primer paso para cambiar.

El único propósito de esta lista es que puedas ver cómo te saboteas a ti mismo.

Los seres humanos hemos hecho estas cosas durante miles de años; ser inconsciente e ignorar lo que estás haciendo y cómo te afecta, no es tu 'culpa'.

De algún modo, es el impulso acumulado a lo largo de la historia: estás haciendo lo mismo que tus padres, ellos lo que hicieron sus padres, y así sucesivamente, haciendo lo que consciente o inconscientemente les enseñaron a hacer.

No hay problema, no entres en el juego de la culpa, pero despierta y comienza a hacer algo diferente para ti, para tus hijos, para sus hijos. De esto se trata el Club del 200%.

¿Ahora eres consciente de la forma en que estás *disfrutando* de una mala vida? *¡Haz algo!*, úsalo como un trampolín para vivir una experiencia más grande, más brillante, más fácil y más feliz, una vida en la que *conscientemente elijas* hacer las cosas de otra manera.

Aprender a hacer mejor las cosas es algo que *puedes* hacer, ¡lo sé por experiencia!

¿Qué tan maravillosa sería la vida si hicieras las cosas mejor, incluso un poco mejor que ayer? ¿Cuánto más fácil y gentil sería la vida?

¿Cuánto más feliz serías, sabiendo que, con la práctica, puedes elegir algo diferente?

CAPÍTULO 3

Tu Vida es Tu Decisión

"En última instancia, sólo hay una lección que aprender en la práctica de la vida: **Yo elijo.** *Yo elijo cómo me siento. Yo elijo lo que hago. Yo elijo lo que quiero y lo que no quiero. Yo elijo, una y otra y otra vez, momento a momento, respiración a respiración... Y la culminación de esos cientos de miles de millones y billones de opciones equivale a* **mi vida**, *de la cual soy responsable porque ya soy grande. Porque soy un adulto."*

—Kim Christie, fotógrafa.

La vida está hecha de tus decisiones; no siempre es sobre lo que te pasa, sino de cómo respondes a ello. La vida no es sobre el *qué*, es sobre el *cómo*. Las circunstancias de la vida son una cosa, cómo eliges reaccionar ante estas circunstancias lo es todo.

Existen muchos libros de autoayuda sobre cómo cambiar tu vida; éste no es uno de ellos, no realmente. Este libro trata sobre cómo puedes cambiar la única cosa que tú controlas *por completo*: tus reacciones y respuestas en la vida, el juego interno.

Eso tan pequeño, tu habilidad de elegir, es la clave de todo.

Desarrollar tu libre albedrío para superar el caos te brinda una experiencia del 200% y ser la mejor versión de ti mismo.

La elección es el cimiento de la Vida, con 'V' mayúscula. Sin ella no eres capaz de hacer las cosas que quieres, de manera efectiva. No hay calma o satisfacción fácil, no hay enfoque sin esfuerzo.

Todo en la vida se transforma cuando ganas la habilidad de elegir.

¿Estás satisfecho con deambular por la vida o realmente quieres tener la mejor vida posible: una vida del 200%?

Si realmente fuera una simple elección, ¿qué elegirías?

¿Paz o dolor?

Como instructor al aire libre, viviendo en una hermosa casa al borde de un lago, en un pequeño y próspero pueblo en las montañas de Nueva Zelanda, pensé que había ensamblado mi vida a la perfección, tenía todos los elementos de mi lista de deseos.

Tenía amigos increíbles, divertidos e inspiradores, así como diversos trabajos flexibles y bien pagados que me daban bastante tiempo libre para hacer las cosas que amaba hacer. Tenía dinero, vivía cerca de ríos y montañas, además del tiempo y la energía para disfrutar de todo lo anterior.

Sin embargo, poco a poco llegué a un punto en el que nada tenía sentido.

Al principio pensé que estaba deprimido, y tal vez lo estaba; fue una época muy frustrante y confusa. Todo apuntaba al hecho de que debería ser abrumadoramente feliz... y no lo era.

El éxito externo, en términos de 'cumplir con todo en la lista', no resultó en satisfacción interior.

Esa vocecita que a tantas personas susurra *"¿Esto es todo? ¿Es de esto de lo que se trata la vida?"*, ya no me susurraba más... ¡Me estaba gritando!

Pensé que estaba viviendo el sueño, que me había escapado, ignorando las trampas en la carrera de la rata, en las cuales pensé ver a muchos caer. Pensé que tenía mi vida ordenada, pero esa voz interior gritaba una y otra vez:

"Estás desperdiciando tu vida."

¿Por qué la voz? ¿Por qué tan insistente? ¿Por qué estaba tan confundido? ¿Por qué me sentía tan infeliz? ¿Por qué no podía dejar de pensar tanto? ¿Por qué no podía estar satisfecho con lo que tenía?

Me encontré en una especie de espiral descendente y me di cuenta de lo increíblemente severo que podía ser conmigo mismo y de lo crítico que podía ser con los demás, un perfeccionista que deseaba que otros, por lo menos, intentaran arreglar y ordenar sus vidas. Esta era la razón por la que no podía tener una relación duradera, y bueno, yo no sabía lo que quería.

Incluso, una tarde y sin algún motivo, rompí en llanto mientras conducía hacia mi casa. Tuve que detenerme y tomarme un par de minutos para desahogarme.

¿Por qué?... Sólo Dios sabe, yo no tenía idea.

Tampoco era un desastre total, no tanto como para considerar el suicidio. Estaba confundido, pero lidiando con la situación, e independientemente de lo bien que se viera la vida desde afuera, definitivamente faltaba algo, y no tenía idea de lo que era.

Comencé a buscar más aventuras: en kayak, en el yoga, en terapias alternativas, en retiros de silencio, probé drogas psicodélicas e incluso, me involucré con médiums para contactarme con seres del espacio exterior. Estaba bastante abierto a intentar cualquier cosa para encontrar una respuesta a esa insistente voz y obtener una paz mental permanente.

Finalmente, aprendí una técnica de meditación llamada Ascensión de los Ishayas de The Bright Path; encajamos a la perfección. Rápidamente, a partir de ahí, la vida comenzó a tener sentido.

Conocí a Maharishi Krishnananda, mi maestro Ishaya, un hombre estadounidense muy divertido, cálido, a veces intenso, veterano de la Guerra de Vietnam y uno de los asesores presidenciales de Ronald Reagan (no el 'gurú' que todos imaginan). Años después me dijo que su mayor deseo, para todos sus estudiantes, es que vean cómo ellos, *y sólo ellos*, generan paz o dolor en sus vidas...

Y cada día, estas palabras cobran más y más sentido. Este libro es un intento de transmitirte esta elección con claridad. La elección que tienes para crear 'tu cielo' o 'tu infierno' en cada momento, independientemente de las circunstancias que estés viviendo.

Una vez que te vuelves consciente de cómo, constantemente, estás creando paz o dolor para ti mismo, te das cuenta de que una elección permanente para la paz es verdaderamente posible.

Dormido al volante

Entendiendo esto, ahora veo cómo en cada paso de mi vida siempre he tenido la opción de avanzar hacia la paz o hacia el dolor... siempre. Pero en ese momento no tenía conciencia de lo que estaba haciendo. Estaba acostumbrado a elegir el dolor, en gran medida, de manera inconsciente.

No sabía que yo estaba eligiendo el dolor, y tú tampoco lo sabías. Después de todo, nadie quiere sentir dolor, nadie quiere sentir desdicha, confusión, enojo o preocupación; si era consciente de ello, no tenía forma de detenerme o de elegir no hacerlo.

Lo mismo pasa con todos. De alguna manera, y en gran medida, estamos 'dormidos al volante' de nuestras propias vidas, actuando lo mejor que podemos, pero sin estar realmente conscientes de lo que hacemos para generarnos paz o dolor.

La respuesta

Independientemente de cómo suceda, la respuesta siempre es:

En lo que pones tu atención, crece.

Así es, tanto en importancia, como en impulso y 'peso': en lo que pones tu atención crece, aumenta, se desarrolla... Y esto le pasa a todo el mundo, tú y tu vida no son tan diferentes, por más que te guste creerlo.

Cuando te enfocas en lo que está mal, en lo que falta, en lo que es doloroso o en la insatisfacción en tu vida, creas un movimiento, un impulso de pensamiento y energía hacia eso.

Aún cuando tengas la intención de hacer algo al respecto, la simple acción de notar lo negativo produce una espiral descendente que, entre más la alimentas, se vuelve más rápida, más profunda, más confusa y miserable. Cuanto más tiempo te enfoques en las cosas que te causan dolor, más difícil será retirarse de ahí. Creas un monstruo que te absorbe tanto, y tiene tanta fuerza, que pareciera ser parte de tu felicidad y libre elección.

Para muchas personas, la única salida en este punto es distraerse o incluso tranquilizarse a sí mismos, ignorarlo temporalmente a través del uso de alcohol, drogas, televisión, Internet, redes sociales, lectura, apuestas, compras, comida chatarra, vacaciones en el extranjero... en fin, lo que sea para encontrar un poco de 'alivio'.

¿Cierto?

El estresado cerebro de la supervivencia y la espiral descendente

En un intento por mantenerte seguro y feliz, existe una parte importante de tu cerebro que te indica que hay algo que te está dañando, en otras palabras: lo que está mal, lo que falta, lo que no es satisfactorio. Una cosa muy práctica, por cierto, hasta que deja de serlo.

Por supuesto, la base para aprender, crecer o hacer algo diferente es darse cuenta de que algo no está funcionando o necesita modificarse. [Obviamente, este es un mecanismo de supervivencia y crecimiento muy útil sin el cual no querrías estar: escondiendo la cabeza en la arena y fingiendo que todo está bien cuando no lo está]. El problema radica en que esta parte de nuestra atención se activa *todo* el tiempo en la mayoría de las personas.

Lo conoces, es la respuesta casi automática a una amenaza, es decir, te preparas para luchar o huir tan rápido como puedas, o te detienes y te haces pequeño (te paralizas), para ver si de esta manera la amenaza te pasa por alto o te ignora.

Cuando digo que tú creas tu propio monstruo según aquello en lo que te enfoques, no sólo me refiero a notar cosas desagradables que podrías evitar, que quieres tener o en las que podrías hacer mejor. Estoy hablando del enfoque *constante y continuo* (en gran medida inconsciente) en lo que está mal.

Muchas personas llevan estilos de vida acelerados, exigentes y estresantes. Esto significa que el luchar, huir o paralizarte no es más que una reacción para la supervivencia, propia de los seres humanos, que se activa todo el tiempo.

Definitivamente, es útil cuando existe un peligro real... pero se enciende constantemente. Por ejemplo, cuando comienzas a enfurecerte en el tráfico, cuando estás viendo una película en línea y se detiene justo a la mitad, sin poder reiniciarla y con unas ganas tremendas de lanzar la computadora contra la pared; cuando estás en esa reunión importante y, en lugar de decir lo que realmente piensas, te vas a la segura y eliges seguir a la multitud asintiendo con la cabeza; cuando tus hijos o tu pareja hacen algo y cedes ante la irritación, perdiendo el control, golpeando cosas y gritándoles antes de siquiera darte cuenta; cuando te paras frente a un grupo de personas, pierdes la claridad de tus pensamientos y comienzas a balbucear, o cuando estás en la fila y el imbécil frente a ti está pagando en centavos.

Ahora, cuanto más operas en este modo de *atacar, huir y paralizar*, más fuerte se vuelve el centro del cerebro a cargo de lidiar con las amenazas y la supervivencia.

Cuanto más fuerte se vuelve, más se eleva el estado de alerta, y mayor se vuelve el esfuerzo por vigilar, predecir y gestionar la próxima amenaza. Entre más te enfocas en lo que está mal, el cerebro se vuelve más ocupado, ansioso y enojado. Entre más te enfocas en lo que está mal, mayor el movimiento hacia una vida de dolor.

Si alguna vez te has mantenido despierto durante la noche, con el cerebro dando vueltas pensando en todas las cosas que tienes que hacer, en lo que salió mal hoy o lo que podría salir mal mañana... entonces sabes exactamente de lo que estoy hablando.

¿Puedes, tal vez, ver cómo una pequeña elección (constante e inconsciente) tiene un efecto enorme en términos de sus decisiones generales en la vida?

¿Puedes ver cómo una preferencia interna al enfocarse en lo que es correcto y bueno, o en lo que está mal y lo que falta, afecta tu actitud ante la vida? ¿Puedes ver cómo a su vez afecta lo que dices y haces en tu vida?

¿Puedes ver cómo es que eliges la paz o el dolor?

CAPÍTULO 4

Los Grandes Beneficios de Elegir en Grande

"Oh, realmente no pienso en eso, porque es energía desperdiciada, ¿no es así? Lo hecho, hecho está, no podemos cambiarlo, pero podemos cambiar la manera en que lidiamos con ello."

—Diane Piper, cuando le preguntaron sus sentimientos sobre los hombres que lanzaron ácido en la cara de su hija Katie.[1]

La sabiduría de elegir tu respuesta a la vida

Todo el mundo tiene retos y problemas en sus vidas. Lo que me sorprende e inspira es ver a las personas que han vivido o viven cosas horribles y siguen brillando, llenas de gratitud y amor por su vida, tal como es. Podríamos decir que son personas que ven el vaso 'medio lleno'. Luego están aquellas que lloriquean y se quejan de cada pequeño inconveniente: la gente que ve el vaso 'medio vacío'. ¿Por qué es eso?

Como hemos hablado en el último capítulo, tú eliges a cada momento tu

---

[1] Katie Piper sufrió quemaduras en el rostro a causa del ácido arrojado por su exnovio y un cómplice. Actualmente dirige una organización para personas con quemaduras y heridas, además de ser presentadora y personalidad de televisión.

respuesta ante la vida. Esta elección define cómo vives, independientemente de las circunstancias en las que te encuentres. Me gustaría repetir esta última parte: *independientemente de las circunstancias en las que te encuentres*. No eres diferente a los demás, no importa cuánto te guste pensar lo contrario, esto también te incluye a ti.

Tu elección es total y decides si vives en paz o en sufrimiento. Nada ni nadie puede hacer que sufras: eres tú quien elige sufrir.

Sé que no se siente así. Como te decía, nadie quiere sufrir, todo el mundo está buscando una manera de evitarlo... el problema es que no sabemos cómo. Además, el sufrimiento se ha vuelto normal, casi como si fuera 'parte de la vida'.

Ser constantemente feliz es visto con recelo en ocasiones. Si tú decides no sufrir es casi como si no estuvieras siendo 'real', o lo que sea a lo que se refieran con eso.

Tenía una amiga que se volvió completamente consciente de su decisión de estar totalmente en paz con el mundo. Un día se encontró a un conocido en la calle, el cual le preguntó si estaba drogada.

Extraño, ¿cierto? Una chica feliz, caminando por la calle, por lo tanto: seguro consume drogas.

Aquellos que han trascendido el sufrimiento, como Buda y Jesús, se elevan a un estado mítico, más allá de la humanidad: *"Deben ser Dioses."*

Sin embargo, la verdad es que el no sufrir es tu derecho humano de nacimiento. ¡Cierto! Tu derecho de nacimiento es tener soberanía absoluta sobre tu respuesta ante la vida.

Partiendo de esta base, la completa libertad del sufrimiento es un hecho.

Puede convertirse en tu manera de vivir, tu reacción natural ante la vida.

Al hacer esto, tú:

➢ Terminarás con el agobio y el estrés: *"Tengo mucho que hacer y muy poco tiempo"*, *"No está sucediendo como yo quiero que suceda"*.

➢ Ya no alimentarás la negatividad: *"Soy inútil"*, *"No puedo hacer esto"*, *"Nunca lo haré bien"*.

➢ Tu felicidad será independiente de los eventos externos, la aprobación de o el buen humor de los demás: *"Nunca me va bien"*, *"No les gusto"*, *"Los necesito para ser felices"*.

➢ Abandonarás la ansiedad, la preocupación, el arrepentimiento, la culpa y el pensar demasiado las cosas: *"Lo hice mal"*, *"Lo estoy haciendo mal"*, *"¿Qué pasará?*, *"Necesito estar en control"*.

➢ Ya no tendrás miedo de cometer errores: *"Estoy aterrado de que salga mal"*, *"¿Qué pasa si me equivoco?"* Te volverás más audaz y aventurero.

➢ Dejarás de reaccionar inconscientemente y comenzarás a elegir conscientemente tus respuestas en la vida: *"Vaya, lo hice de nuevo"*.

➢ Ya no vivirás en el pasado o en el futuro y podrás disfrutar de este momento, tal y como es, así como eres: *"La vida fue o será mucho mejor"*.

➢ Llenarás ese agujero, esa sensación de *"¿es esto todo lo que hay?"* y encontrarás una satisfacción, un propósito y un significado.

¿Difícil de creer?

Para nada. He visto esta transformación en mí mismo y en muchos otros miembros del Club del 200%. Si es cierto para uno, debe ser cierto para todos.

Libre albedrío

¿No sería genial si pudieras elegir cómo sentirte? ¿No sería increíble si pudieras ser feliz, sin importar qué? ¿No sería grandioso si, en lugar de resistirte y acabar con todo, pudieras elegir ser todo Zen, y simplemente fluir?

¿O soltar alguna mala reacción, enojos, molestias o tristezas cada vez que tú quieras? ¿Y si ni siquiera tuvieras que elegir actuar de la manera en que te gustaría hacerlo? ¿Que tu reacción natural y automática ante la vida fuera una viveza tranquila, clara, feliz, atenta, consciente, agradecida y compasiva?

¿No sería *eso* genial?... En realidad ¡*es* genial vivir así!

Es importante que sepas que no es sólo un sueño imposible, y es importante que sepas que es posible para ti.

Hace la vida mucho más fácil. En lugar de cargar con algo, eres capaz de soltarlo y seguir adelante con lo que esté frente a ti. En lugar de dejarte tambalear por la duda o la preocupación, de controlar y esforzarse para obtener lo que deseas, puedes concentrarte con el mínimo esfuerzo y obtener el máximo resultado. Es mucho más divertido.

Estar abrumado por tus emociones o ser arrastrado por lo que está por venir, discutiendo y guardando rencores, no suena muy divertido, ¿verdad? ¿Pero vivir con total libertad y ser feliz sin ningún motivo? Eso sí suena muy, muy divertido.

Vivir con la libertad de elegir constantemente es posible y simple para ti, si así lo deseas. Todo lo que se necesita es práctica, el tipo correcto de práctica. Eso es todo.

La única razón por la que te aferras o reaccionas a algo es por hábito. Entonces ¿por qué no crear un nuevo hábito?

> *"Somos lo que hacemos repetidamente.*
> *La excelencia, entonces, no es un acto sino un hábito."*
>
> —Aristóteles, filósofo griego.

Esto no es tan arduo, ni tan difícil

Esto no requiere de trabajo arduo, sino de compromiso, así como todo aquello que vale la pena.

Algo tan simple como ir de compras requiere que te mantengas enfocado el tiempo suficiente para llegar a la tienda y comprar lo que deseas. Es lo mismo que experimentar la libertad de no ser desplazado por los programas habituales de tu mente.

Formar este nuevo hábito es tan simple como esto:

1. Saber que la forma en la que experimentas tu vida es tu elección.

2. Ejercer tu elección.

3. Seguir con esto hasta que se convierta en algo natural y tengas libertad de elección.

Me doy cuenta de que todo esto es fácil de decir. Lo entiendo, y entiendo que hay una gran diferencia entre lo que es fácil de decir y lo que es fácil de hacer.

Lo sé, he estado allí y he gimoteado al respecto, pero si puedo mejorar e incluso ser bueno en esto, tú también puedes. Nunca te sugeriré que hagas algo que no haya probado yo mismo. Esto no es teoría, todo tiene que llevarse a la práctica.

Así que, yo te mostraré cómo formar este nuevo hábito y luego comenzarás a practicarlo.

Te sugiero que practiques cuando la vida sea fácil, cuando las cosas vayan bien. Así, cuando más lo necesites, no tendrás que trabajar en ello y se volverá tan simple como te lo estoy diciendo.

Te convertirás en un teflón humano, las cosas que solían pegarse y crear un caos, simplemente se resbalarán y te la pasarás riendo a lo largo del camino a experimentar la mejor vida posible. Si lo deseas, y haces lo necesario, podrás lograrlo. No hay otra opción. No puedes fallar. Como Buda dijo una vez:

> *"Sólo hay dos errores que uno puede cometer en el camino a la verdad: No recorrer todo el camino y no comenzar."*

Entonces, surgen las siguientes preguntas: *"¿Cómo? ¿Qué debo hacer? ¿En qué dirección voy?"*

CAPÍTULO 5

¿Qué es lo que Realmente Quieres?

Un acuerdo fundamental

Primero lo primero: tenemos que llegar a un acuerdo y hablar sobre lo que es más importante para ti. Si sabes qué es lo más importante para ti y dónde encontrarlo, entonces estás preparado para vivir una vida al 200%, dando un gran paso hacia adelante para poder tomar tus propias decisiones, de forma libre y consciente.

¿Qué es lo más importante para ti?

> *"Si no sabes lo que quieres, terminas con muchas cosas que no quieres."*
>
> —Chuck Palahniuk, autor.

Si alguna vez has conocido a un Ishaya de The Bright Path (como yo), es probable que te hayan hecho una pregunta:

¿Qué es lo más importante para ti?

O decirte lo mismo, pero de tres maneras diferentes:

Si pudieras pedir un deseo, un único deseo ¿cuál sería?

Si pudieras darle a tus seres queridos una cosa, cualquier cosa ¿qué les darías?

Al final de tu vida, cuando mires hacia atrás ¿de qué desearías estuviera llena tu vida?

A cada persona a la que le hago esas preguntas me da las mismas respuestas: quieren estar contentos, satisfechos, en paz, sentir amor, ser libres; quieren evitar el sufrimiento, las dificultades, la desdicha, el dolor, la insatisfacción, el estrés.

Para cuestiones prácticas, diré que todas estas cosas son una versión de la paz o la felicidad y todas están en la escala de las posibilidades (siempre cambiantes) de todo lo bueno que los humanos pueden experimentar, incluso si quieres librarte del sufrimiento, que, acordamos, es una forma de paz o felicidad. Entonces, queda claro que cuando se llega a esto, la paz y la felicidad son las cosas más importantes para todos. Sólo queremos ser felices. Interesante, ¿cierto?

La cosa más importante para la humanidad no es material. Aunque se piense lo contrario, la gente en este planeta no desea *realmente* seguridad financiera, gozar de excelente salud o un alma gemela. Sí, son cosas importantes, estoy de acuerdo, pero la verdad es que pasan a un segundo plano. No son lo más importante para ti, y puedo probarlo.

Responde esta pregunta para ti mismo antes de seguir leyendo:

¿Qué te aportaría la seguridad financiera, la salud plena o una relación increíble? ¿Cómo te sentirías si tuvieras estas cosas?

¡Correcto! Una sensación de despreocupación, de estar contento, satisfecho, de ser amado, feliz, libre y en paz.

Así que, lo que tú crees que es lo más importante para ti, puede no ser *lo* más importante, en realidad lo son la paz y la felicidad.

Por favor, considera que no estoy diciendo que la salud, la seguridad financiera y las relaciones no son importantes; tampoco digo que puedes o debes deshacerte de todo y sentarte debajo de un árbol. Eso ya lo han intentado antes.

Me refiero a que es importante darse cuenta de lo que *realmente* estás intentando obtener de la vida, de lo contrario terminas persiguiendo algo equivocado y te preguntas por qué no te satisface. También sería útil si te dieras cuenta de que puedes estar contento y en paz sin una salud perfecta, una libertad financiera perfecta y una relación perfecta, aunque es importante que así sea. Lograr todo esto lleva tiempo, pero puedes ser perfectamente feliz ahora mismo… si sabes cómo.

La paz y la felicidad (lo más importante para ti) es el mejor cimiento para tu vida. Todo lo que construyas hacia arriba se volverá más fácil, con más claridad, con menos estrés y menos lucha; cada paso en el camino será más placentero y satisfactorio.

Sin una base sólida, todas las experiencias y posesiones materiales no podrán satisfacerte.

Podrás lograr, hacer y obtener grandes cosas, pero todavía habrá una sensación de vacío, la sensación de que falta algo, la ausencia de un propósito o significado.

Tal vez te distraigas o te desvíes temporalmente haciendo lo que más te guste, yéndote de fiesta, bebiendo, haciendo compras compulsivas, estando inmerso en las redes sociales, chismeando, jugando videojuegos, pero siempre surgirá esa incómoda sensación de inutilidad e incompetencia.

Entonces, primero encuentra lo que es fundamental para ti, dale prioridad... y sé feliz.

Cómo encontrar la verdadera paz y felicidad

¿Cuántas personas conoces que son felices todo el tiempo? ¿Cuántas personas están viviendo la vida al máximo constantemente?

No muchas, me imagino. Y lo digo basándome en lo que veo en las noticias, en Internet y en las personas que conozco o con las que me he topado a lo largo de mi vida.

¿Por qué la felicidad no viene naturalmente?

Bueno, en realidad sí lo hace: tu verdadera naturaleza es ser feliz.

En serio, no naciste con el estrés, la negatividad, la duda y el drama. Cuando eras un bebé, seguramente eras muy feliz, de manera natural y sin esfuerzo, excepto cuando tenías hambre, estabas enfermo y tu pañal estaba sucio.

Carga a un bebé y observa que siempre están alertas y alegres. Después de estar molestos, inmediatamente vuelven a sonreír, no se aferran al pasado, saben cómo jugar y explorar, no hay límites; no hay una sensación de *"No puedo, no soy bueno"*. Hay una inocencia absoluta que es maravilloso observar. No tienen nada que demostrar, nada que ocultar, no se preocupan por dar una buena impresión a alguien más.

Tú también eras así, pero lo olvidaste muy lentamente.

Adquiriste creencias y juicios sobre ti y el mundo que te rodea; has cargado con responsabilidades, tensiones, dificultades y dramas. Olvidaste la alegría y tranquilidad de estar vivo y empezaste a tomarte todo muy en serio.

La paz y la felicidad dejaron de ser una cosa simple y natural, y ahora dependen de ciertas cosas y ciertas personas. Se convirtieron en algo externo y condicional, algo que había que lograr y ganar. Tus creencias se volvieron cada vez menos flexibles, dejaste de explorar y cerraste tu mente. Comenzaste a cimentar el 'Puedo' y el 'No Puedo'. Te arrepentías cada vez más y más de los sucesos del pasado y, al mismo tiempo, te preocupabas más y más por el futuro. No obstante, así como adquiriste todo eso, es posible dejarlo atrás y deshacerse de todos tus constructos y limitaciones mentales, rompiendo todas las cadenas y muros que, involuntariamente, colocaste a tu alrededor.

Es factible (y en realidad muy simple) estar continuamente feliz y en calma, sin tener que sufrir de nuevo, incluso *con* todas tus responsabilidades y desafíos de adulto... si sabes cómo.

A lo largo de la historia, todos los sabios, filósofos y maestros del mundo han dicho exactamente la misma cosa: la felicidad y la paz son tu verdadera naturaleza. Actualmente, hay personas en el mundo que experimentan esto, viven sus vidas completamente al 200%, se sienten completas y abundantes, alegres y felices, mientras se ocupan de sus responsabilidades, creando y logrando cosas sin una pizca de estrés, sin dramas o dificultad. Aunque no son muchos, demuestran que es posible para cualquiera. Demuestran que es posible para ti.

Honestamente,

¿Y si así fuera? ¿Qué pasaría si la vida no tuviera que estar llena de altibajos, de lucha, agotamiento y drama?

Estas cosas no son inevitables, pero no tienen que ser parte del trato. El sufrimiento no es necesario, te lo prometo.

Si no me crees, está bien, pero si te gusta la idea, entonces estás en el lugar correcto. Asumir que es una posibilidad es el primer paso para experimentar absoluta felicidad y satisfacción en cada aspecto de tu vida.

Entonces, la pregunta realmente es:

> ¿Por qué no eres completamente feliz todo el tiempo?

CAPÍTULO 6

Por Qué el Problema No es el Problema

La razón por la que muchos nos perdemos de la felicidad es porque aquello que creemos es el problema, ni siquiera es un problema.

El problema fundamental de toda la humanidad es que no vemos con claridad qué es lo que nos trae la felicidad ni qué es lo que nos la quita. Todo lo entendemos mal.

Buscando la felicidad en el momento incorrecto y el lugar equivocado

De hecho, la mayoría de las personas no saben dónde encontrar la felicidad. ¿Tú sí? Si lo supieran, serían felices todo el tiempo, sin importar lo que estén experimentando en sus vidas. Pero lo entendemos todo al revés, y pensamos:

*"Seré feliz **cuando** tenga esto o aquello..."*

Por ejemplo, puedes pensar que serás verdaderamente feliz cuando tengas una nueva pareja, ese nuevo trabajo, más dinero, un automóvil nuevo, cuando tu salud mejore o alcances ese objetivo. O piensas que sólo puedes ser feliz cuando haces una cosa u otra, cuando te vas un fin de semana, cuando ves a tu banda favorita, cuando estás de viaje o haciendo lo que amas.

No. Primero sé feliz.

No hagas que tu felicidad dependa únicamente de conseguir, lograr o hacer algo; si lo haces, no sólo será causado por algo externo, lo que significa que estará fuera de tu control y elección directa, sino que lo estarás esperando. Tu felicidad siempre yacerá en algún otro momento.

Desencadena tu felicidad

Deja de buscar afuera una experiencia interna, deja esperar que 'algo' te *brinde* felicidad o que 'alguien' te *haga* feliz y encuéntralo dentro de ti.

La paz y la felicidad son un trabajo interno, por siempre y para siempre. Las cosas no te hacen feliz, tú decides ser feliz. La felicidad nunca te será otorgada, es una actitud que eliges, sin importar tus circunstancias:

Nunca es la situación,
siempre será tu reacción a la situación.

La felicidad no es sólo un suceso, no es sólo una reacción a eventos agradables. Es una elección.

*No es **qué** haces, sino **cómo** lo haces.*

¿Recuerdas? No se trata de *qué* te sucede, es *cómo* reaccionas a lo que te sucede.

No puedes controlar las circunstancias externas; probablemente intentarás tener el control, pero, la realidad es que tu capacidad para controlar el mundo a tu alrededor siempre será limitada. Lo único que puedes controlar al 100% es cómo reaccionas.

Si estás buscando la felicidad en una persona, en dinero, posesiones, en tu salud, un trabajo, un viaje o en cualquier cosa, te estás saboteando, nunca la encontrarás.

No me malinterpretes: las cosas buenas de la vida deben disfrutarse y apreciarse. También es maravilloso, incluso importante, celebrar los logros y metas alcanzadas, pero tienes que liberar tu felicidad de todos esos factores, de lo contrario, siempre dependerás de ellas para 'ser feliz'.

El problema no sólo es que no puedas estar contento porque no tienes las cosas que te hacen feliz. En realidad, el problema es que tu felicidad está condicionada a ciertos eventos, cosas o personas, y eso es lo contrario a la libertad.

No la busques después

Cuando crees que la causa de tu felicidad está en el exterior, casi siempre está ubicada en el futuro:

*"Seré feliz **cuando**..."*

Porque estás esperando que algo llegue y te haga feliz... algún día. Algo como: el fin de semana, un aumento de sueldo, alcanzar cierta talla de ropa, terminar tu proyecto o realizar tu actividad favorita.

¿Lo ves? ¡Estás esperando la felicidad!

Cuando la felicidad depende de algo externo, sólo la estamos posponiendo para el futuro. Así es probable que rara vez la experimentes... o al menos no la tienes tan seguido como podrías. Si esperas que llegue cuando suceda *esto* o *aquello*, ¿en dónde queda la capacidad de elegir libremente o conseguir la felicidad para ti mismo, justo en este momento?

Aquello que es más importante para ti se convierte en esa zanahoria atada a una caña de pescar que llevas puesta en la cabeza, permanece fuera de tu alcance. Corres por tu felicidad, pero pareciera moverse todo el tiempo. Como un espejismo, crees que te estás acercando cada vez más, pero al final siempre parece estar diez pasos adelante.

La persecución de una felicidad futura sólo te causará más estrés, más conflictos y te hará más infeliz de lo que ya eres.

Piensas: *"Seré feliz cuando llegue a casa"*, te topas con un embotellamiento y, de pronto, tu felicidad está cada vez más lejos. ¿Qué tan irritante es eso?... *"Cuando mi bebé deje de despertarse en la noche, seré feliz"*. Pero tu bebé se despierta constantemente y tu felicidad se aparta cada vez más... *"Cuando me vaya de viaje para navegar en kayak, entonces seré feliz"*. Mientras tanto, estás mirando por la ventana soñando con lo que anhelas, aborreciendo el trabajo en la oficina y lo mucho que falta para que llegue el fin de semana (ese era yo, por cierto).

No pospongas tu paz y felicidad, no los dejes para después. Decide vivirlos en este momento. Permite que la felicidad llegue junto con eventos y cosas; disfrútalas, pero no permitas que lo más importante permanezca en el futuro. Puede que nunca llegues allí.

Incluso si lo tienes, desaparecerá pronto

Entonces, tienes lo que crees que te hará feliz, ¡y de verdad te hace feliz! Es maravilloso, es tan divertido que te hace sentir vivo... pero no es permanente. Se esfuma bastante rápido, ¿no es así?

Un amigo mío compró un Tesla nuevo, tenía mucho tiempo anhelándolo, una máquina preciosa. Pero su gloria duró apenas unos días, la felicidad que le acompañaba fue olvidada rápidamente, eclipsada por nuevas preocupaciones.

La mente humana tiene una tendencia increíble a desechar la felicidad de hoy para esperar la felicidad (o problemas) de mañana.

Con gran tino, se dice que la mente es como un mono que salta de rama a rama, buscando la banana perfecta. Encuentra una, pero la hace a un lado tan pronto como ve a otra 'mejor'.

Tienes lo que quieres, y luego tu mente lo desecha; eso que tanto deseabas se vuelve ordinario, lo das por sentado y sales en busca de lo que sigue.

O bien, debido a que piensas que tu felicidad es ocasionada por algo, te vuelves híper-consciente de qué te la quitará. En este estado, rara vez disfrutas del momento porque tu mente se ocupa de predecir, inmediatamente, qué la arruinará.

"Que llegue el fin de semana" piensas, *"eso me hará feliz"*. Y te pasas la semana esperando a que llegue el fin de semana, pero cuando llega pasas la mayor parte del tiempo (del domingo) repudiando el lunes. Para tu mente la felicidad está por llegar a su fin. O eres dependiente y empalagoso en las relaciones, sospechas (irracionalmente) de tu pareja o simplemente temes que se marchen.

En lo que te enfocas, crece. Irónicamente, las mismas cosas que haces para tratar de proteger tu felicidad pueden destruirla.

El no ser capaz de elegir tu propia felicidad significa que la vida será una constante montaña rusa, no tendrás elección: a veces estarás arriba y a veces abajo, siempre anhelando la siguiente cima, detestando la idea del próximo descenso. Nunca estás presente, nunca vives verdaderamente libre, jamás en control de tu propia felicidad, satisfacción o paz.

¿Ahora ves por qué la felicidad puede parecer tan difícil de alcanzar? Hemos sido condicionados a buscarla en el momento incorrecto y en el lugar equivocado.

Lo que Silvestre Stallone sabe sobre la felicidad

Comencé a ver claramente el problema de la felicidad después de haber pasado un tiempo buscando cosas que pensé que me harían feliz.

Andar en kayak parecía hacerme feliz, pero únicamente bajo ciertas condiciones: cuando mis habilidades estaban en su punto, cuando mi ejecución era correcta, entonces, y sólo entonces, era feliz... Cuando lo hacía incorrectamente, me frustraba y enojaba. Si mi novia estaba de buen humor, yo estaba feliz; cuando ella no lo estaba, yo gastaba mucha energía tratando de hacerla feliz. Si no lo lograba entonces me enojaba y frustraba con ella.

¿Ves el patrón?

Cuando eliges ser feliz, sin importar las circunstancias de tu vida, la felicidad tiene la oportunidad de convertirse en una experiencia continua, se puede convertir en una base sólida para tu vida entera. Si tienes este cimiento sólido y feliz, todo lo que le agregues será cada vez más y más disfrutable, confirmará el sentido de tu vida. Sin cimiento, nada de lo que traigas o crees te satisfará.

¿Tiene sentido?

Silvestre Stallone descubrió exactamente lo mismo. Una vez contó la historia de cómo pensaba que la fama y la fortuna le traerían felicidad. Trabajó arduamente, tuvo mucho éxito, y se dio cuenta de que no era del todo feliz; al observar su entorno, vio que sus amigos ricos y famosos tampoco parecían tan felices.

Entonces, trabajó más duro y se hizo aún más rico y famoso, y ni así encontró la felicidad que buscaba. Una vez más, miró a su alrededor y, en todo caso, vio mayor infelicidad entre los súper ricos y famosos a los que acababa de unirse.

Fue entonces que comprendió la causa de esto: la vida no te trae felicidad, tú le traes felicidad a la vida.

Puede haber cosas maravillosas o terribles en el horizonte, pero, independientemente de esto, tú puedes elegir ser feliz, justo ahora.

Sé que puede no verse así. No me refiero a una felicidad 'falsa', como algún tipo de afirmación positiva que realmente no creemos, sino hacer de la paz y la felicidad una base real en todo lo que haces, en cada paso que das hacia cada meta que persigues, en cada momento de tu vida.

¿Cómo lo haces?

Estando completamente presente en tu vida y siendo consciente de en dónde estás poniendo tu atención. Es la única cosa de la que tienes el control, la única cosa que no te puede ser arrebatada.

Mira en tu interior. Aprende a ser feliz sin razón aparente, aprende a elegir y disfrutar todo. No retrases ni tu paz ni tu felicidad, elige vivirlas ahora.

La verdadera causa del estrés

La felicidad y el estrés (a manera de negatividad y presión excesiva) no coexisten, en eso podemos estar de acuerdo. Pero ¿qué causa el estrés?

Se cree que es causado por una persona o evento que no nos gusta, algo que nos resulta inaceptable y abrumador. Sin embargo, el estrés es como la felicidad: no *te* pasa; *tú* la eliges.

Sé que esto puede ser un poco difícil de digerir, pero es un hecho que hay cosas en la vida que no te gustan, y cuando están ausentes es mucho más fácil ser feliz.

Echemos un vistazo más de cerca.

Tómate un momento y escribe todas las cosas que te causan estrés, que no te gustan, que preferirías que no estuvieran en tu vida. Adelante, haz una larga lista de cosas, de verdad, déjate llevar.

Cuando hayas terminado, retrocede medio paso mental y emocionalmente, observa con objetividad lo que escribiste, tan ecuánime y con tan poca emoción como te sea posible.

Paso 1: El estrés y tu reacción.

Date cuenta de que tu lista de estrés es completamente personal, no todos tenemos la misma lista que tú. ¿Correcto?

Ahora, ¿hay puntos de tu lista que forzosamente causen estrés? Es decir, ¿alguna de ellas le provoca estrés a todo el mundo cada vez que aparecen? Porque, de ser así, podrías decir que realmente es una causa de estrés.

Tomemos la Navidad como primer ejemplo. Para algunas personas, es uno de los momentos más estresantes del año; sin embargo, para muchos es uno de los momentos más divertidos del año. Entonces, la Navidad en sí misma no es estresante, no hay nada respecto a la Navidad que sea inherentemente estresante. Es la reacción del individuo a la Navidad la que genera estrés.

Qué tal el trabajo, ¿le resulta estresante a toda la gente todo el tiempo? ¿A ti sí? No, no es el caso de toda la gente, y tuyo tampoco. Es la respuesta de un individuo a las exigencias particulares del trabajo en momentos específicos lo que determina el estrés.

Bien, vamos por algo más jugoso: la muerte y el morir.

¿Hay algo inherente en la muerte que sea estresante?

Por supuesto, algunos le tienen miedo a morir o por lo menos les causa nerviosismo. Creo que esto es bastante común en Occidente. Pero, para muchas culturas morir es visto como una gran liberación, una transformación hacia un estado de existencia más grandioso que el actual. También es visto simplemente como parte del ciclo de la vida, como otra etapa de maduración, sólo un poco más misteriosa; tal como dejar la infancia y convertirse en adulto.

Así que, la muerte es celebrada, o por lo menos no una causa de estrés.

¿Ves a lo que voy?

No hay una sola cosa en tu lista que sea estresante por sí misma. Ninguna de estas cosas le causa estrés a toda la gente de manera permanente.

Por lo tanto, el estrés radica en tu reacción personal a las cosas que no te gustan. Ahora, en términos de liberarte del estrés, es importante notar que las cosas que no te gustan no son estresantes, sino es tu reacción a estas cosas lo que estresa.

No estoy diciendo que todo esto tenga que gustarte, para nada. Estoy puntualizando que debes tener claro lo que provoca tu enojo, tu molestia, que salgas de tus casillas, esa ansiedad y sufrimiento; entonces, podrás hacer algo al respecto.

A nadie le gusta estar estresado. Si el estrés es inherente en cualquiera de los elementos de tu lista, no hay nada que puedas hacer al respecto. Pero si el estrés tiene que ver con tu reacción y, en última instancia, con tu elección, entonces puedes hacer algo, puedes comenzar a liberarte de la fuente de todo estrés.

¿Qué tan maravilloso sería?

Porque cuando te liberas del estrés, también puedes elegir ser feliz, pase lo que pase.

Paso 2: Estrés y control.

Regresa a tu lista. De todas las cosas allí, ¿qué elementos puedes cambiar de inmediato? es decir, ¿cuáles controlas en este momento?

Es posible que veas cómo puedes tomar decisiones diferentes en el futuro: por ejemplo, tu trabajo. Si no te gusta tu trabajo, podrías elegir otro. Sin embargo, esto puede llevar tiempo y no está bajo tu control inmediato (aunque sí hay gente que renuncia para sentirse libre, pero terminan lidiando con las consecuencias).

Otro ejemplo: odiaba estar atrapado en el tráfico, lo cual me 'estresaba' bastante, podría decirse que soy un 'experto' en el tema.

Puedes tomar precauciones para evitarlo como: investigar si hubo accidentes en tu ruta, puedes salir a cierta hora del día para evitar demoras rutinarias como la hora de entrada y salida de las escuelas, o la hora que todos regresan a casa.

Más allá de eso, cuando estás atascado en el tráfico, estás atascado. No puedes hacer nada. No tienes el control sobre ello.

Lo que te causa estrés no es el tráfico, es tu reacción al tráfico. Una vez más:

"Lo que te estresa es tu enfoque en lo que está mal en este momento."

Lo único en lo que piensas es en cuán tarde vas a llegar, lo aburrido que estás de acelerar y frenar, de cambiarte de un carril al otro; lo frustrante que es siempre estar en el carril más lento. Lo único que deseas es conducir libremente, llegar a casa y poner tus pies en alto... cuánto desearías estar en cualquier otro lugar, pero estás atrapado en el tráfico. ¿Sobre qué tienes control? No puedes controlar el tráfico, pero puedes controlar tus niveles de estrés.

Eliges el estrés y el dolor enfocándote en lo que no te gusta. Qué tanto te estresas depende de cuánto te enfocas en lo que está 'mal' y en lo que 'no debería ser'.

Todo esto por una buena razón, equivocada, pero buena razón: crees que serás feliz de nuevo una vez que te deshagas del problema (en algún momento en el futuro), pero lo que realmente estás haciendo es crear más problemas y retrasando aún más tu felicidad.

En lo que te enfocas crece

Como dije antes, tu conciencia es creativa. Lo que eliges notar en tu vida se vuelve más importante. Puedes optar por darte cuenta de lo que está 'mal' en tu mundo y en tu vida, o por ver lo que está 'bien' y es 'correcto'.

Cuando te estresas, es porque te estás aferrado a la idea de que lo que te está pasando está mal: '¡Algo está mal!'

Es bueno saber qué te gusta y qué te disgusta, qué te gustaría conservar y qué te gustaría cambiar. El problema es que te obsesionas con lo que está mal, a tal grado que no puedes ver otra cosa que no sea eso.

No puedes soltarlo, da vueltas y vueltas en tu cabeza, no puedes estar presente con lo que está frente a ti. El aferrarte a 'lo malo' implica estresarte y perder la perspectiva; pierdes el gozo y la calma. ¿Qué te estás haciendo?

Crees que la felicidad ocurre cuando los problemas se van

La vida es como un gigantesco buffet: tiene una gran variedad de cosas maravillosas para experimentar.

Pero digamos, por ejemplo, que no te gustan los frijoles. Lo que sucede cuando te estresas, es un poco como decir: *"¡Qué! ¿Por qué tienen frijoles aquí? ¿Por qué estoy experimentando frijoles ahora? Los frijoles me impiden tener todo lo que quiero. ¡Esto es ridículo! Etc, etc, etc..."* Estás tan centrado en los frijoles, que olvidas todo lo demás en tu buffet que sí te gusta. El estrés nunca se trata de los frijoles.

El estrés es causado por el enfoque habitual en lo que es 'incorrecto' y el intento de eliminarlo.

¿Es posible tener un problema y también estar tranquilo, sin estrés? Sí lo es, y cuando lo haces aumenta tu capacidad de lidiar con el problema de una manera eficiente y creativa.

¿Es posible aprender a hacer esto? Sí. En la segunda parte de este libro te explico la forma de aprender a hacerlo. Pero antes de que lleguemos allí, es crucial que te des cuenta de que la felicidad no es eliminada o robada por algún problema externo. Tú te alejas de la felicidad al tratar de solucionar algún problema. El estrés llega cuando crees que el problema debe desaparecer antes de que puedas volver a ser feliz.

¿Comienzas a ver porqué la manera en que has estado persiguiendo la paz y la felicidad ha resultado en estrés y sufrimiento?

Existen cuatro razones (las más comunes) por las que no eres tan feliz como quisieras:

1.- Realmente, la felicidad no es tan importante para ti.

Lo más importante para todos es ser feliz; todos quieren ser felices, ya hemos hablado de esto. Pero, honestamente, ¿la felicidad y la paz son lo más importante para ti?

¿Sí?

Y, sin embargo, no le das prioridad, no estás comprometido y lo colocas en lo último de tu lista de cosas por hacer, la cual está llena de pendientes urgentes, cosas por hacer, ser y lograr... y justo al final, lo último en la lista, cuando tengas tiempo, está ser feliz.

Primero quieres preparar el terreno, y después ser feliz, ¿cierto?

"Cuando me deshaga de mis problemas, cuando termine mi trabajo... entonces, y sólo entonces, podré relajarme, ser feliz y estar en paz."

No funciona, ¿verdad? Nunca llegas allí. Tu felicidad es pospuesta a un momento y, lo más importante: no la haces una prioridad. Nunca le prestas la atención que dices que merece.

Si estás interesado en ser feliz, tienes que convertirlo en una prioridad, **ahora**.

Haz de la felicidad el núcleo de todo lo que haces en cada momento, independientemente de lo que esté sucediendo en tu vida; que sea lo primero y lo último que hagas, en cada acción que tomes, cada respuesta que des, lo que sea que te haga buscar la felicidad genuina e interna en este preciso momento.

Elige ser feliz, una y otra vez. Elige tu actitud ante todo lo que experimentas. Mantenlo como una prioridad, siempre.

Entonces, y sólo entonces, viene y se apodera de ti.

Te das cuenta de que eres feliz sin razón alguna. Nada puede darte la felicidad, ni tampoco quitártela, simplemente eres la felicidad. Puedes preferir que las cosas sucedan de cierta manera, pero, independientemente del resultado, eres feliz.

Tienes felicidad sin motivo o causa aparente.

Practica tu elección para ser feliz y no estar estresado. Es posible que necesites algunas herramientas nuevas para esto, así como priorizar y practicar, pero eso es todo. Priorízalo y todo en tu vida se volverá más fácil, inmediatamente.

2.- No crees que sea posible.

Te has conformado con poco. No crees que puedas ser feliz constantemente, sin motivo, completamente satisfecho y en paz. Crees que el sufrimiento es parte del ser humano... y eso no es cierto.

3.- No deseas la felicidad lo suficiente.

No escucharás una palabra de lo que digo si no estás lo suficientemente motivado.

No sabes por qué debes hacer algo diferente de lo que ya estás haciendo: *"La vida es bastante buena. Claro, tiene sus altibajos, pero está bien. Considerando las circunstancias, estoy bastante feliz."*

Bien hecho.

Pero sólo eres una víctima de "La Maldición de una 'Buena Vida'", tranquila, pero, no apacible y llena de libertad de elección en una manera totalmente estable, sólida, suave, feliz y llena de paz.

Y digo 'tranquila' porque, en realidad, no te ha pasado nada malo, por lo que no has sido puesto a prueba, nunca te has encontrado en un agujero y, por lo tanto, no estás 100% consciente de la realidad de tu propia mente. No sabes lo caótica que puede ser ni eres consciente de cómo tus reacciones pueden salirse de control, lo cual es maravilloso y, afortunadamente, puede continuar por mucho tiempo. Tal vez, si te encuentras sufriendo y te das cuenta de que no tienes tanta libertad de elección como crees, entonces estas palabras podrían volver a ti.

Pero si has sufrido y eres consciente de lo desagradable, caótica, reactiva y lo llena de miedo que puede ser tu propia cabeza, de algún modo puedes verlo como una bendición, pues ahora estás motivado a hacer algo al respecto y sacarle mucho más provecho a la vida.

Otra cosa: es probable que no estés preparado para renunciar a lo que crees saber.

El estrés es lo que conoces, al igual que algunas personas son obesas o alcohólicas, o cualquier patrón que sea experimentado, es lo que conocen. Si dejas de estresarte, de ser tan frenético, de controlar, planear y analizar constantemente, ¿qué llenará esa ausencia? ¿Quién eres sin esos límites?

De hecho, ¿quién eres?

4.- Crees que es egoísta ser feliz.

La gente realmente piensa que ser feliz es egoísta. También, algunas personas todavía piensan que la tierra es plana.

Sé que las madres, en particular, pueden tener un problema real con la culpa, se pondrán en último lugar y pospondrán su propia felicidad porque se preocupan mucho por todo lo demás.

Sin embargo, cuando eres feliz, todos tus seres queridos tienen mayor posibilidad de ser felices. Cuando eres miserable, todos a tu alrededor lo saben, *todos*.

Cuando priorizas la verdadera felicidad y la elección consciente de tus respuestas hacia la vida, tú ganas y ellas ganan. Te conviertes en un modelo sólido y una verdadera fuente de estabilidad para que puedan encontrar la libertad y el 200% en tu vida. ¡Que maravilla!

Ser feliz no es ser egoísta. Es contagioso de la mejor manera posible.

¿Estás listo?

SEGUNDA PARTE

Las Ocho Elecciones Para Vivir Plenamente

CAPÍTULO 7

Los Prerrequisitos Para Elevar Tu Nivel de Juego

¿Qué necesitas para disfrutar de la libertad de elección?

Cuando comienzas a comprender que tú eliges la paz o el dolor, y eres libre de elegir lo que quieres, también te das cuenta de que tienes algunos hábitos, patrones y programaciones aparentemente instintivos. Estos parecieran llevarte a un estado negativo, cada vez más profundo, aparentemente sin opción alguna.

Entonces, aunque te gustaría elegir y responder de otra forma, a veces sólo reaccionas de forma negativa o limitada, resultando en estrés, remordimiento, culpa, temor y victimización.

Estos patrones no son automáticos o inevitables, los aprendiste a través de tus experiencias de vida, así que también puedes deshacerte de ellas.

Superar el impulso de la elección inconsciente es, simplemente, cuestión de tener la práctica correcta: el volver a entrenar tu atención para moverte hacia la paz y la claridad al momento en que esos patrones 'inconscientes' quieran llevarte hacia el dolor y la confusión.

A lo largo del tiempo y de forma continua, esta práctica formará en ti un hábito automático diferente, uno que te permita elegir felicidad, paz y libertad, de manera *habitual* y natural, no por limitación.

Esto es como ir al gimnasio para ser más fuerte o más delgado, aprender a tocar un instrumento musical, hablar un idioma o entrenar para cualquier otra habilidad nueva. Para disfrutar el 200% de la vida, sólo tienes que dar los pasos correctos y continuar avanzando.

Los siguientes son excelentes principios a tomar en cuenta al momento de perseguir esa vida del 200% que tanto deseas. Apégate a ellos y sacarás el mayor provecho a tu práctica:

1. Compromiso

2. Inocencia

3. No tomes nada en serio

Esto es todo, no se requiere nada más.

1.- Compromiso.

Es la capacidad de hacer pequeños cambios y la gentil persistencia para continuar haciéndolos. El compromiso es fundamental para aprender, ganar o convertirte en cualquier cosa; de hecho, es la única cualidad que te dará lo que quieres.

El compromiso no es severo, no se trata de violencia, sino de discernir qué es importante para ti y elegir enfocarte en esa dirección; no puedes hacer todo al mismo tiempo.

Algunas elecciones te llevan hacia tu meta, mientras que otras te alejan.

Si quieres llegar a donde deseas ir en el menor tiempo posible, necesariamente tendrás que limitar tus opciones... pero este proceso no requiere violentarse.

Todo lo que tienes ahora es porque te comprometiste en algún momento, un compromiso de corazón y alma, en el que dijiste: *"Sí, esto es importante para mí"*. *"No dejaré que nada me distraiga"*; un compromiso de cuerpo y mente para darle seguimiento hasta que se hiciera realidad. El tiempo que le dedicas a algo cada día es un gran indicador de cuánto te importa. Decimos que muchas cosas son importantes, pero frecuentemente nos encogemos de hombros y decimos: *"No tengo suficiente tiempo"*. Sin embargo, si fuera verdadera y absolutamente crucial, de vital importancia para ti, encontrarías el tiempo.

Priya, mi compañera en The Bright Path, lo expresa maravillosamente:

> *"El 'no tener suficiente tiempo' no es una razón para*
> *algo que no puedes hacer, es sólo una excusa para*
> *algo que no quieres hacer."*

Si es importante para ti, encontrarás una manera. Si no, encontrarás una excusa (como alguien dijo una vez). Muchas veces, sólo es cosa de adquirir perspectiva, la cual es necesaria porque lo más probable es que tú, como tantas personas, confundas lo urgente con lo importante. Dwight Eisenhower, ex presidente de los Estados Unidos, dijo:

> *"Tengo dos tipos de problemas: el urgente y el importante.*
> *Lo urgente no es importante, y lo importante nunca es urgente.*
> *Esto, creo yo, representa un dilema para hombre moderno."*

La humanidad está perdida. Y bien lo dijo Eisenhower: rara vez podemos darle a lo 'importante' el sentido de 'urgencia' que merece.

Esta es la razón por la que nuestras vidas están llenas de ocupaciones, pero se sienten vacías e insatisfactorias. Por eso es que el pasto en el patio del vecino siempre parece más verde. La satisfacción es poco común.

Ese es uno de los motivos por los que no tenemos estabilidad real, pero sí tenemos tanto estrés y nos sentimos tan infelices cuando la vida se complica. Es una de las grandes razones por las que Occidente tiene tanta riqueza material y aún así nuestras tasas de adicción, crimen, suicidio, depresión, ansiedad, e insomnio están por los cielos. Cuando piensas en lo más importante en tu vida, pregúntate: ¿Cuánto tiempo pasas al día asegurándote de que eso se convierta en una realidad?

Tú decides qué es lo más importante para ti, pero estoy dispuesto a apostar una gran cantidad de lingotes de oro a que termina estando casi al final de tu lista de prioridades. Lo pospondrás, y lo dejarás para 'después' de terminar un montón de cosas más 'urgentes'. Lo que esto quiere decir, es que rara vez llegarás a él.

Es una lástima que lo que es realmente importante para ti sea pospuesto y postergado, en ocasiones de manera indefinida. Terminarás en tu lecho de muerte y sólo entonces todo te será claro, porque ya no tendrás tiempo para posponerlo.

¿Deseas continuar demorando y postergando lo más importante para ti?

Si realmente tuvieras claro aquello que es importante, probablemente ya estarías en el camino correcto para alcanzarlo:

> *"Nuestro mundo exterior refleja nuestros compromisos internos. Si queremos saber con qué estamos realmente comprometidos, sólo tenemos que mirar nuestras vidas. Conscientes o no, siempre estamos creando exactamente aquello con lo que estamos más comprometidos.*
>
> *Es vital comprender que las elecciones que hacemos siempre están alineadas con nuestros compromisos más profundos.*
>
> *Al examinar lo que tenemos y lo que no tenemos, podremos ver y descubrir con qué estamos realmente comprometidos."*
>
> —Debbie Ford, autora de autoayuda.

Adquiere claridad sobre lo que es importante para ti, y comprométete realmente con eso.

Cosas cotidianas importantes

> *"Si es importante, hazlo todos los días."*
>
> —Dan John, entrenador de lanzamiento y levantamiento, y académico en estudios religiosos. [2]

Tú deseas crear hábitos para garantizar que lo que es importante para ti se vea reflejado todos los días. No quieres vivir de ninguna otra manera. No quieres llegar a tus últimos días con arrepentimientos, por lo menos no éste en particular. Ahora puedes evitarlo.

---

[2] Músculo y Cerebro, Carne y Espíritu: me encanta cuando la gente confunde las expectativas de esto y aquello y los encasilla.

El gran filósofo chino, Lao Tzu, una vez dijo que *"un viaje de mil millas comienza con un sólo paso"*, pero un viaje de mil millas también se completa con muchos pasos en la misma dirección.

Compromiso = Constancia

Comprométete sólo con los pasos constantes que, día con día, te llevan hacia tu meta, no juzgues tus éxitos o fracasos; eso es irrelevante, simplemente mejora y aprende de tus vivencias. Durante el proceso de cambio en tu vida, sólo mejorarás cada vez más.

El hecho es que, con la actitud correcta, este viaje es ilimitado: nunca dejarás de crecer, lo cual es emocionante y maravilloso. ¿Crecimiento constante, expansión interminable? ¡Wow! ¡Qué maravilla!

Pero debes saber esto: un viaje sin compromiso es sólo deambular en círculos.

Motivación e inspiración

¿Cuál es *tu* motivación para comprometerte a vivir una vida al 200%?

Tu motivación, tu *por qué*, es importante y crucial. Al descubrir por qué algo es importante para ti, te haces de una enorme fuente de compromiso duradero. Tendrás una razón para apegarte a tu práctica por mucho más tiempo que si sólo lo hicieras por inspiración.

Verás, no siempre estarás emocionado o inspirado.

Piensa en todos los propósitos de año nuevo que no se cumplen. Al parecer, según un estudio, más del 90% no duran, una tercera parte fracasa en la primera semana. La membresía del gimnasio, esos tenis nuevos para correr, el proyecto 'hágalo usted mismo' para la alacena, la aplicación para aprender idiomas, la guitarra arrumbada esperando a que la levantes, etc.

Sabes muy bien que la emoción y la inspiración pueden desaparecer tan pronto como llegaron.

La raza humana está llena de buenas intenciones. La gente está llena de compromisos a corto plazo, motivación e inspiración... y también de su incapacidad de continuar a largo plazo.

El compromiso implica hacer cosas que, a veces, no tienes ganas de hacer o que no te emocionan tanto. Pero, toma nota: esto es distinto a una vida dedicada a hacer cosas que no quieres hacer, o hacer lo que crees que 'deberías' hacer. ¡Qué desperdicio!

La verdadera motivación está muy lejos de sólo pensar que 'podrías' o 'deberías' hacer algo diferente. También dista mucho de sentirse emocionado por hacer algo diferente.

La razón más poderosa que alimenta el compromiso constante para llevarte a través de los altibajos surge del entendimiento de que realmente *necesitas* hacer algo diferente. Si quieres un resultado diferente, *tienes* que cambiar.

Puedes encontrar tu *por qué* de dos maneras. Primero, pregúntate qué es lo que más deseas en tu vida. Tal vez sea más paz, más libertad, más paciencia, tal vez sea algo más...

Pregúntate:

¿Qué es realmente importante para mí?

¿Qué es lo que, en verdad, deseo más en mi vida?

¿Cómo sería mi vida si lo tuviera?

¿Puedes obtener esto haciendo exactamente lo mismo que haces ahora?

Después pregúntate ¿qué es lo que menos quieres en tu vida? Quizá quieres menos estrés, ser menos reactivo, menos negatividad. ¿Es esto posible si continúas tal como hasta ahora?

Pregúntate:

¿Qué pasa si no hago ningún cambio?

¿Qué pasa si no hago nada?

¿Qué pasa si me quedo igual?

Puede ser que encuentres mayor motivación en evitar el dolor que en buscar el placer, y está bien. Con frecuencia se dice que el cambio sólo ocurre cuando te das cuenta de que el dolor de quedarte igual es más grande que el dolor de cambiar.

Sé honesto. En serio, si continúas de la misma manera, ¿cuál será el resultado final?

Lo mismo le pregunté a alguien y simplemente me contestó: *"Moriré rápidamente, dejando solos a mi esposa e hijos."*

Evitar el dolor es una razón poderosa para comprometerse con algo diferente, y eso es precisamente lo que encontré. Para mí era **muy** importante no volver jamás a los obscuros pozos en los que había estado. Evitar ese dolor me dio una razón considerable para superar la inercia y hacer algo diferente.

Mi motivación para triunfar trabajando como auto empleado de tiempo completo, como maestro de meditación, fue nunca tener que regresar a la oficina en la que solía trabajar. Todavía recuerdo cuando, al salir de la oficina por última ocasión, escuché una voz diciendo: *"Volverá..."*

Eso selló el cambio. Ahora mi orgullo no me permitiría, siquiera, considerar la opción de regresar ahí. Así que, tuve que aventarme.

Serás el mismo. Seguramente querrás demostrar que alguien estaba equivocado. Quizás no quieras decepcionar a alguien. Descubrirás que habrá bastantes motivos, pero tienen que ser importantes para ti. Nadie más importa, sólo tú y tus razones.

Sé realmente honesto contigo mismo, investiga un poco y descubre tu motivo personal, entonces tendrás una gran fuente de compromiso.

Cuando descubras qué quieres y por qué, y habiendo visto que necesitas cambiar, no procrastines, no pienses al respecto, da el salto y hazlo. Inicia el compromiso. El tiempo es corto, y procrastinar hace que se vaya volando. Haz algo, aunque sea algo pequeño... pero haz algo.

2.- Inocencia, una actitud fresca lo cambia todo.

> *"No vemos las cosas como son, las vemos como somos.*
> *No escuchamos las cosas como son, las escuchamos como somos."*
>
> — *El Talmud*, texto judío.

El mundo es creado por tus expectativas, ves lo que esperas ver. Si deseas involucrarte completamente con el mundo tal y como es, necesitas soltar estos filtros de la realidad, los cuales alteran todo, junto con tu mente y tus creencias.

Cada experiencia está determinada por tus creencias y pensamientos activos en el momento.

¿Qué es real? ¿Qué es verdad? Probablemente ni siquiera te das cuenta. El proceso es tan inconsciente y 'normal' para ti, que rara vez experimentas la realidad. En verdad estás experimentando tu propia mente.

Aquí es donde todo empieza a parecerse un poco a la película *The Matrix*.

Es como si vivieras en una caja que se define por tus expectativas y juicios; cuando las dejas de lado, las paredes se vuelven más delgadas y transparentes. Despiertas de una realidad creada por la mente, a una experiencia de lo que es verdad en tu vida.

Los límites autoimpuestos en tu vida comienzan a caerse; es maravilloso cuando despiertas y ves claramente cómo eliges el dolor y la limitación. En esta consciencia eres capaz de tomar una decisión diferente, que resultará no sólo en menos miedo, estrés, ansiedad y agobio, también en más gozo, paz y satisfacción... todo esto sin un por qué, sólo por que sí.

El mundo es mucho más grande, brillante y fácil afuera de la caja que te has creado.

Los Ishayas de The Bright Path hablan de la inocencia como la acción de soltar tus expectativas. Eso me gusta.

Te explico:

Inocencia

= no tener expectativas = no hay ideas preconcebidas

= no hay prejuicios = ni hay límites o filtros autoimpuestos

= hay apertura = hay calma = hay claridad y satisfacción.

No hay mejor manera de experimentar más paz y gozo, instantáneamente, que siendo inocente. ¿Quieres claridad y creatividad? Experimenta este momento sin prejuicios. No tener ideas preconcebidas sobre alguna persona o situación significa que puedes experimentar las cosas en el momento, tal como son. Libertad instantánea.

Además, sólo experimentas sufrimiento en la vida cuando tu experiencia no cumple con tus expectativas: *"¡Esto no debería estar sucediendo!"* Mientras más fuertes sean tus expectativas, mayores serán tus problemas. ¿Te resulta familiar?

Cuando eres inocente, intentas más cosas. No existe un sentido fijo de *"No puedo"* o *"No funcionará para mí"*, simplemente exploras. Entonces, el mundo se abrirá de manera sorprendente ante ti.

La inocencia también tiene un sentido lúdico. Si realmente estás siendo inocente y fresco, no puedes tomarte nada en serio; hacerlo siempre es el final de la diversión y la creatividad.

Por cierto, la inocencia no significa ingenuidad. Significa estar abierto a los cambios inesperados de la vida, ser flexible para aceptar el cambio y, por lo tanto, estar en posición de lidiar, adaptarse y reaccionar de manera creativa, disfrutando el viaje. La inocencia se trata de no tener límites autoimpuestos.

La inocencia es muy importante, es un buen equilibrio para el compromiso; sin ella, el compromiso puede ser violento y rígido. Sin compromiso, la inocencia puede ser como vagar por el mundo tarareando *"todo es perfecto"* sin ir a ningún lado. Se complementan muy bien.

3.- No te tomes nada en serio. Desapégate.

"Ten opiniones firmes, pero sostenlas suavemente."
— Philip Goldman, coach de negocios.

"Ríete de lo que te es sagrado, y mantenlo sagrado."
—Abraham Maslow, psicólogo.

"Las vacas sagradas hacen las mejores hamburguesas."
—Mark Twain, autor.

Puede que hayas notado que cuando las cosas se ponen peliagudas para ti es porque te has tomado las cosas en serio.

La seriedad significa estrechar tu mente y surge al aferrarse a algo con fuerza: *"¡Así es como debe ser!"* Significa que no puedes ser abierto, flexible o receptivo a nada más. No puedes ser inocente.

Aferrarte o apegarte te garantiza chocar con algo; el conflicto y el sufrimiento se vuelven inevitables. Cuando te aferras a algo y te tomas las cosas en serio, generas la chispa que incita al conflicto. Te opondrás a otros, pero también a la misma naturaleza. La naturaleza es cambio. Hay un viejo relato que compara un roble con un sauce. Cuando los fuertes vientos soplan, el roble, erguido firme e inamovible, se agrieta y quiebra; sin embargo, el sauce es capaz de doblarse con el viento, ya que su fortaleza reside la flexibilidad.

La respuesta es ser inocente y no tomarse nada en serio, ni siquiera lo que es más importante para ti.

Nunca hagas absolutos, el universo ama demostrarte que estás equivocado. La certeza es agradable, pero igual de importante es estar abierto a descubrir más. No te cuesta nada ser receptivo y flexible, así que puedes ser ligero y relajado, siempre.

Cuando tienes una sensación de ligereza, es porque tienes las cosas en perspectiva, es decir que tienes claridad, sin ser absorbido por el drama; aprovechas al máximo lo que realmente está sucediendo, en lugar de aferrarte a algún plan de lo que 'debería' estar sucediendo.

No exijas. Es bueno que tengas preferencias, seguro, pero no seas insistente. No te aferres a nada, no fuerces nada.

Cuando no juegas el juego, ya no eres parte de él. Terminaste. No hay luchas ni conflictos, jamás. Ni siquiera incites una lucha; no te tomes nada en serio. Deja de jugar ese juego.

Haz esto y descubrirás que la diferencia entre tú y tus opiniones se vuelve clara.

Cuando alguien desafía una opinión a la que estás aferrado, crees que están retando a tu persona. Esto ocurre con demasiada frecuencia en el mundo, el tomarse las cosas personales lleva a muchísimos malentendidos y conflictos.

Tus opiniones no son tú. Tus creencias de cómo deberían de pasar las cosas no son tú. Las creencias son simplemente una idea de lo que es verdad desde tu punto de vista en este momento. La verdad está mucho más cerca de ti que cualquier creencia.

Así que conserva lo que es más importante para ti como una prioridad. No se trata de tener la razón, se trata de ser feliz y estar en paz. Me imagino que esto es cierto para ti, a menos que tener la razón sea más importante para ti que tu salud y bienestar físico, mental y emocional. Si ése es el caso, adelante, insiste en tener la razón.

Mi consejo es que no tomes nada en serio, diviértete. Sé consciente y aprende a reírte de todo, especialmente de ti mismo. Un hombre sabio dijo una vez que si puedes hacer eso, tendrás una fuente de entretenimiento para siempre.

Esto es todo, no necesitas nada más.

CAPÍTULO 8

Las Elecciones Fundamentales de la Vida (con 'V' Mayúscula)

"Concédeme la serenidad para aceptar las cosas que no puedo cambiar, el coraje para cambiar las cosas que puedo, y la sabiduría para reconocer la diferencia."

—Oración de la Serenidad de Alcohólicos Anónimos.

El Zen de hacer y no hacer

La maestría de la vida reside en las 3 habilidades antes mencionadas: la habilidad de no hacer nada, la habilidad de hacer un cambio, y la sabiduría para darse cuenta de cuándo hacer qué.

No hacer nada es tan importante como hacer. Aún cuando muchos de nosotros somos excelentes *hacedores*, no muchos podemos no hacer realmente nada. Por eso es primero.

Muchas veces en la vida no podemos cambiar ni una sola cosa; debemos retroceder y aceptar. No hay otra opción. La realidad no puede negarse, aunque esto toma una increíble cantidad de tiempo para pasar por los filtros de nuestros densos cráneos.

Pelear, batallar e insistir contra la realidad es un trabajo arduo. Es tan efectivo como tratar de empujar una montaña fuera de tu camino. Aún cuando eso no nos detiene de tratar de hacerlo.

¿Cuántas veces al día tratas de cambiar algo que no se puede cambiar?

Por alguna razón no ves lo que está pasando, sólo ves lo que 'debería' estar pasando.

Mientras peleas y empujas contra 'lo que es' te estresas, pierdes tu frescura, todo tu humor, serenidad, inocencia y apreciación de *este momento*. Estás atorado en tus expectativas de lo que debería pasar, y permanece de esa forma, hasta que lo aceptas o la realidad cambia.

La aceptación puede ocurrir en un segundo, a veces la realidad *nunca* cambia; admites las cosas como son, dejas de insistir en lo que 'debería' estar pasando, y a cambio obtienes tranquilidad y perspectiva, lo cual es un excelente intercambio. ¿Quieres esperar hasta que todo coincida con tu idea de lo que 'debería' ser?

No es darse por vencido o que las cosas no te importen. La aceptación es detener una pelea inútil y agotadora para ver con claridad y trabajar con lo que se tiene, sin importar la situación en la que te encuentres. Claridad significa que puedes ser creativo; de ahí viene la fluidez, la libertad, y también una gran serenidad. La aceptación es clave en todas las esferas de la vida. Aprende a aceptar.

El coraje para cambiar aquello que puedes cambiar

"El verdadero fracaso en la vida es la inactividad.
No seas esa persona que deja pasar todas las oportunidades."

— Pat Flynn, filósofo y entrenador físico.

La vida es acción. Si no haces algo, nada pasará.

¿Qué quieres hacer? Primero eliges y luego actúas. Todo esto requerirá coraje.

Necesitar valor para hacer algo es una excelente señal de que eso es importante para ti. Sigue en esa dirección. Cada cosa que ha sido importante para ti ha requerido de un salto a lo desconocido. Un trago y un salto. Por muy tentador que sea, nunca lo evites, sólo hazlo. Evitar no es algo satisfactorio.

Ten coraje y sé valiente.

La sabiduría para saber la diferencia

Por último, la sabiduría para saber qué hacer vendrá si estás muy atento a lo que se te presenta en este momento. Entonces, y sólo entonces, serás capaz de satisfacer lo que se requiere en este preciso momento, el único en el que puedes hacer algo.

La sabiduría proviene de la experiencia, de aprender de tus errores, pero también de una conexión con tu fuente interna de claridad. Es la habilidad de saber lo que es correcto para ti, ahora, en este momento; es la capacidad de medir tu estado interior, así como el de los demás: cuándo resistirte y cuándo debes actuar, cuándo puedes seguir intentando y cuándo debes rendirte. Algunos lo llaman intuición.

Esta habilidad se fortalece cuanto más te encuentres, plenamente, en el momento presente. Cuando estás vivo en el *ahora*, puedes satisfacer exactamente lo que necesitas.

Observa lo que *este momento* requiere y permite que se te revele el siguiente paso a seguir. La sabiduría también se basa en la paciencia: la capacidad de esperar y ver qué se necesita y qué se puede hacer. Cuando lo sepas, entrégate por completo a ello, *hagas* o *no hagas*.

¿Está bien? No hay nada peor que vivir una vida a medias.

Las Ocho Elecciones

Una vida increíble, no sólo para ti, sino para todos a tu alrededor, proviene de los atributos de la serenidad, el coraje y la sabiduría.

Algunas personas se pasan la vida cultivando sólo una o dos de estas habilidades. ¿Cómo estar seguro de que estas habilidades pueden ser una experiencia constante de vida, más allá de verlas como 'altas aspiraciones'?

Como yo lo veo, hay ocho elecciones que fundamentan una vida verdaderamente grandiosa, una que está llena de serenidad, coraje y sabiduría, pero también de diversión, libertad, plenitud y más.

La esencia de vivir una vida al 200% es estar completamente enfocado, tranquilo y feliz, dando fin al estrés y la lucha. Todo lo bueno de ser un humano recae en el buen manejo de las siguientes ocho elecciones, justo en el siguiente orden:

Primera Elección:	Asumir (cuando quieras inculpar)
Segunda Elección:	Responder (cuando quieras reaccionar)
Tercera Elección:	Aceptar (cuando quieras rechazar)
Cuarta Elección:	Apreciar (cuando quieras criticar)
Quinta Elección:	Dar (cuando quieras recibir)
Sexta Elección:	Estar Presente *Aquí* y *Ahora* (cuando quieras estar en otro lugar)
Séptima Elección:	Ser Audaz (cuando quieras encajar)
Octava Elección:	Ser Nada (cuando todos te dicen que seas algo)

Puedes estar seguro de que estas ocho opciones son simples. Los hábitos del pasado hacen que esto parezca difícil, pero son fáciles de convertir en nuevas rutinas.

CAPÍTULO 9

Primera Elección: Asumir (cuando quieras inculpar)

La primera elección crucial: Asume toda la responsabilidad

De todas las elecciones que transformarán tu vida, ésta es la más importante. Elegir crecer y valerte por ti mismo es un momento decisivo en la vida.

La membresía del Club del 200% sólo puede empezar cuando decides asumir la responsabilidad total y completa en cada aspecto de tu vida, ¡de toda tu vida! Asumes cómo te sientes, cómo reaccionas, lo que dices y haces, tus resultados, lo que te sucede... **cada parte de toda tu vida.**

Asumir completa responsabilidad de tu vida es un cambio que requiere valor, pero no puede suceder mientras no lo asumas.

¡Espera! Antes de dar el salto:

No tomes esta decisión a la ligera.

Esto implica que jamás podrás volver a culpar a alguien más de nada. Ya no se trata de ellos, ahora todo es responsabilidad tuya.

¿Por qué es esto tan importante?

Tomar esta decisión es increíblemente liberador. Ahora tu vida depende de ti; no tienes que esperar a alguien más, no necesitas permiso, sólo se trata de ti. Es tu vida. Ahora estás tras el volante, de manera permanente, en control de tus elecciones.

¡Que emocionante! ¿Verdad?

Tal vez me digas: *"Pero... Obviamente hay cosas que no están bajo mi control"*... y estás en lo correcto. Por ejemplo, ¿cómo puedes asumir la plena responsabilidad de tus resultados, cuando hay tantos eventos aparentemente aleatorios, imposibles de predecir, que tienen un impacto en las cosas o situaciones?

"No es mi culpa" (inculpar)

Existen numerosas condiciones y circunstancias que implican que *ser*, *hacer* y *lograr* lo que quieres hacer se vuelve difícil. Hay muchas razones por las que no puedes hacer o lograr algo. Para muchas personas, estaría perfectamente justificado apuntar hacia todas estas razones para explicar por qué no puede hacerlo, no lo hizo o no lo hará.

Claramente, no es tu culpa, y estarías 100% en lo correcto: no es tu culpa. Esto y aquello, ella y él, tienen un impacto en los resultados de tu vida.

Sin embargo... Al vivir el 200% de la vida, estamos llevando esto al siguiente nivel, estás yendo más allá de *"¿Quién es el culpable?"* Ya no se trata de la culpa.

Al tomar la decisión de ser dueño de cada parte de tu vida, incluso de tus resultados, te haces consciente de cómo jugar este juego llamado *vida*:

> *"Nada supera la santidad de aquellos que han aprendido la perfecta aceptación de todo lo que es. En el juego de cartas llamado vida, uno juega la mano que recibe lo mejor posible según sus habilidades. Aquellos que insisten en no jugar la mano que recibieron sino la que insisten debieron recibir, fracasan en la vida. No se nos pregunta si vamos a jugar. Esa no es una opción. Debemos jugar, y nosotros podemos elegir cómo."*

—Anthony de Mello, sacerdote jesuita y maestro espiritual.

Por supuesto, a veces hay un pequeño control en la vida, como dice el dicho: *"Así es la vida"*. A menudo tienes que lidiar con cosas que nunca elegirías. El *crupier* de la vida te presenta altibajos.

Pero ¿cómo quieres jugar esto?

¿Deseas gastar todo tu tiempo y energía señalando con el dedo y culpando a algo o a alguien, sin hacer absolutamente nada al respecto o asumirás el desafío del juego y jugarás al máximo con las cartas que te han entregado, haciendo todo lo posible para obtener mejores cartas?

¿Deseas continuar reaccionando inconscientemente, centrándote en todo lo que salió mal o responderás con conciencia, sin poner excusas y tomando decisiones deliberadas basadas en lo que ahora puedes hacer?

¿Ves la diferencia?

¿Puedes ver lo increíblemente poderoso y bello que es el elegir y asumir la completa y total responsabilidad de tu vida?

¡Y vaya elección! Esto implica que nunca perderás el tiempo enfocándote en las cosas que salieron mal o en 'lo que pudo ser'.

La vida se vuelve simple y emocionante porque estás jugando con las cartas que tienes, no con las que 'deberías' tener.

Dejas de jugar en el mundo de lo 'correcto' y lo 'incorrecto' y comienzas a jugar el verdadero juego de la vida, sin desperdiciar un solo segundo preguntándote *"¿Qué voy a hacer?, ¿Qué puedo hacer?"*

El beneficio de esta elección es que obtienes el control total de tu vida (irónicamente) en un mundo donde hay muy poco control; aún así, no importa lo que suceda, tú decides jugar desde allí con lo que tienes. A falta de una mejor expresión: esto te empodera.

Lo más estresante en la vida ocurre cuando sientes que no tienes control sobre nada. Al responsabilizarte de ti, obtienes el control total y terminas con ese abrumador estrés.

Dejas de ser víctima de las circunstancias y, en lugar de que la situación te defina, tú defines la situación exactamente a tu gusto. Es decir, que los problemas a los que te enfrentas día a día, ahora tienen un valor para ti, ya que te haces responsable de ellos. La pregunta ya no es *"¿Quién tiene la culpa?"*, ahora te preguntas *"¿Qué puedo aprender de ello?"*

"¿Cómo contribuí a esto?" es una pregunta valiosa. Señalar con el dedo y poner excusas significa que, en realidad, nunca ves cómo puedes hacer las cosas diferente y de mejor manera.

Asumir la responsabilidad significa que estás progresando en tu vida, sin apostar a lo 'seguro'. Sé que esto es fácil de decir y difícil de hacer. En realidad, te das cuenta de que eres el centro de atención y tu ego ya no puede cambiar la culpa.

Sin embargo, si deseas avanzar y vivir una vida del 200%, debes dejar de señalar con el dedo a los culpables, sin considerar qué tanto los justifiques. No importa qué haya pasado o dónde estés, **siempre** tienes una opción.

"¿Por qué me está pasando esto?"

Un claro indicador de que estás inculpando a los demás y, por lo tanto, de convertirte en víctima de las circunstancias, es preguntarle a esa deidad (quizá desconocida) en el cielo:

*"¡¿**Por qué** me está pasando esto a mí?!"*

¿Alguna vez hiciste esa pregunta? Por supuesto que no. Pero, si en algún momento te encuentras maldiciendo a un ser supremo indiferente e impersonal en el cielo, da un paso hacia atrás y asume la responsabilidad.

Cuando tomas completa responsabilidad de todo lo que te sucede, entonces puedes sacar provecho de las circunstancias a tu alrededor y preguntarte:

*"¿**Para qué** me está sucediendo esto?"*

Esa pregunta cambia la perspectiva, ¿cierto? Después de todo, tal vez ese *Ser supremo* que te lanzó a lo que parece un desastre, en realidad no es tan indiferente.

Ante cualquier situación, es tu elección ser una víctima o dar la cara; puedes utilizarlo a tu favor y de la mejor manera, para estar más despierto, alerta, consciente y más libre.

Aduéñate de tu propia felicidad

Asumir la responsabilidad absoluta significa que no estás esperando que alguien o algo te haga feliz. Estás decidiendo que no dependerás de nada ni nadie para traer a tu vida lo que más deseas: tu propia felicidad. Ya no pospones tu felicidad o paz para un momento futuro. En cambio, decides que harás lo que sea necesario para encontrar paz y felicidad en este momento, independientemente de las circunstancias.

No hay nada más simple que tomar la responsabilidad de tu propia vida. En adelante, sólo elegirás tu paz y tu felicidad, ante todo. Con el tiempo, notarás que elegir cualquier otra cosa es una locura.

Ahí reside la verdadera sabiduría... y también la libertad.

CAPÍTULO 10

Segunda Elección: Responder
(cuando quieres reaccionar)

Al tomar la total responsabilidad de tu vida, también lo haces con lo que piensas, sientes, dices y haces, así como todo lo que le pasa a tu alrededor y sus respectivos resultados.

Al hacerlo marcas una diferencia.

Es una verdadera declaración de independencia con la intención de desarrollar una completa y consciente libertad de elección; un estado del Ser en el que tus niveles de felicidad y paz no dependen de nada externo. Es revolucionario.

Como hemos comentado, todos creen que quieren sentirse bien y no sentirse mal, y que eso depende de algo o alguien externo, creando tal sufrimiento y estrés porque 'necesitan' que sucedan y sigan sucediendo ciertas cosas, de cierta forma, para sentirse 'bien'.

Te estás desencadenando de esto, disfrutando los frutos de tu esfuerzo sin depender de ellos para ser feliz. Tener felicidad sin causa aparente se traduce a hacer las cosas porque *quieres*, no porque *tienes* que.

También declaras la intención de practicar la fortaleza, la flexibilidad y el estar en el momento presente para ignorar los pensamientos y sentimientos negativos y limitantes. Te estás independizando de los altibajos de tu propia mente y estás eligiendo lo que contribuye a tu mayor bien y al de todos los que te rodean.

En lugar de reaccionar inconscientemente, eliges practicar el responder conscientemente, lo que implica desarrollar la plena conciencia, dándote la capacidad de examinar tus pensamientos y reacciones.

Sin conciencia no hay elección libre, sólo hay reacciones ciegas. La conciencia trae libertad.

Las reacciones son rápidas

Uno de los mayores desafíos para la conciencia y la libre elección serán los pensamientos y sentimientos habituales que, aparentemente, se manifiestan más rápido que los pensamientos y su capacidad para elegir algo diferente. Son **tan** rápidos que suelen activarse antes de que elijas no hacerlo.

Las malas noticias crean un pánico inmediato, ansiedad o ira antes de que te des cuenta; si tu pareja dice 'estupideces', el fuego se propagará rápidamente y de manera terrible; antes de que te des cuenta ya habrás escupido palabras llenas de rencor y violencia. Entonces pasarás el resto del día rumiando lo que debiste o pudiste haber dicho.

Sin embargo, puedes desarrollar la capacidad de dar un 'medio paso atrás' de los eventos, otras personas, sus pensamientos, emociones y reacciones, lo que significa que tienes más tiempo para contrarrestar la reacción y elegir cómo deseas responder.

Puedes eliminar las causas que motivan estas reacciones y reprogramar tu cerebro para responder con libre elección.

El primer paso es, en efecto, asumir la plena responsabilidad de estas reacciones y respuestas. Nadie te hizo sentir de cierta manera o hacer algo, **tú** elegiste hacerlo. El otro paso es crear un entorno en el que seas más capaz y elijas responder en lugar de permitir que se produzca una reacción.

Las reacciones pueden ser útiles

Sin embargo, las reacciones son realmente útiles. Es maravilloso desmarcarse rápido y hacer las cosas automáticamente, sin pensar.

No estoy diciendo que quieras volverte lento y pesado, dándole vueltas a todo. Pensar demasiado es una receta para el desastre.

Tanta reacción se convierte en un problema cuando está dictada por un hábito negativo, una programación limitada o cuando, en automático, haces cosas que no sirven para tu mayor bien.

Más adelante, en la Octava Elección, hablaré sobre una forma de vida que es automática pero que proviene de un lugar de pureza dentro de ti, lo que implica respuestas conscientes y 'limpias' que son útiles para tu mayor bien, totalmente libre de limitaciones. Pero hasta entonces, estoy seguro de que sabes exactamente a qué me refiero cuando hablo de reaccionar a ciegas, lo vivimos día a día.

Ahora, una reacción inconsciente, limitada y desencadenante es una cosa, pero lidiar con el arrepentimiento, la culpa y las recriminaciones de reaccionar de formas que no te enorgullecen como consecuencia de nuestras acciones, es muy diferente.

Pierdes el control con tus hijos y luego te arrepientes, porque no merecían la magnitud de tu reacción. Permaneces arrepentido, agrediéndote a ti mismo el resto del día.

Tu compañero de trabajo hace un comentario burlón sobre ti y al principio te sorprendes, luego te ofendes, te enojas y te frustras, tanto con ellos como contigo mismo arrepentido de no defenderte ni decir algo en el momento.

Un niño en la escuela de tu hijo muere de meningitis, y la ansiedad aumenta al estar piense y piense cómo podrías explicarle a tu hijo esa enfermedad, la muerte de su compañero y de qué forma tomarlo.

¿Sabes? Ahí está la reacción, y todo el tiempo perdido pensando en lo que has o no has hecho.

Mucha gente no tiene paz ni felicidad duraderas debido a sus detonantes, esto los desanima constantemente y los lleva a renunciar. Realmente son como monos encadenados a los detonantes que los hacen reaccionar: son arrastrados de arriba abajo por éstos.

Si deseas resultados diferentes en tu vida, liberarte del drama, la culpa, la ira, la preocupación, la incertidumbre, la negatividad; liberarte de ser consumido por palabras o acciones pasadas o el no poder soltar las cosas, entonces querrás responder de formas que te sean útiles y no que te frenen.

¿Cómo haces eso? ¿Cómo logras dar 'ese paso hacia atrás', la claridad para ver tus opciones y elegir? ¿Cómo refuerzas la calidad, las respuestas limpias, los hábitos y los programas?

Primero, entendamos cómo operan.

La química del cerebro detrás de tus reacciones

Un evento externo causa dos reacciones: una reacción química en el cuerpo y una reacción de pensamiento en la mente.

El evento es una cosa y no puedes controlarlo (aunque puedes intentarlo). La gente intenta sobreprotegerse de la vida todo el tiempo y aún así, este nivel de control nunca pareciera darles la seguridad que desean. Estoy divagando, pero tocaré el tema en próximos capítulos.

Por otro lado, en el cuerpo también hay una oleada de químicos y hormonas. La neurocientífica Jill Bolte Taylor explica en su libro *Un Ataque de Lucidez*, cómo estos químicos pueden desaparecer por completo del cuerpo al ser procesados en 90 segundos, si los dejamos actuar.

De hecho, puedes ver y sentir lo que sucede en tu cuerpo; sólo necesitas ser súper curioso, estar atento y observarte con atención. Al efectuarse el evento desencadenante, de inmediato se origina una descarga de actividad en el cuerpo. Sientes que 'algo' está surgiendo.

Observa cómo tu mente etiquetará tu reacción química como: "*Estoy enojado*", "*Estoy entrando en pánico*", "*Me estoy molestando*", etc. ...

Si sigues esa etiqueta, la mente creará una historia basada en todas tus experiencias pasadas en eventos similares, te dice si te gusta la sensación o es motivo de alarma, y cómo debes reaccionar al respecto: luchar, correr, congelarse o hacerse pequeño.

Pero si ignoras la etiqueta y la historia, percibirás como una ola que se eleva a su punto máximo, se estrella y se retira; esa reacción química termina rápidamente, en menos de 90 segundos.

Si no te resistes a este proceso, puedes ser testigo de que todo viene y luego se va, construyéndose, estrellándose, yéndose... hasta que se acaba.

Y esto lo veo todo el tiempo en mi hija de seis meses de edad. Algo fuerte o impactante pasa, o tal vez se da vuelta y se golpea en la cabeza, y por supuesto que reacciona: salta, cierra los ojos, llora de dolor.

Dicha reacción pasa súper rápido, y al poco tiempo ya está sonriendo. Todo porque no tiene un proceso de etiquetado, ni historias, ni juicios, ni resistencias... todavía. Para ella es sólo un evento, quizás intenso, pero no significa nada.

Los adultos, sin embargo, tenemos juicios e historias. Cuando no eres consciente de eso, tu mente se activa, etiquetando, juzgando, resistiendo, planeando y pensando demasiado. El resultado de todo este procesamiento mental significa que, más allá de la reacción inicial, los sentimientos se estimulan una y otra vez.

La neurocientífica Jill Bolte Taylor explica qué sucede después de los primeros 90 segundos:

> *"Cualquier otra respuesta emocional es sólo la persona eligiendo permanecer en esa repetición emocional... Si continúas sintiendo miedo, ira, etc., necesitas observar los pensamientos que están volviendo a estimular los circuitos que generan esta respuesta fisiológica una y otra vez."*

El evento es una cosa, la reacción del cuerpo es otra, pero ¿la reacción continua y el exceso de pensamiento? Eso es tuyo, ahí es donde puedes elegir, donde el dicho *"El dolor es inevitable, pero el sufrimiento es opcional"* comienza a convertirse en una realidad en tu vida. La elección de permanecer inconsciente ante tus reacciones es la elección del sufrimiento sobre tu propia paz.

Las reacciones son habituales, por lo que es necesario practicar la elección de una respuesta consciente. Cuanto más alerta y consciente estés, más 'espacio' tendrás entre el evento, la química del cuerpo, el etiquetado de tu mente, el pensamiento circular continuo y las emociones generadas por el evento.

Dar ese *paso hacia atrás* comienza aquí.

Agotamiento, la piedra en el engrane

Pensé que era bastante consciente de mis reacciones; he dedicado parte de mi vida a ser consciente y ver cómo se activa mi mente, y entonces, bajo esta conciencia, elegir otra cosa. Sin embargo, al estrenarme como papá, se agregó un factor que afecta a muchas personas: el agotamiento.

Estábamos en la sala de parto, cansados después de tres largos días y noches (la bebé no quería salir) pero contentos por un nacimiento exitoso y directo.

Todo el mundo estaba tranquilo, relajado y en paz, hasta que el encargado de la limpieza entró y dejó caer su cubeta de metal en el suelo, a los pies de nuestra cama; el golpe retumbó por todo el lugar. Todos saltamos, incluyendo la bebé, lo cual me indignó bastante. Después de todo, era una sala de recuperación de parto. ¡Qué estúpido!, ¡qué grosero!, nos estábamos recuperando y esta persona no tuvo consideración ni conciencia de los demás.

Ya te imaginarás.

De inmediato vi a la bebé, y después de su shock inicial, noté que ya lo había olvidado. De hecho, no hubo reacción. Es ella a quien más me preocupaba proteger, y ella estaba perfectamente bien. Sólo se asustó y luego lo olvidó... papi no.

¿Entiendes lo que quiero decir?

Sabes a qué me refiero, por eso estás leyendo este libro. Tus reacciones implican hacer y decir cosas de las que luego te arrepientes, y que pueden continuar por días, estás atrapado en el pasado, sin poder dormir, sin poder disfrutar este momento.

El agotamiento sólo significa que es mucho más difícil observar tu reacción y mantenerte un paso atrás.

Cuidar tu energía física es una de las mejores cosas que puedes hacer para no reaccionar de formas en las que te puedas arrepentir. Pero el agotamiento es parte de un ciclo más grande, uno que también implica estrés y cómo diferentes partes de tu cerebro piensan de manera distinta.

Fuera de tus casillas

En una misma situación, ¿por qué a veces respondes magníficamente y otras veces reaccionas de forma espantosa?

El pánico escénico y la ansiedad por el rendimiento, son grandes ejemplos para deportistas, músicos, oradores públicos o cualquier persona que se someta a un examen: lo hacen perfectamente cuando nadie está mirando, pero el día del gran evento todo se te derrumba, sientes que se te sale el corazón del pecho, te tiemblan las rodillas, en fin, te pones mal. Entra el miedo y pierdes la capacidad de actuar de forma libre, fluida y espontánea.

Si a todo lo mencionado le sumamos algo de presión, se crea una reacción que impedirá que hagas aquello para lo que has entrenado o que logres algún objetivo.

Tal vez estás perdiendo peso, emprendiendo algún negocio o aprendiendo un idioma. Te preparas, aprendes todo para alcanzar tu meta, inviertes en un programa de capacitación o en un entrenador para saber qué hacer exactamente... pero simplemente no lo haces.

¿Alguna vez has estado en esta situación?

El agotamiento, el estrés y la presión elevan la probabilidad de reaccionar del modo menos deseado, sintiéndote como si estuvieras completamente fuera de tus casillas (en muchos sentidos, podrías tener razón). Comprender qué parte de tu cerebro se está activando ayuda enormemente a lidiar con tus reacciones habituales y hacer las cosas de diferente manera.

¿Animal o humano?

Les voy a explicar la ciencia y la teoría del cerebro a grandes rasgos. No soy un experto, pero una descripción amplia es suficiente para comprender lo necesario para continuar.

El cerebro no es un todo, está formado por partes evolutivamente diferentes, entre ellas el cerebro reptiliano, uno de los más antiguos, el cual es responsable de las necesidades de supervivencia, por lo que es extraordinariamente rápido. No requiere pensamiento consciente, no es cognitivo... Es pura reacción.

Aquí se generan las reacciones de 'lucha, huida o parálisis'. Probablemente puedas entender la agresión y la evasión, pero el quedarte inactivo sucede cuando te encuentras frente a una multitud y tu cerebro se vuelve papilla, o cuando estás en *esa* situación social y no logras defenderte.

Ahí también se encuentran los sistemas de 'alimentación y fornicación' y sólo hablaremos de ellos porque, en inglés, ambos empiezan con "F" (*feeding and fornicating*), lo cual me parece bastante *cool*. Pero también explica la búsqueda de gratificación instantánea ante el estrés y el agotamiento que muchos tienen: se abalanzan sobre la comida chatarra, las noches de fornicación desenfrenada en escapadas sexuales y pornografía... o todas las anteriores.

La segunda parte de la que hablaremos es del el cerebro mamífero, el cual se encarga las conexiones sociales y las jerarquías. Es la parte de ti que se ocupa de los vínculos familiares y lo que otra gente piensa sobre ti.

Esta parte del cerebro se activa, por ejemplo, si te encuentras a ti mismo sintiéndote culpable por tomarte un merecido descanso o un tiempo libre de tu familia; o si te encuentras a ti mismo 'manteniendo la calma' con familiares y otras personas, aún cuando te están complicando las cosas o te están lastimando.

También aquí es donde entra el miedo al fracaso, el cual se refiere más al miedo a fallar frente a los demás y quedar como estúpido. En privado, puedes hacerlo todo lo que quieras, pero fallar frente otros es una historia completamente diferente, ¿cierto?

Ese enfoque en la jerarquía social alimenta el instinto de supervivencia. Cuando tu preocupación por las otras personas es lo suficientemente fuerte se activa el mecanismo de *atacar, correr* o *paralizarte*.

La última parte es el cerebro humano, el cerebro evolucionado, el de la lógica y el razonamiento. El de la autorrealización: metas y sueños.

Esta es la parte de ti que quiere ser más y mejor. Pero antes de avanzar, debes asegurarte, como lo expresó el especialista en capacitación y aprendizaje Dax Moy, de que *"los animales se sientan seguros"*.

Como él explica, sus necesidades son diferentes:

Reptil	Mamífero	Humano
Sobrevivir	Luchar	Prosperar
Permanecer igual	Permanecer igual	Quiere cambio

¿Ves la tensión aquí? Las diferentes partes de tu propio cerebro necesitan cosas distintas; cuando están activas, estas diferentes partes de tu cerebro determinarán tu comportamiento:

Reacción	Respuesta
Reptil/Mamífero	Humano
Programación	Proceso
Instinto	Intelecto
Inmediato	Visión global
Basado en el miedo	Basado en los sueños
Basado en la amenaza	Basado en la posibilidad
Pasado/futuro	Presente/futuro
Automático/preverbal	Elección/razón

El ciclo de la perdición: estrés y agotamiento

El estrés (o la amenaza) y el agotamiento se alimentan mutuamente, juntos crean un ciclo sin fin. El estrés es agotador física, mental y emocionalmente. El agotamiento se traduce en no poder pensar con claridad, perder perspectiva, agobio y aún más estrés.

Este 'ciclo de la perdición' lleva a que los centros cerebrales reactivos se activen mucho más fácilmente. Y como es automático, pasan por alto los centros de razonamiento. A veces ni siquiera eres consciente de que estás haciendo algo, sólo actúas o haces, y luego el cerebro humano se arrepiente cuando se vuelve consciente de ello.

Un ejemplo clásico es cuando le contestas a tus hijos o a tu pareja de forma agresiva; no quieres ser así, pero, son *tan* desesperantes. En realidad, sólo estás destrozado y no puedes pensar (o comportarte) adecuadamente.

O cuando estás a dieta. ¿Sabes cuándo rompes tu dieta? Siempre es después del medio día, cuando ya estás cansado. Estás bien por la mañana, pero en cuanto llega 'el bajón de energía' por la tarde, comienza el antojo de chocolate o pastel. O quizá pasa al final del día, avientas la dieta por la ventana y te levantas por unos Doritos, cerveza o una bebida, porque, pues... 'te lo mereces.'

Lo mismo con las noches de sexo casual y pornografía. Esa respuesta de fornicación, rápida y fácil, comienza más tarde durante el día. Visitar páginas pornográficas en Internet no es algo que hagas a primera hora de la mañana (a menos que realmente seas adicto al sexo), y probablemente pienses de manera muy diferente a la noche anterior, cuando tomaste tus zapatos y quisiste escapar de la habitación, antes de que tu expareja (o la otra persona equivocada) se despertara.³

El cerebro animal sólo busca la satisfacción instantánea, un *pasón* rápido: *"Dame la comida reconfortante"*, *"Libérame"* o *"Estoy en lo cierto, estás molesto, y es por eso que... ¡bam!"*

Tus emociones se ven afectadas de la misma manera. ¿Te sientes desbalagado emocionalmente? ¿Deprimido y en tu punto más bajo? Puede que sólo estés crónicamente agotado. Eres como un niño, una buena noche de descanso te será de gran ayuda.⁴

Pensando humanamente y respondiendo conscientemente

¿Cuál es la respuesta para dejar de actuar desde el cerebro animal, siendo tan reactivo y emocional?

El primer paso esencial para obtener la libre elección es reducir el nivel de estrés y descansar lo suficiente.

Considera que, si quieres ser productivo, abrumarse y estresarse no te ayuda. Hacer las cosas más rápido tampoco te ayuda a tomar decisiones claras. Hacer tanto como sea posible sólo indicará que estás agotado y que serás incapaz de hacer algo al día siguiente.

El sueño y descanso de calidad es crucial, tienes que proteger tu energía y lidiar con tus niveles de estrés. El descanso te da claridad y te hace más consciente, lo cual, por su parte te da libertad de elección. Entonces

---

³ ¿Alcohol? Un poco, como sabes, calma a los animales. En mayor cantidad las reacciones habituales salen más rápidamente y se vuelven más grandes.

⁴ No que esta sea la 'cura definitiva' para la depresión, la bipolaridad, el pánico, etc... Pero atiende tu agotamiento, y de verdad que todo se vuelve mucho más fácil.

también puedes optar por responder de la manera que desees, con mucha más facilidad, en lugar de reaccionar.

¿Cuál es una de las formas más efectivas para descansar profundamente, recargarse de energía y evitar que las situaciones te abrumen? La meditación. Hablaré mucho más sobre esto en la Sexta Elección, pero pensé en mencionarlo, sólo para despertar tu curiosidad. Tomar un descanso te aporta mucho.

Sé que estás ocupado, que tienes muchas responsabilidades y poco tiempo. De primera instancia, el que te diga que necesitas hacer menos puede no tener mucho sentido.

Pero honestamente, tú quieres y necesitas efectividad y disfrute, no prisa y estrés. Eso es lo que la mayoría de la gente tiene: un ciclo de agobio, lucha y agotamiento que desearían no tener, o que evitan que avancen.

Es la diferencia entre ser frenético, habitual y reactivo, o tranquilo, consciente y elegir tu camino a través de la vida. Esta elección es fundamental, lo es todo. Una perspectiva, el paso hacia atrás y la conciencia brindan la libertad de responder como se desee.

CAPÍTULO 11

Tercera Elección: Aceptar
(cuando quieres rechazar)

La aceptación es la respuesta (no hay una cuarta opción)

El reconocido maestro espiritual y de consciencia, Eckhart Tolle, explica en su libro *El Poder del Ahora*, que tienes tres opciones en una situación que te resulta intolerable. Puedes:

1. Cambiar la situación.

2. Abandonar la situación.

3. Aceptar la situación.

Con frecuencia la gente dice *"No tengo opción, no puedo cambiar o abandonar la situación."* La verdad es que sí puedes, más de lo que te das cuenta. Siempre puedes hacer, la realidad es que **no** quieres.

Tomemos como ejemplo un trabajo que te resulte intolerable. He escuchado a un sinfín de gente decir que no pueden renunciar. El hecho es que **pueden** renunciar, la gente renuncia a sus trabajos todo el tiempo, lo que pasa es que tienen mucho en juego. **Tienen** una elección, pero simplemente deciden no hacerlo.

Lo mismo va para una relación: *"No puedo dejarlo" "No puedo dejarla"*. En realidad, sí puedes, lo que sucede es que no estás preparado para deslindarte en este momento.

Ver claramente que siempre tienes una elección es asumir la responsabilidad de las situaciones. Nadie te metió en esto, tus decisiones anteriores te trajeron aquí y, si lo deseas, te puedes salir.

Hay tanta libertad en esto.

Ahora, cuando claramente no puedes o no quieres cambiar o abandonar la situación que te resulta intolerable, la tercera opción es la única que queda: total y completa aceptación.

Debes aceptar, no hay ninguna otra opción racional. Sin embargo, en lugar de afrontarlo y continuar, mucha gente intenta crear una cuarta opción: la resistencia, quejarse, lloriquear, culpar, rechazar y luchar.

La cuarta opción contiene todas las respuestas estresantes y sin sentido, que no llevan a nada más que a más estrés. Mantiene el problema en tu mente y, como en lo que te enfocas crece, te conviertes en una víctima de la situación. En otras palabras, constantemente estás eligiendo ser infeliz.

El gozo y la libertad de la aceptación es ver que, en realidad, lo que lo hace intolerable no son ni la situación ni la persona, sino tu actitud y opinión al respecto. No siempre puedes cambiar la cosa, especialmente a corto plazo, pero siempre puedes cambiar tu actitud al respecto. El que quieras o no hacerlo depende de ti. La vida pasa a depender de ti, no de ellos, **de ti**. ¿No es genial?

La resistencia y el porqué la aceptación es el mejor cimiento para todo

La vida es cambio.

Intentar seguir un plan o idea al pie de la letra, a pesar de la realidad de lo que esté ocurriendo siempre será tan fructífero y disfrutable como estrellar tu cabeza contra la pared. La causa de todo tu estrés, *todo el estrés*, es la resistencia a lo que es.

Resistirse es insistir en una idea, aún cuando esta se topa con una realidad inamovible. Tomemos como ejemplo cuando estás atorado en el tráfico, tu plan es llegar a casa a cierta hora, pero todo indica a que no será así. Hay idiotas por todos lados, yendo a la mitad del límite de velocidad, manejando como si fuera domingo... ¡no es domingo! Entonces llegas a un embotellamiento, estrujas el volante con las manos hasta que tus nudillos se vuelven transparentes, comienzas a gritarle a todos y a todo, tus niveles de estrés están por los cielos.

La realidad es que no puedes hacer nada para que avance el tráfico a la velocidad que tú quisieras; te podrías estacionar y caminar a casa, esa sería la opción de cambiar o irte, pero prefieres no caminar, así que debes de aceptar la situación y adaptarte a tu plan original.

El tráfico no te estresa. Tu obsesión con el *'debo llegar a casa'* te causa estrés. Es tu resistencia a la realidad la que te causa estrés.

Tienes dos opciones: seguir estresado, aborrecer cada momento del camino, y estar tan harto al llegar a tu casa que no podrás relajarte ni disfrutar haber llegado. O, puedes dejar de luchar, aceptar la realidad de la situación, y llegar a casa a la misma hora (o hasta más temprano, ya que hay menor probabilidad de que causes un accidente), pero en un estado de calma y tranquilidad. Puede que, incluso, hayas aprovechado para aprender algo en el camino, puesto el radio, un podcast, o hasta tuvieras un libro a la mano.

Otro ejemplo: la falta de sueño causa mucho estrés en la gente. Pero, una vez más, el problema no es la falta de sueño, sino activamente resistirte al hecho de continuar despierto. Estás completamente enfocado en lo agotado que te vas a sentir en la mañana si te quedas despierto por más tiempo, es justamente esa actividad y ajetreo mental lo que reduce las posibilidades de que duermas. Si aceptas que la realidad es muy diferente a tu plan, por lo menos estarás relajado; dormir te será mucho más fácil si no te peleas con estar despierto.

¿Entiendes lo que digo? Vuélvete bueno aceptando, y no estamos hablando del manejo del estrés. Estamos hablando de una vida, la tuya, libre de estrés. El estrés puede ser opcional, no se trata de una cosa, circunstancia o persona, sino de cómo te relacionas con eso o ellos. Eso sí lo puedes controlar.

La respuesta racional ante todo en la vida, y la manera de liberarse de todo estrés, yace en no rechazar ni resistirse, sino en aceptar.

¿De qué tienes el control?

"Hacemos planes para que Dios se ría de ellos."

—Anónimo

Tienes una idea de cómo se pueden alcanzar tus metas y satisfacer tus deseos. Tienes una noción de cómo se verá tu día. Tienes una idea de lo que debería pasar. Pero, honestamente, ¿con qué frecuencia es que la vida se ve *exactamente* como tú quisieras? En muy raras ocasiones. Y aún cuando sea el caso, hay que recordar que la naturaleza de la vida es el cambio. O también ocurre que tu mente, siendo como es, se acostumbra a que las cosas se vean de determinada manera y comienza a enfocarse en aquello que falta.

Probablemente te estreses tratando de lograr que las condiciones de la vida sean 'lo que deben de ser', todo para que al final puedas encontrar satisfacción, estar en paz, y ser feliz. ¿Por qué no saltarnos el paso intermedio? Primero sé pacífico, ¡ríndete a la realidad! Acepta, reconoce el poco control que tienes, deja de luchar, de resistirte. Si valoras una vida pacífica, feliz y efectiva, no tiene caso luchar contra la realidad. Comienza con aquello sobre lo que sí tienes el control: tu actitud y en lo que te enfocas. Entonces, si puedes, y todavía quieres, cambia las condiciones en las que te encuentras.

El hecho es que el universo, o Dios, la realidad o cualquiera que sea el poder que está a cargo, con frecuencia tiene una mejor idea, definitivamente mucho más grandiosa. Si no sueltas tu idea cuando las cosas no resultan, terminarás lastimado mientras luchas contra lo que está pasando. La resistencia es fútil.

No tienes control sobre lo que pasa, puedes tomar una decisión, tener un plan, y comenzar a avanzar en esa dirección, pero, fluye con lo que pase después. Ser flexible con tus planes hace toda la diferencia, lo único sobre lo que tienes control total es tu elección interna. Aceptar es dar prioridad a tu paz sobre cualquier otra cosa.

Elige no darte por vencido

La aceptación no significa renunciar a tus sueños, significa saber que en este momento el camino a tu meta se ve ligeramente diferente a lo que esperarías.

¿Ves la diferencia entre *lo que está* pasando y tu idea de cómo *debería* estar pasando?

El único momento en el que tienes un problema es cuando no dejas ir del 'debería'. Cuando lo aceptas, cuando realmente lo aceptas, todo tu sufrimiento y estrés desaparecen... inmediatamente. Entonces, y sólo entonces, eres capaz de trabajar con lo que tienes, en lugar de desear algo diferente, o insistir en que algo diferente debería de estar pasando.

Renuncia al 'debería' y acepta plenamente. Cuando aceptas, puedes ver con claridad y trabajar con las cosas tal como son; fluyes con lo que es, no te estás estresando al luchar contra la realidad.

No se trata de ser un tapete, la aceptación no se trata de tomar lo que nos hace daño. La aceptación total también aplica a tu sabiduría e intuición innatas; haces lo que tienes que hacer y dices lo que tienes que decir en ese momento.

Una gran causa de conflicto interno es no estar seguro de lo que realmente quieres decir o hacer, simplemente porque no confías en ti mismo o porque no tienes el valor para defenderte. Se requiere práctica y conciencia, como con todo, pero permítete ser, decir y hacer lo que desees, siempre y cuando tu intención sea construir, y no dañar. No puedes equivocarte.

El universo entero responde a alguien que, en las palabras de la oración de la serenidad, tiene el valor de cambiar las cosas que puede cambiar, la serenidad de aceptar las cosas que no, y la sabiduría para saber la diferencia.

> *"Acepta, después actúa. Lo que sea que el momento presente contenga, acéptalo como si tú lo hubieras elegido. Siempre trabaja con eso, no en contra."*
>
> —Eckhart Tolle, maestro espiritual

Elige no forzar, fluye

> *"La felicidad y la libertad comienzan con el claro entendimiento de un principio: algunas cosas están dentro de nuestro control, y algunas no. Sólo después de que hayas aceptado esta ley fundamental y aprendas a distinguir entre lo que puedes y no puedes controlar, la tranquilidad interna y externa se vuelven posibles."*
>
> —Epicteto, filósofo griego

Deja de forcejear. Forzar las cosas no te da lo que quieres, sino aquello que **no** quieres. Tú crees que tienes el control, te esfuerzas, forcejeas, intentas, ¿para qué? ¿Para una vida de lucha y dificultades? ¿Es así cómo quieres vivir?

No, por supuesto que no. Con frecuencia no te das cuenta de cuánto forcejeas. Nada se da para la gente que fuerza las cosas, de verdad que no. Sólo dificultan todo para los demás a su alrededor, incluyéndose a sí mismos.

Habrá quienes digan que *"quien no llora, no mama"*, los que se quejan obtienen atención. Pero, en mi experiencia, la mayor parte de la ayuda va a quienes la piden de manera amable, gentil y consistente, trabajando con lo que tienen, pero sin insistir en lo que no tienen.

La vida está hecha para vivirse con facilidad; no me malinterpretes, requiere de acción, pero acción inspirada, fluida y simple.

Todas las cosas grandiosas que han llegado a ti lo han hecho de manera directa, natural y sin esfuerzo... Un momento de inspiración o intuición, y luego la manifestación. Percepción presente, seguida de acción simple y obvia.

El Instinto, el Fluir, la Zona, la Gracia.

Todo lo bueno ha llegado de esta manera. No importa si eres un atleta, artista, escritor, mecánico, padre, maestro o una mujer de negocios.

Actúas, decides, y haces, pero lo mejor viene cuando trabajas en el presente, no en su contra; cuando dejas ir el futuro, cualquier idea cómo debería de verse el resultado de tus acciones; cuando eres fluido y estás plenamente involucrado en el presente.

Los mejores momentos siempre han surgido de esta presencia absoluta, sin preocupación por el resultado del plan, simplemente haciendo lo correcto, o lo que se sintió correcto en ese momento.

El control es diametralmente opuesto. Mata la inspiración y la gracia, la fluidez y la simplicidad. Cuando controlas, luchas, intentas una y otra vez, te desgarras.

La lucha y el estrés ocurren cuando crees que sabes lo que tienes que hacer, pero las cosas no se dan de acuerdo a tu plan.

En lugar de fluir, empujas un poco más, y un poco más. La resistencia se vuelve cada vez mayor. Te agotas cada vez más, te estresas aún más y cada vez disfrutas menos.

El hermoso estado de fluidez muere cuando te resistes a lo que es, cuando no estás aceptando. Aprender a ser consciente del momento en que comienza la lucha y, sabiendo que es contraproducente, dejarlo pasar es uno de los hábitos más grandiosos que puedes adquirir.

Dejar ir del control es así de simple: permite que cualquier tipo de lucha o conflicto sea un indicador del control. Sólo detente, deja de luchar y de resistirte a lo que es.

Lo principal es proteger tu propia paz, tu punto de partida.

¿Crees que puedas hacerlo?

¡Claro que puedes! Justo ahora, vuélvete consciente de la lucha y déjala ir. Eso es todo, poco a poco, mantente presente, en calma, sólo ahora. Elige aceptar, no rechazar.

Acepta todo, no rechaces nada

Practicar la aceptación es simple.

Intentemos algo juntos: vuélvete consciente de cómo está tu cuerpo, de cualquier tensión, molestias, pensamientos; date cuenta de todo lo que está ahí.

Ahora, acepta al 100% lo que está pasando, tal y como es, no intentes cambiar una sola cosa. Sólo por este momento, mantente presente ante todo. Asiéntate, deja de luchar, suelta la tensión.

Acepta todo, no te resistas a nada. Observa cómo quizá tu mente quiere algo diferente, no caigas en el juego. Permite todo tal y como es justo ahora. Deja de controlar por completo y simplemente permanece con todo lo que está pasando.

Date permiso de relajarte, de soltar. Inhala profundo, exhala, otra vez... ¿cómo se siente aceptar y permitir? ¿Cómo se siente dejar de 'hacer', dejar de cambiar y luchar... sólo por este momento? Bastante bien, ¿verdad?

Emocionalmente libre del dolor

La aceptación total también es la respuesta a cualquier problema con emociones intensas o dolor físico. El sufrimiento no es realmente causado por la emoción o el dolor, sino por tu resistencia constante a estos. No quieres experimentar intensidad, tienes miedo de lo que pueda suceder, así que intentas alejarlo.

¿Recuerdas que, químicamente hablando, las emociones sólo duran 90 segundos?

Al permitir la experiencia de manera absoluta y total, sin etiquetarla como 'buena' o 'mala', sin intentar cambiarla o alejarla, descubrirás que pasa bastante rápido. Respira profundamente y procura no quedarte atrapado en eso: atestígualo, obsérvalo, acompáñalo. Entenderás que la intensidad no es algo a lo que debas temer, sino que *puedes* lidiar con ella.

Tal vez sea incómodo, es cierto, pero el nivel de incomodidad está directamente relacionado con cuánta resistencia opones.

Si realmente la atestiguas, descubrirás que no eres la emoción. Está ahí, la experimentas, pero no eres eso, no te define. Tú eres algo más.

La emoción sólo necesita moverse. Entre menos personal te lo tomes, lo veas como algo inherente a ti y le permitas transitar, se liberará más rápida y apropiadamente. Cuando reprimía mis emociones, terminaban explotando en formas de las que después me arrepentía.

Nunca es la experiencia, tu sufrimiento está en la resistencia a ella.

El dolor y tu historia

De manera similar, el dolor físico puede no ser placentero, pero empeora bastante con las frustraciones, las tensiones, el miedo, las proyecciones a futuro en las que sigues pensando, etc.; en otras palabras, la 'historia' en torno al dolor.

Tu historia crea un posible escenario para el dolor que estás experimentando en este momento. Anticipar este futuro crea un nuevo nivel de tensión y resistencia al dolor.

Es el continuo revisar, examinar, pinchar o los constantes intentos de aliviar el dolor que sólo terminan creando más sufrimiento que el dolor por sí mismo.

Esto es algo que ya sabes.

Si alguna vez has dado a luz o has experimentado el dolor que conlleva el ejercitarse, sabes que el cuerpo puede continuar mucho después de que la mente se haya dado por vencida.

Tu historia y proceso mental causan el sufrimiento, no la experiencia por sí misma. Lidiar con el dolor es un juego mental.

No estoy diciendo que no hagas nada, ni que dejes de hacer lo que puedas para aliviar o ayudar a resolver el dolor. Antes, cuando me dolía la cabeza, intentaba resolverlo sólo con el poder de la mente... qué tonto. Es mucho más fácil y simple tomarse un par de aspirinas y seguir con lo tuyo.

Acepta todo, no te resistas a nada.

Maneras prácticas de eliminar la resistencia al dolor

Hay un par de técnicas que puedes utilizar para detener la resistencia y dejar ir en aceptación, y está claro que preferirás una sobre la otra. La primera, y la más grande, será siempre darle la atención completa al dolor físico o emocional sin perderte en la historia ni pensar al respecto.

Vuélvete completamente consciente de el dolor, sin juzgar. Sitúate en medio de la intensidad y permanece curioso e interesado interésate. Respira profundo, de ser necesario. Inténtalo como si estuvieras inhalando y exhalando hacia y desde el lugar en dónde se encuentra el dolor. Incluso el dolor emocional puede encontrarse en algún nivel físico.

Reconoce siempre la diferencia entre estar completamente presente y estar pensando al respecto. Esa es la clave.

O, puedes sintonizarte y darle al dolor una ubicación exacta, al igual que un color o un nivel de intensidad del uno al diez. Permanece ahí y observa si alguna de estas cambia. Conforme te estableces en ese espacio, resistiendo menos y aceptando más, descubrirás que las cosas sí cambian.

Otro consejo es modificar activamente la forma en que piensas y hablas sobre el dolor. Vuélvete bueno para aceptar y reconocerás esto, pero comienza ahora y verás que **no estás** deprimido, adolorido ni ansioso, si no que 'tienes' depresión, o 'tienes' dolor, o 'tienes' ansiedad. Esto te ayudará a darte cuenta de que tú no eres tu dolor ni tu emoción, sino que son inherentes a ti.

Si identificas que no eres eso, entonces ya hay una consciencia y empezaste a *tomar distancia de ello*.

A algunas personas les gusta levantar el pecho, extender los brazos y gritar: "*¡Venga!*" ¿Cómo puedes tener resistencia a cualquier cosa con ese tipo de actitud? De manera similar, a otros les gusta visualizarse abriendo una puerta interior y dándole la bienvenida al dolor: "*Siéntate, aquí también eres bienvenido*". Rechazar y dar la bienvenida son dos actitudes diferentes, ¿no es así?

En el mismo rubro se encuentra practicar la gratitud. Háblale y agradécele a tu cuerpo por tu vida y el dolor. Sé que suena como un consejo extraño, pero realmente funciona.

Verás, la resistencia es siempre ocasionada por enfocarse en lo que está mal; la gratitud es diametralmente opuesta. En el resistir existen la lucha y el conflicto, incluso a nivel físico: todo se tensa y se contrae, ocasionando todavía más dolor. Cuando eres agradecido, el principio de atacar o correr se apaga, el cuerpo se relaja y la tensión disminuye, al igual que el dolor.

Es la aceptación a través de cambiar tu atención, y la mejor parte es que tu cuerpo no sabe la diferencia entre la gratitud espontánea, la cual nace cuando te pasa algo agradable, y cuando eliges ser agradecido. Sin embargo, como diversos estudios lo confirman, tu cuerpo definitivamente responde. Hablaré mucho más sobre la gratitud en el siguiente capítulo.

Hagas lo que hagas, la clave es siempre darle tu entera atención a lo que estás haciendo. Un 'error' común, es mirar con un ojo la aceptación y con el otro al dolor: "*¿Ya se fue?*"

Hazlo al 100%, mantente 100% neutral con lo que sea que esté pasando. No busques cambiar nada. Irónicamente, para tu mente, si va a cambiar, cambiará cuando lo aceptes por completo.

La liberación del dolor viene de un nivel de aceptación donde no te importa si el dolor aún está ahí o no. No estás 'aceptándolo' para deshacerte de él, eso no es aceptarlo por completo.

La mayor lección que nos da el dolor es la aceptación absoluta.

Si puedes hacer las paces con el dolor físico y emocional, ellos ya no tendrán poder sobre ti. ¡Serás libre de todo eso! Lo mejor aún más grandioso, es que si puedes aceptar cualquier cosa, puedes ser libre de *cualquier* sufrimiento. Como dijo el ciclista Lance Armstrong, tras de superar el cáncer y la quimioterapia:

> "*No doy nada por sentado.*
> *Ahora sólo tengo días buenos y días geniales.*"

Tener maestría en la aceptación y convertirse en la encarnación de la elección por la paz, sin importar 'los hechos' de tu realidad anterior y actual, es una maravillosa forma de servicio para cualquiera que esté luchando. Al superar tu sufrimiento, le das esperanza a todos aquellos con quienes entras en contacto, porque estás viviendo desde la experiencia y no sólo desde una idea.

Arrepentimiento y culpa

El arrepentimiento es una de las cosas que evitará la aceptación. La culpa también lo hará.

Ambas emociones significan que no querrás reconocer el dolor en absoluto. En vez de eso, querrás hacer todo lo que puedas para reprimirlo y distraerte, incluso sedarte. Desafortunadamente, entre más lo hagas, mayor será el dolor; algo parecido a lo que pasa cuando intentas sostener una pelota bajo el agua: cuando la pelota finalmente se escape subirá a la superficie con bastante empuje. Puedes alejarte de esto por un rato, pero absorberá toda tu energía.

La otra cara de la culpa y el arrepentimiento es el sentimiento de tener que sufrir por lo que crees que has hecho. Te lo mereces, necesitas expiar, regresar una y otra vez a revivir cuán equivocado estabas y lo malo que eras.

No soy psicólogo, y a riesgo de resumir un tema bastante complejo, lo que probablemente necesitas es hacer las paces con tu pasado, y soltar la pelota. Hablar con alguien en quien confías puede ser bastante liberador. Desafortunadamente, pareciera ser increíblemente difícil abrirse a platicar sobre el arrepentimiento, la culpa y el orgullo.

Pero no eres la primera, ni serás la última persona que pase por lo que sea que estés pasando; hay quienes saben exactamente cómo es, aún cuando te guste pensar que eres el único. Hay una salida, y en ocasiones hay que tomarla, sin reforzar tu historia, para poder ir más allá de ella.

Podría ser que el simple hecho de saber esto lo haga más fácil, el ver por qué está pasando esto *para* ti, y no *a ti*. Tal vez, el simple hecho de saber que estás pasando por esto para poder ayudar a otros lo haga más fácil.

Lo único que sé, por experiencia personal, es que hay una salida; siempre la hay.

Fe y confianza

> *"Buenos días, soy Dios. Hoy me encargaré de todos tus problemas. No necesitaré de tu ayuda, así que relájate y ¡ten un buen día!"*
>
> —Anónimo

Dejar ir en aceptación, sabiendo que puedes darte el lujo de dejar de controlar y buscar asegurar todo, puede requerir de fe y confianza. Pero, aquí está el detalle: sólo tienes que aceptarlo ahora. Únicamente puedes dejar de apretar el volante de tu vida ahora, justo en este momento.

Observa con honestidad: sin duda, en este instante hay muy poco que atender. Date cuenta de lo que pasa cuando sueltas, sólo por un momento. Además del valor inicial que necesitaste para tomar una decisión diferente, descubrirás que es bastante fácil. El no estar al mando, el soltar el volante y no preocuparse por el momento, te otorga bastante paz.

Si siempre haces lo que siempre has hecho, obtendrás lo que siempre lo mismo.

Si quieres una paz más duradera y acabar con el sufrimiento para siempre, entonces tienes que hacer algo un poco radical. Al hacerlo, un día mirarás hacia atrás y te preguntarás: *¿cómo pude vivir de esa manera?*

CAPÍTULO 12

Cuarta Elección: Apreciar
(cuando quieras criticar)

"Los hombres no se perturban por lo que pasa,
sino por su opinión sobre lo que pasa."

— Epicteto, filósofo griego

Elige tu actitud: El vaso medio lleno

La contraparte necesaria para la aceptación es elegir tu actitud.

Ya que veces no puedes (o no quieres) cambiar o abandonar una situación, debes cambiar tu reacción hacia ella y aceptarla. Esto lo puedes hacer con cualquier situación.

Tu actitud es la clave para desbloquear cada situación en tu vida.

Elegir una actitud diferente es un pequeño cambio de perspectiva, pero tiene un impacto enorme en términos de tu gozo y efectividad en la vida.

Ver el vaso medio lleno es una elección sencilla. Se requiere poco para hacer una elección que cambia todo.

Enfócate en lo que quieres que crezca, porque en verdad, en lo que te enfocas crece. Verás aquello que esperas ver. Un sabio maestro lo explicó de una manera muy hermosa hace ya algún tiempo: siembras lo que cosechas. Jesús no hablaba de patatas.

Busca la bondad y amor en el mundo, y eso es exactamente lo que encontrarás. En cambio, si esperas que el mundo sea un lugar tenebroso en el que tienes que luchar para obtener lo que necesitas, eso es exactamente lo que encontrarás.

Si te enfocas en la negatividad, en lo que falta, en lo que está mal, eso será magnificado.

Si te enfocas en lo bueno, en las oportunidades, en lo que tienes, eso florecerá.

Tú eliges: una vida de gozo y fluidez, o una de agobio y sufrimiento. Todo se origina a partir de tu actitud y en lo que pones atención. Tu actitud es el cimiento de tu vida.

Permite que el vaso permanezca medio lleno, **siempre**.

No hay mal que por bien no venga

Siempre hay un beneficio oculto en cada situación, incluso en las más desafiantes.

La elección de ver el vaso medio lleno significa tomar la batuta. No permitas que la situación te defina, tú define la situación.

No importa en dónde te encuentres. De hecho, entre más confusa y complicada sea la situación, más importante será que te enfoques en el beneficio oculto.

Hay una anécdota famosa de James Stockdale, un piloto naval norteamericano que fue capturado y retenido en terribles condiciones, siendo torturado con frecuencia durante siete años en la guerra de Vietnam, habló acerca de su actitud durante ese periodo:

> *"Nunca dudé, no sólo en que saldría libre, sino que prevalecería y convertiría esa experiencia en un momento determinante en mi vida, que, en retrospectiva, no cambiaría por nada."*

Es importante comentar que James Stockdale no era un optimista empedernido. De hecho, cuando se le preguntó sobre los que no sobrevivieron, al responder se refirió a ellos como 'optimistas': aquellos que se enfocaron exclusivamente en una meta futura sin aceptar su realidad en el momento presente; también dijo que murieron con el corazón destrozado.

Stockdale le da extrema importancia a observar con claridad la realidad de la situación en la que estás y la franca aceptación de esta:

> *"Esta es una lección muy importante: nunca debes confundir la fe de que prevalecerás hasta al final (la cual no puedes darte el lujo de perder) con la disciplina para enfrentar los hechos más brutales de tu realidad actual, sean los que sean."*

Tener una meta, optimismo y la actitud de aferrarse al beneficio oculto es crucial, pero, va de la mano con la aceptación. Esta es la combinación ganadora que, con destreza, te permite aprovechar al máximo cada situación.

¿Triunfar o morir?

El que triunfes o mueras en cualquier situación no depende de las circunstancias.

La diferencia entre un revés y una oportunidad siempre será una cuestión de perspectiva.

Una de esas perspectivas es constrictiva: se enfoca en lo malo, en lo que no puedes hacer, reduce tus opciones y tu capacidad para jugar, te dificulta las cosas. Abandonas la responsabilidad de ti mismo, entras en una mentalidad de víctima (*"¡pobre de mí!"*) y te dejas arrastrar por ella.

La otra perspectiva es expansiva: se orienta en lo que tienes y lo que puedes hacer a partir de ahí. Maximiza tus elecciones, trae luz, esperanza, entusiasmo e incrementa tu poder para jugar el juego en el que te encuentras.

¿Ves la diferencia?

Asume la responsabilidad de encontrar un beneficio en cada situación, incluso, y especialmente, en los tiempos más difíciles. Aún las preguntas más simples pueden convertir todo en una ganancia: *"¿Qué aprendí de esto? ¿Qué haría diferente la próxima vez?"*

Sé que, en ocasiones, esto puede ser difícil, pero, sé inteligente y vuelve a enfocarte en lo positivo, una y otra vez, hasta en los detalles más pequeños y simples.

El estrés es siempre reaccionar negativamente a lo que está sucediendo: *"¡Esto me no debería estar pasando!"* Se enfoca en lo que está mal, niega la realidad de la situación.

La realidad es sí que te está pasando a ti, sólo elige aceptarlo, elige tu actitud.

Dale la vuelta a toda la negatividad y enfócate en el beneficio oculto. Puede que nunca sepas el 'por qué' de una situación, el "¿*Por qué me está pasando esto a mí?*", pero sí puedes saber qué puedes aprender de ella... siempre y cuando dejes de resistirte y observar.

No permitas que la situación te defina, no es necesario.

Tú defines qué es el 'éxito' y cuál es tu aprendizaje. Cuando defines la situación, entonces juegas bajo tus propias reglas.

La apreciación vs la condena

"¿Algo que todos pueden hacer? Apreciar y culpar.
Esta es la virtud humana, esta es la locura humana."

— Friedrich Nietzsche, filósofo alemán

Elegir ver el vaso medio lleno es una elección sencilla, tanto en actitud como en perspectiva. En términos prácticos, es el acto más simple de apreciación.

La apreciación es la simple elección de aprobar y de ver lo bueno a tu alrededor; cambia instantáneamente tu humor y la composición química de tu cerebro, uniéndote a una espiral ascendente. Entre más lo haces, mejor te sientes, y más lo haces. La apreciación es diametralmente opuesta a juzgar o condenar, las cuales te meten en un círculo vicioso.

Debido a que la consciencia es creativa, aquello en lo que te enfocas se vuelve más importante. No importan las circunstancias o la persona, siempre puedes encontrar algo positivo que apreciar. Entre más aprecies, encontrarás cosas por apreciar.

Si quieres entrar en una espiral negativa de estrés, negatividad, agobio, enojo, frustración y hundirte cada vez más en la miseria, entonces practica la crítica, el juicio y la reprobación. Entre más lo hagas, más disfrutarás la miseria y el sufrimiento: te estás entrenando para residir en la negatividad, y ese es el tortuoso camino que estás creando. Si te gusta sentirte deprimido, enojado y ansioso... sigue haciéndolo. Es aquí donde se encuentra la raíz de tu salud mental.

Cuando te enfocas en lo que está mal, al grado de no ver lo bueno y lo correcto, entonces eliges el agobio y la negatividad.

La negatividad, potencializada por el agotamiento, desaparece la claridad para que no puedas ver una alternativa; esa es tu vida, un agujero obscuro y profundo. Pero no lo es realmente, es sólo la mentalidad para la cual te has preparado a lo largo de los años.

El estrés nunca es acerca del detonante, sino de tu reacción hacia el mismo. El fin del estrés reside en enfocarse en lo que está bien y en elegir apreciar, no en lo que está mal. Elegir la apreciación no es enterrar la cabeza en la arena para evitar las cosas con las que tienes que lidiar.

Crear distancia, entre tú y aquello que no te gusta para obtener una nueva perspectiva, es aceptar y elegir apreciar. Tu problema sigue ahí, pero no es lo único que ves, ya no agota tu atención. No es una cosa o la otra, puedes estar tranquilo y aún así tener un problema. Pero desde esta perspectiva hay más espacio para elegir, hay libertad de movimiento y creatividad. Cuando sólo te enfocas en lo que no te gusta, eso es lo único que existe.

Elige apreciar y tu mundo se volverá más grande instantáneamente, lo cambia todo. Tu vida mejora bastante, y todo porque eres responsable de definir tu mundo.

Apreciación y alabanza

Aún las elecciones más pequeñas tienen un gran impacto cuando son hechas constantemente, día y noche. Practicar la apreciación es una de ellas, convierte la elección de ver el vaso medio lleno en un hábito, una forma permanente de ver y vivir, es una elección mental: *"Sí, eso está bien, sí, lo apruebo"*, pero también es crucial expresarla y llevarla a la acción. Eso puede ser tan simple como compartir con alguien más lo que consideras que es bueno – *"¿No está increíble la vista?"* – o apreciar a la persona – *"Realmente aprecio que me prepares el té cada tarde"*, *"Eres tan eficiente con el trabajo que haces para mi"*, *"Te ves despampanante esta mañana"*...

Entiendes el punto, pero si eres un humano normal, no aprecias a los demás. No te das el tiempo de apreciarlos en voz alta. Si te dieras cuenta del poder que tiene la apreciación, particularmente en ti, tus días estarían llenos de ella. Es una lástima, porque este es el punto en el que comienzas a dar a otros por sentado, esa es una ladera bastante resbalosa de la que hablaremos en breve.

Hazlo, detente y encuentra algo que apreciar en este momento, lo que sea, grande o pequeño. Después encuentra algo que apreciar en alguien y díselo. No pares, haz ambas cosas tan seguido como te sea posible. Observa el juicio conforme aparezca, por que lo hará; vuélvete consciente de las veces en que quieras criticar y juzgar, revisa si puedes invertir esto y encontrar lo bueno.

Esto no quiere decir que dejarás de corregir o dar retroalimentación a otros, sólo significa que lo estás haciendo desde un espacio diferente. Sólo hazlo. No tienes que entrar en personaje, sé tú mismo, sólo una versión apreciativa de ti mismo. Sé tú, aprecia con tu propio estilo, de manera activa.

Inténtalo, es una de las mejores cosas que puedes hacer para mejorar tu relación de pareja, para hacerla más fuerte y amorosa, y tú sabes lo que eso significa. Asegúrate de que el fuego en tu relación nunca se extinga, puede ser tan sencillo como hacer de la apreciación y la alabanza una práctica diaria.

Justo ahora, toma la decisión de encontrar lo que está bien en tu vida y en el mundo. Elige darle a tu vida una dirección ascendente y expansiva, en lugar de una que te hunda y contraiga. Habla, actúa y sé la encarnación de la apreciación constantemente; ten mucho cuidado con el juicio. Encuentra tantas maneras como puedas para alabar a la gente en tu vida; hazlo, y observa qué pasa.

Gratitud

> *"La gratitud libera la plenitud en la vida. Hace que lo que tengamos sea suficiente, y más. Convierte la negación en aceptación, el caos en orden, la confusión en claridad. Puede convertir una comida en un manjar, una casa en un hogar, un extraño en un amigo. La gratitud da sentido a nuestro pasado, trae paz a nuestro presente, y crea una visión para el futuro."*
>
> — Melody Beattie, autor

La gratitud surge naturalmente de la apreciación. Tú eliges apreciar algo o a alguien y el resultado es la gratitud. Entre más lo haces, más obtienes. La gratitud, al igual que la apreciación, es bastante creativa. La gratitud es muy simple y poderosa, pero rara vez se lleva a cabo porque no estamos conscientes de su importancia. Es una de las elecciones más importantes que puedes hacer porque involucra uno de tus más grandes problemas: Dar por sentado demasiadas cosas en tu vida.

Ignoras la bondad que ya está ahí: el estar vivo, el que tu cuerpo esté saludable y haga lo que quieres que haga, el tener un techo sobre tu cabeza, una camisa sobre tu pecho, gente que amas. La pobreza del llamado 'primer mundo' no yace en la pobreza material, sino en la falta de reconocimiento de lo buena que es la vida, justo ahora, exactamente como es.

Tienes tanto y ni siquiera lo ves, no te das cuenta de lo enorme que es. El ejemplo perfecto me cayó del cielo hace unos meses, cuando se descompuso mi computadora y dejó de funcionar por completo. Es chistoso como puedo usar algo todos los días y no darme cuenta de lo importante que se ha vuelto en mi vida, hasta que ya no está.

¿Te has dado cuenta de eso?

¿Cómo algo puede ser esencial en tu vida y aún así, no lo aprecias realmente hasta que ya no está? Es triste pero cierto, lo haces con las cosas, con la gente, con tu propio cuerpo, con tu propia salud. Sólo aprecias lo bueno cuando ya no está. Si quieres dejar de perderte de las cosas y asegurarte de aprovechar al máximo lo que tienes, la gratitud es tu respuesta.

Una de las historias más inspiradoras que he escuchado en mi vida, es sobre Martine Wright, una mujer que perdió las piernas en el ataque terrorista en '7/7' en el Metro de Londres. Años después fue entrevistada y lo que más me impactó fue su actitud. En la entrevista, Martine, dice que se considera afortunada de no haber muerto. No sólo eso, también describe el haber perdido sus piernas como un evento de gran catarsis, que ha tenido efectos profundos y positivos. Ella explica:

> *"Puede parecer una locura que lo diga... pero ahora, mi vida es increíble. He tenido la oportunidad de hacer tanto, de conocer a tanta gente. Creo que no regresaría en el tiempo, si es que tuviera esa oportunidad...*
>
> *Créanme que he tenido días en los que me pregunto '¿por qué yo?' Pero, con la ayuda de mi maravillosa familia y amigos, he podido lidiar con esto. No es que no tenga piernas, ahora tengo piernas nuevas. Todo es posible."*[5]

¿No es esto increíble? Su contundente respuesta está llena de gratitud y posibilidades. Su enfoque no está en las piernas que perdió, si no en el hecho de que sigue viva, así como en todo lo bueno que surgió seguirá surgiendo de eso.

En ocasiones perder algo puede ser una llamada de atención. Puede cambiar tu enfoque de simplemente ir por la vida a realmente vivirla, centrándote en lo que sí tienes, en lugar de lo que te falta. Te puede mostrar que no hay tiempo para la indiferencia, que la vida misma es un regalo increíble.

¡Sin embargo! No *necesitas* perder nada para llevar tu vida a un nivel

---

[5] Después del atentado Wright se convirtió en la capitana del equipo paralímpico inglés de voleibol sentado y corresponsal de deportes. Recibió el nombramiento de la Excelentísima Orden del Imperio Británico en el 2016 por sus servicios. Puedes aprender más sobre su historia en su libro *Unbroken*.

completamente diferente, permite que esta sea tu llamada de atención. Mucha gente no se da cuenta de lo ricos que son, tienen tanto y aún así no se dan cuenta, porque dan por sentada gran parte de sus vidas. Hace poco tuve una infección en el oído, es decir, perdí el equilibrio. Incluso sentarme en la cama para levantarme al baño era un gran logro. Poder caminar libremente una vez que la infección cedió fue increíble, de verdad.

No puedo explicarte el poder que tiene el simple acto de agradecer. Ir más allá para ser agradecido transforma tu actitud ante la vida. El simple hecho de que estés vivo se convierte en una fuente de riqueza y maravilla.

Encuentra tantas maneras como puedas para expresar tu gratitud. Sé agradecido. Inténtalo.

No esperes a sentirlo

Mucha gente leerá lo que digo sobre ser diligentes con la apreciación y la gratitud, y dirán: *"Bueno, pues yo aprecio a alguien cuando lo siento, de otra forma es falso."*

¿Eres una de estas personas? Está bien, pero ¿realmente piensas eso?

El problema es que, si esperas sentirlo antes de hacerlo, lo entendiste todo mal. Puedes esperar mucho tiempo para sentir algo. Los sentimientos son bastante fortuitos, nunca sabes cuándo llegarán o se irán. Pero ¿y si quieres crear tu futuro, si quieres libertad de elección, si quieres más gozo y mayor efectividad, si quieres ser inmune al estrés y la negatividad... si quieres ser y estar realmente vivo?

Entonces velo al revés: los pensamientos crean los cimientos para tus emociones, si las hubiera. Elige pensar y hablar con apreciación y gratitud porque *entonces* las vas a sentir. Los pensamientos en los que eliges enfocarte y cultivar a través de tus palabras y acciones dan pie a tus emociones. ¡No pierdas el tiempo! – Piensa y actúa, así llegarán las buenas vibras.

"No lo necesito, estoy bien..."

¿Crees que *"la vida está bien en este momento, no lo necesito..."*?

Sientes que te está yendo bien en este momento, pero ¿y si las cosas cambian? ¿Y si ocurre algo inesperado o algo sale mal? ¿Entonces qué? ¿Tienes los recursos para hacer frente a las situaciones? ¿Para mantenerte ecuánime y en calma si las cosas se van al carajo?

Hace poco, conocí a un hombre que estaba repitiendo un taller de meditación que imparto a los especialistas en desactivación de artefactos explosivos de las fuerzas armadas. La primera vez que asistió al taller, me di cuenta de que era un sujeto muy liviano, divertido y agradable, pero no estaba interesado en el taller en lo más mínimo. Semanas después, tomó de nuevo el curso porque fue diagnosticado con Parkinson... ¡Boom! De pronto, a sus 40 años, se enfrentó a su propia mortalidad. Su mente ya no era su amiga, entendió que necesitaba tener dominio de sus propias elecciones, y pronto.

¿Qué pasaría si súbitamente, al igual que mucha gente, despertaras una mañana sintiéndote miserable, sufriendo y luchando, ansioso y abrumado... y sin una salida aparente?

¿Entonces qué?

Sí sucede. Nunca habías estado deprimido, ansioso o demente, pero de pronto esto pareciera apoderarse de ti. Puede ser detonado por eventos, pero en ocasiones sólo pasa. "La Maldición de una 'Buena Vida'", de la que hablábamos anteriormente, implica que no tienes ni los recursos ni la habilidad para elegir el camino a seguir a través del campo minado en el que tu mente se puede convertir, rápida e inesperadamente.

Con frecuencia no tenemos la resistencia ni la habilidad de enfocarnos en lo positivo cuando más lo necesitamos, debido a que no la ejercitamos cuando todo marchaba bien y era fácil hacerlo. Es como llegar a una carrera sin haber entrenado y pensar: *"Me pondré en forma conforme corra"*. Es como subir al escenario, frente al público, sin haber ensayado y pensar: *"Mejoraré conforme aumente la presión"*.

Esa es la forma difícil de hacer las cosas. Hazlo ahora mientras sea fácil, entonces tendrás mucha más resistencia en los momentos difíciles. Te volverás tan perseverante que probablemente dejes de notar los eventos que antes te resultaban difíciles; te habrás vuelto "súper bueno."

¿Crees que la vida está 'bien' ahora? ¿Te gustaría que estuviera mejor? La práctica te llevará a un nuevo mundo de lo que está bien y lo que es bueno, y ese es un lugar excelente en el cual estar.

La crítica y la honestidad

Puede que digas *"Estoy diciendo la verdad... las cosas como son, siendo honesto, no quiero una vida distinta."* No estoy te estoy diciendo que mientas, ni que dejes de ser honesto o veraz contigo mismo. Sin embargo...

Lo que mucha gente llama 'honestidad' es, con frecuencia, una excusa para mantener a otros a raya; para hacerte sentir mejor, para evitar el tener que abrirte o mantener a distancia a los demás. Para aparentar que tienes el control, cuando en realidad te encuentras más confundido e inseguro que nunca.

Con frecuencia, la 'honestidad' es un distintivo del fanático extremista, de ese que dice: *"yo estoy bien y tú estás mal por ser distinto a mí"*. Es regularmente visto en cualquier nuevo converso a cualquier sistema de creencia. Esto incluye cualquier creencia que estimes y valores: las religiosas, las políticas, el veganismo, la saga de *Las Guerras de las Galaxias*, etc.

Un vistazo rápido al internet te mostrará lo ridícula que se puede volver la gente cuando se trata de sus creencias: *"Necesito tener la razón, así que haré que tú estés mal"*.

La sabiduría florece cuando te vuelves lo suficientemente seguro de ti mismo y de tu camino, que puedes permitir a otros vivir y ser diferentes a ti; sólo entonces desaparece el fanático extremista. Se requiere de gran seguridad y humildad de tu parte para aceptar las diferencias de opiniones o estilo de vida, permitir a otros tomar sus propias decisiones y no tener esa necesidad de desacreditar a alguien para tener la razón.

Así que ten cuidado, la 'honestidad' puede significar que no eres tan seguro como crees que eres. De ser así, no necesitarías tu propia opinión.

Cuando la liebre es gato

Si constantemente estás siendo 'honesto', diciendo las cosas sin tapujos, y aún así no puedes encontrar nada positivo sobre una situación o persona, tómalo como una señal de que estás fuera de equilibrio. Tu 'honestidad' te está dañando, y está dañando tu experiencia de la vida.

Recuerdo que escuché una entrevista del Dalai Lama en la radio. Cuando el entrevistador le preguntó acerca de su relación con el líder chino, inmediatamente me enderecé, ya que ese hombre quemó los monasterios del Dalai Lama, mató a sus monjes y robó su país, obligándolo a huir a la India.

"El líder chino me ha enseñado una lección de paciencia", contestó el Dalai Lama; casi me caigo de la silla al escuchar esto. Pensé que, si existía alguien con el derecho de guardar rencor, el derecho de quejarse, y el derecho a ser honesto, sería el Dalai Lama. Fue entonces cuando noté que él estaba jugando en las ligas mayores, en ligas de las que yo apenas me enteraba: las del juego del 200%, un juego basado en asumir plena y absoluta responsabilidad de lo que pasa en la vida, respondiendo, no reaccionando y encontrando el beneficio oculto en todo.

De pronto, comparado con esto, mis rencillas se volvieron ridículas.

Él, sin duda, vio que todas sus elecciones lo afectaban directamente. La crítica y el juicio, aún cuando parecieran válidas, te hieren con más fuerza; entras en el ciclo de reforzar el juicio, la negatividad y tu enfoque en lo que está mal contigo, y en tu vida. Al mismo tiempo, vez encoge tu universo, te convierte en una víctima y te arrebata la elección, facilitando caer en el resentimiento, el enojo, la reacción y el sufrimiento que la culpa siempre es de alguien más.

Incluso, apreciar lo que has aprendido individualmente de una situación o persona, es responsabilidad. Te hace más fuerte, resistente, flexible, feliz y te libera del rencor.

Cómo ser honesto sin estar enojado

Esto no quiere decir que no hables, tampoco significa que no digas lo que te gustaría que le pasara a alguien que te está afectando. No quiere decir que no le ayudes a alguien a ver que pueden mejorar o notar las consecuencias de sus elecciones. ¿Cómo podemos aprender cualquier cosa, sin retroalimentación?

Cuando necesites decir algo, **dilo**. Personalmente, he perdido demasiado tiempo y energía guardándome las cosas, siendo consumido por no decir lo que necesitaba decir. Al final, todo se resume a la baja autoestima y a la creencia de estar equivocado mientras 'ellos' tienen la razón. También, perversamente, se trata de desear tener la razón a tal grado de no estar preparado para abrir la boca y equivocarte.

Me pasaba con algunas personas que, tiempo después, aún me hervía la sangre en las venas al encontrarme con alguna de ellas. Cada vez que las veía sentía la urgencia de darles un puñetazo en la cara, no podía iniciar de cero ni ser inocente; todo era problema mío.

Decir tu verdad y ser honesto es un arte necesario; cargar con resentimientos te mata. Hazlo a tiempo para que no desperdicies la vida estancado en eso demasiado tiempo, y no te aferres a que 'lo entiendan'. Sólo tienes que abrir tu boca y hablar. Puede que se sienta como un rugido, pero entre más pronto lo hagas será 'más limpio' y estará menos distorsionado por el enojo. Es una habilidad, requiere práctica; entre más lo hagas, mejor serás haciéndolo.

La fórmula para el desastre personal es esperar que la gente te entienda y cambie. Puede que lo hagan, puede que no, pero entonces tu paz y felicidad estarán ligadas a que ellos decidan cambiar. Ligar tu paz y felicidad a cualquier cosa externa es lo opuesto a la libertad y la independencia: te vuelves a subir a la montaña rusa, sin tener forma de bajarte.

También significa que, inconscientemente, estás enfocado en lo que crees que está mal con la gente. *"Te aceptaré cuando cambies. ¿Nos vemos cuando eso pase? No puedo aguantar las ganas de darte un puñetazo mientras sigas igual."*

El meollo del asunto es: ¿quieres tener la razón o quieres ser feliz?

Di lo que tienes que decir y suéltalo. A veces, resulta obvio que no escucharon una sola palabra de lo que dijiste. La única razón por la que insistes en que lo hagan es porque quieres tener la razón, quieres que cambien. Muchas relaciones están basadas en el esfuerzo por controlar a alguien más.

¿Cuándo te escucha la gente?

Cuando estén listos.

Es mucho más probable que te escuchen si sienten que les hablas desde un espacio de aceptación y apreciación. Lo que hace la diferencia es tu actitud: *"¿Intento crear o destruir?" "¿El vaso está medio lleno o medio vacío?"*, y *"¿Estoy dando de manera incondicional?"* ¿Realmente necesitas que hagan lo que dices?

La apreciación, la aceptación y la permisión crean el espacio para la transformación. El juicio y la crítica son restrictivos y limitantes. ¿Cómo te sientes cuándo alguien te juzga o critica duramente? ¿Te apetece cooperar con ellos? No, no se te antoja en lo absoluto. Pero cuando alguien te hace sentir aceptado, exactamente como eres, entonces es una historia completamente diferente, ¿verdad? Uno de los enfoques es restrictivo, el otro nutritivo. Quieres alejar a la gente en el primer grupo y acercar a las del segundo.

El universo funciona de la misma forma: cimentarse en la aceptación y apreciación invita al crecimiento natural; hacerlo desde el control y la crítica resulta en limitación y confinamiento.

La aceptación invita abiertamente. El juicio, limita.

El agobio y el hueco en el futuro

Suficiente de hablar de otra gente, volvamos a ti.

¿Sabes cuál es la respuesta al estrés y el agobio? Estoy seguro de que, a estas alturas, ya lo sabes. Se trata de dónde eliges poner tu atención: en lo que está mal o en el regalo, el beneficio oculto, aquello por lo que estás agradecido.

Hay algo que, con certeza, te ayudará a lidiar con tu propio agobio, especialmente si eres de esa gente ambiciosa o perfeccionista que se pone metas y fantasea con grandes expectativas de sí misma, de lo que 'deben' ser y hacer.

El agobio siempre surge cuando estás enfocado en la diferencia entre lo que quieres, una meta futura, y el lugar en el que estás justo ahora. A mayor la diferencia, mayor el agobio: *"tengo que hacer y tan poco tiempo para hacerlo"*. Te regodeas en esta diferencia, en lo que Paul Mort, el coach de vida y de negocio se llama 'el hueco en el futuro', y entra el agobio a escena, engendrando negatividad e inseguridad; comienzas a correr en círculos, sin llegar a ningún lado. El procrastinar, evadir, e incluso el autosabotaje, se unen a la fiesta.

Independientemente de lo que quieras, ¿de dónde vienes? ¿En dónde estás ahora?

El agobio es dominado cuando detienes tu intento de llegar al futuro; el sentimiento de éxito y progreso es aún más cuando miras hacia atrás y observas lo lejos que has llegado. Hacer una lista de gratitud o de 'victorias', como diría Paul Mort (refiriéndose a los éxitos, logros y aprendizajes), te ayudará a afianzarte en lo correcto, en lo que has hecho, en lo que has aprendido y en cuáles serán tus siguientes pasos.

¿Te das cuenta de lo poderoso que es el contar con una base sólida desde la cual avanzar, en lugar de enfocarse en el hueco y en lo que falta?

Vergüenza y pasado

Si te avergüenzas de alguna acción del pasado, es una buena señal. En serio. Ya has aprendido algo, ya estás en camino a un comportamiento diferente, de otra manera no lo verías y no te sentirías avergonzado.

Ahora, la cuestión es si te gustaría hacer lo necesario para elegir conscientemente tu comportamiento la próxima vez, o si te mantendrás en la inconsciencia y seguirás con la misma reacción una y otra vez.

¿Tu vergüenza es tan grande como para hacer lo necesario para cambiar, superar el dolor y vivir de una manera en la que no vuelvas a sentir avergonzado ni culpable de nuevo?

¿Para hacer lo necesario para superar el dolor y vivir de una manera en la que no te vuelvas a sentir avergonzado ni culpable de nuevo?

La ansiedad y el futuro

¿Ansioso por un futuro incierto? ¡Aquí hay otro ejercicio para ti! Esto me lo dijo Maharishi, mi maestro de The Bright Path, y funciona perfectamente si lo haces:

Agradece en este instante por el momento futuro que te preocupa. Descansa y sé agradecido ahora, seguro y estable en la certeza y la suposición de que el futuro resultará de la mejor manera posible.

Para lograrlo, será necesario que dejes de pensar en el futuro y el espacio existente en el presente, y te plantes con firmeza en una base sólida de gratitud, *aquí* y *ahora*. Obviamente, cuanto más practiques el aprecio y la gratitud, más fuerte será tu habilidad para estar agradecido, en este instante.

Cuando te des cuenta de que estás regresando a la preocupación y la ansiedad, simplemente vuelve de lleno a la gratitud por el momento futuro que resultará perfecto. Listo.

El hecho es que, si aceptas plena y completamente la responsabilidad de tu vida, el futuro siempre resultará perfecto para ti. Estás aquí porque todo en el pasado te trajo aquí. Te puedes enfocar en lo que salió mal, o en lo que te salió bien, en lo que aprendiste y en lo que tienes ahora.

La ansiedad, la vergüenza, el agobio, la negatividad... Todos son increíblemente debilitantes. La gratitud es la base más fuerte para cada parte de tu vida en este momento, y en adelante.

Ve lo que tienes

"Siéntete pleno con lo que tienes, regocíjate en cómo son las cosas. El mundo entero te pertenece cuando te das cuenta de que nada falta."

—Lao Tzu, filósofo chino.

Lo más maravilloso de la apreciación, y la subsecuente gratitud, es que entre más lo hagas, más aprecias realmente lo maravillosos que son tu vida y el mundo, tal y como son. Cada momento comienza a experimentarse como perfecto, falto de nada. Puedes disfrutar plenamente cada momento, como te es entregado.

En este punto muchos dicen: "*¿Qué hay de la realidad, del 'estado actual' de mi vida, mi comunidad y el mundo? Obviamente hay muchas cosas mal, y tanto por arreglar. No tienen nada de perfecto*". Dejemos eso de lado por un momento.

En cambio, apreciemos y agradezcamos cada cosa que *tú tienes* en este instante. Deja el pasado atrás, en su lugar. No te preocupes por el futuro o lo que tu mente cree que puedas carecer. Entrégate por completo a este momento y observa lo que tienes, justo ahora.

Cuando 'dejes ir' por completo en este momento, con apreciación y gratitud, descubrirás que tienes todo lo que necesitas, ahora. De hecho, tienes tanto que lo das por sentado, por el simple hábito de la mente de buscar lo que no tienes. Reconoce esa parte de tu mente que siempre buscará lo que está mal, que nunca está satisfecha; la has fortalecido a lo largo de los años, e independientemente de lo que tengas, siempre buscará y encontrará lo que carezcas. Hay muchísimos millonarios infelices y estresados en el mundo.

Enfocarse en la carencia te estresa. El hábito de abandonar el momento presente te estresa. Estar estresado significa que no puedes ayudarte a ti mismo de manera efectiva ni disfrutable... mucho menos a alguien más. Aferrarte a tu plan, a tu idea de cómo 'debería' verse, también te genera estrés. No puedes ver con claridad y perspectiva, sólo puedes ver tu idea.

Richard Bach, el autor de *Juan Salvador Gaviota*, escribió:

> *"Lo que la oruga llama 'el fin del mundo',*
> *el maestro lo llama mariposa."*

Quizás haya perfección involucrada, el lado bueno no lo puedes ver hasta que dejes de enfocarte en lo que está mal. No lo podrás saber hasta que observes con calma e inocencia. Observa lo que está más allá de las limitaciones de tu mente y experimentarás la perfección absoluta de este momento. Ayúdate primero, antes de intentar arreglar el mundo. Elimina el estrés conquistando los hábitos de tu mente y serás capaz de dar a otros y de traer el cambio verdadero... y todo esto con una gran sonrisa:

> *"Si quieres despertar a la humanidad entera, entonces*
> *despiértate a ti mismo. Si quieres eliminar el sufrimiento*
> *en el mundo, entonces elimina todo lo obscuro y negativo*
> *en ti. En verdad, el regalo más grande que puedes dar*
> *es tu propia autotransformación."*
>
> —Wang Fou, filósofo chino.

La apreciación radical

> *"No estamos aquí para cambiar el mundo,*
> *estamos aquí para aprender a amarlo."*
>
> —Anthony de Mello, maestro espiritual

Sígueme el juego... ¿Qué pasaría si la base para resolver los problemas del mundo dependiera de cómo pensaras (sí, tú) al respecto?

Dice la tan conocida frase que se le atribuye al científico Albert Einstein:

> *"Ningún problema puede ser resuelto con la misma mentalidad que lo creó."*

Puede ser que crear un panorama basado en la aceptación, la apreciación y en ver el vaso medio lleno sea la elección más útil y creativa que puedas dominar, para ti y para el mundo entero.

Maharishi Sadashiva Isham, el maestro de mi maestro Ishaya de The Bright Path, alguna vez dijo:

> *"El principio básico es este: si estamos sembrando división, profesando destrucción, buscando y encontrando maldad en el mundo (¡aún si la buscamos con la intención de eliminarla!), entonces somos parte del problema, no de la cura."*

El problema no yace en los problemas evidentes en tu vida o el mundo. Es el cerebro humano el que constantemente los busca, y encuentra.

Con frecuencia tu mente crea problemas de la nada. Es la definición de la maldad, del juicio mismo, que está en el núcleo de toda separación, del malentendido, de todos los problemas del mundo. Es la división del mundo, en 'ellos' y 'nosotros', lo familiar y lo extraño, los justos y los blasfemos. Según la tradición judeocristiana, ¿no fueron desterrados los primeros seres humanos de la perfección del Jardín del Edén al deleitarse en el conocimiento del bien y el mal? ¿Al conocer el juicio?

Sé que esto puede ser difícil de procesar, y estoy siendo deliberadamente 'espiritual' al respecto, pero considera la siguiente idea por un momento:

¿Qué pasaría si tu atención pudiera volverse tan devota a la alabanza, la gratitud y el amor que únicamente pudiera existir en tu presencia?

¿Qué pasaría? Todas las memorias de los grandes maestros de este mundo susurran esta promesa. Nuestras leyendas e historias están llenas del poder del amor para transformar monstruos en ángeles, levantar el velo, permitir la libertad, para todos.

¿Qué pasaría?

¿Cómo puedes saberlo a menos de que lo hagas? Como Jesús nos advirtió alguna vez:

"No juzgues, y no serás juzgado."

Ahora, sé que esta es una gran idea, una forma bastante radical de ver la vida. Por favor recuerda que no te estoy diciendo: *"No actúes"*, *"Que no te importe"*, *"No intentes cambiar lo que te inspire cambiar"*. Te estoy invitando a explorar una posibilidad, una opción para ver tu vida y el mundo, involucrando un cimiento de palabra y acción.

Esta es, por lo menos, una invitación a que te des la mejor plataforma de claridad, calma y positividad para que tus palabras y actos no sean nubladas y contenidas por el estrés, el control o la negatividad. Quiere decir que no estás luchando batallas que no puedes ganar, así que no te estás consumiendo en luchas sin sentido.

No es una invitación a darte por vencido, sino a soltar todo lo que te frena. La invitación es, comenzando con tus actitudes, juicios y creencias, a que te vuelvas de mayor uso para el mundo.

¿De acuerdo?

El punto continúa siendo: ¿Qué tal si...? ¿Cómo vas a saber si no lo haces?

Amor

> *"No cambies: el deseo a cambiar es el enemigo del amor.*
> *No se cambien: ámense tal como son.*
> *No cambien a otros: amen a los demás tal como son.*
> *No cambien el mundo: está en manos de Dios, y él lo sabe.*
> *Y si lo haces, el cambio ocurrirá*
> *maravillosamente a su propia manera y en su propio tiempo,*
> *cede a la corriente de la vida, libre de equipaje."*
>
> — Anthony de Mello, maestro espiritual.

En resumidas cuentas, la cantidad de amor que experimentas está directamente relacionada con la cantidad de aceptación, apreciación y gratitud en ti. El cambio no necesita ser forzado. Si quieres algo diferente, primero básalo en la actitud de aceptación y apreciación. Entonces, las cosas podrán darse rápidamente.

Sin embargo, en términos de aceptación y apreciación, ¿has notado alguna vez lo duro y crítico que puede ser el diálogo interno? Te conmocionarías si escucharas que le dijeran a alguien más las cosas que te dices a ti mismo. Pero este diálogo interno se ha vuelto tan normal, que ya no lo notas.

No creas que no afecta cómo te sientes, lo que haces y lo que no haces, que tu cuerpo también reacciona a todos y cada uno de los pensamientos que tienes. Puedes ver el poder del pensamiento claramente impreso en la cara de la gente al caminar por la calle.

Es importante que sepas que la relación contigo mismo forma la base de todas tus relaciones.

Vuélvete consciente de cualquier crítica o agresividad y dale la vuelta. La aceptación y la actitud positiva son la mejor base para cualquier transformación. ¿Quieres cambiar? Comienza con la aceptación y la apreciación.

> *"Ser hermoso significa ser tú mismo. No necesitas ser aceptado por otros. Necesitas aceptarte a ti mismo."*
>
> —Thich Nhat Hanh, maestro Zen vietnamita.

El amor es inherente a la aceptación y la apreciación. No te amas a ti mismo tal como eres porque hay partes de ti que juzgas inaceptables y te resistes a quien eres en este momento. Si dejas de resistirte y comienzas a aceptarte, no encontrarás nada más que amor.

El amor incondicional es apreciación incondicional, proveniente de la aceptación incondicional. Te amo tal y como eres.

Y románticamente ocurre igual. Cuando te enamoras de alguien, el amor viene de la profunda y verdadera apreciación de ellos. Pero conforme pasa el tiempo, descubrirás cosas inaceptables. Se siente como desenamorarse, pero en realidad, sólo has dejado de aceptar y de apreciar.

El amor y las relaciones

Esto es lo más increíble que hacemos:

Cuando iniciamos una relación de pareja, estamos encima de ellos todo el tiempo, haciendo un arduo trabajo para que nos noten. No es fácil. Queremos dar.

¿Por qué?

Claramente, te gusta lo que ves y ves lo que te gusta. Quieres ver eso más y más seguido, por lo que te dedicas de lleno a la apreciación, la atención y a la aportación. Esta apreciación representa una atracción que se convierte en amor: la relación es divertida, emocionante y vibrante. Quizá decidas que es la persona indicada y te casas. Fin de la historia... ¿Felices por siempre? No realmente.

Sientas cabeza y calmas todo ese ajetreo inicial. Como ya están juntos, te vuelves flojo y, poco a poco, dejas de esforzarte en conseguir la atención de tu pareja y dejas de ser activo en tu apreciación, lo que significa que empiezas a dar las cosas por sentado.

Al igual que muchas parejas ocupadas, con sus cabezas inmersas en una 'lista de cosas por hacer', la comunicación comienza a basarse en las cosas que necesitan hacerse: *"Ir de compras"*, *"No olvides recoger a los chicos"*, *"¿Qué vamos a hacer el martes en la noche?"*, tu interacción gira entorno a cosas por hacer y no a la relación en sí misma. Sigue por este camino y probablemente comiences a notar lo que no te gusta; los pequeños detalles que ignoraste al principio (o que ni siquiera notaste) se vuelven cada vez más grandes. Es entonces cuando sacas la lupa y comienzas a espulgar.

La apreciación comienza a transformarse en juicio conforme más te enfocas en lo que quisieras cambiar. En ocasiones lo intentas, con diferentes niveles de contragolpe. Quizás tu dinámica cambie por completo hacia la condena.

La relación pierde su frescura, se llena de discusiones, quizá uno de ustedes (o ambos) comiencen a buscar atención y apreciación en otros lugares. Probablemente, la relación termine.

¿A dónde se fue el amor?

La gente cambia, la gente es incompatible, pero...

Si quieres evitar el destino de muchas relaciones rancias y si quieres ser parte de una pareja amorosa, divertida y de apoyo, entonces sigue leyendo.

Si sientes que tu relación es un poco promedio, si necesita 'algo', todo lo que sucedió es que dejaste de notar y decir lo que te gustaba.

Estabas tan ocupado y preocupado por las pequeñas cosas urgentes que empezaste a dar por sentado. Detuvo la gratitud, la apreciación, las cosas pequeñas pero importantes para decir 'Te quiero, te quiero en mi vida'. Es posible que hayas estado esperando para sentirlo antes de decirlo. O esperando a escucharlo primero.

Si, en efecto, sientes que tu relación es 'promedio' y necesita 'algo', lo único que ha pasado es que dejaste de observar y de decir lo que te gusta. Estabas tan ocupado y preocupado con las pequeñas urgencias que comenzaste a dar todo lo demás por sentado. Detuviste la gratitud y la apreciación, incluso dejaste de decir las pequeñas cosas de gran importancia como: *"Te amo, te quiero en mi vida"*. Probablemente esperabas sentirlo antes de decirlo... O querías escucharlo primero.

Las relaciones tienen vida, necesitas nutrirlas con tu atención. Dale prioridad a lo que es realmente importante, sé proactivo. Genera una base sólida para tu relación al enfocarte, irresistiblemente, en lo que te gusta de la persona.

Entonces, de ser necesario, sé honesto. Puedes señalar las cosas que te gustaría que la otra persona hiciera o cambiara, y ellos te escucharán porque la relación tiene un cimiento sólido. Saben que estás de su lado, que los respaldas.

El su libro *¿Qué predice el divorcio?* el Dr. John Gottman, consejero matrimonial e investigador, nos explica que, para una relación exitosa y perdurable, la relación debe de ser 5:1. Es decir, 5 comentarios positivos por cada comentario negativo. La apreciación y la gratitud exceden, por mucho, cualquier otra cosa.[6]

Ahora, no hay necesidad de llevar la cuenta y flojear una vez que se ha cumplido la cuota del día. Lo que realmente funciona es tener la actitud del cortejo: presentarte cada día con amor y apreciación. Mejorará tanto las cosas que no dejarás de hacerlo. Recibes lo que das. También te ayuda a evadir la trampa de las emociones.

La trampa de las emociones

Puede que estés te preguntando: *"¿A qué te refieres con que 'las emociones pueden ser una trampa'?"*

Eso no es lo que nuestra cultura nos enseña, especialmente respecto al amor. Porque, conoces el amor porque lo *sientes*, ¿verdad? Las emociones

---

[6] Esta proporción también funciona en los equipos. Visita: *The Workplace: the Ideal Praise-to-Criticism Ratio.* https://www.gottman.com/blog/the-workplace-the-ideal-praise-to-criticism-ratio/

son una completa y absoluta trampa.

Toma como ejemplo el querer ponerte en forma. A veces tienes ganas de ir al gimnasio, a veces no. El que alcances tu meta depende de qué tanto estás dispuesto a ignorar tus emociones y apegarte al compromiso que tienes con tus metas.

Hemos hablado un poco sobre esto, pero ¿lo entiendes? En ocasiones te sientes realmente inspirado y emocionado, a veces no. Las emociones vienen y van; no son una fuente de información confiable, en absoluto.

Si duermes bien, tienes ciertas emociones; si duermes mal, tienes otras. Simplemente pregúntale por sus emociones a los padres de un bebé recién nacido, o a alguien con desorden de bipolaridad.

Las emociones son mercuriales, cambian rápidamente y dependen de muchas otras cosas. No puedes confiar en algo que cambia tanto, no puedes. Por eso es tan importante crear un cimiento en tu vida basado en lo que te enfocas y haces frecuentemente, no en la emoción del momento.

Las expectativas y emociones sobre el amor

¿Sabes qué es mucho peor que una emoción?... Una expectativa.

La expectativa de que deberías o no sentir algo, de ahí la importancia de la inocencia al tratarse de emociones y relaciones.

He arruinado tantas relaciones grandiosas sólo porque no 'sentía eso'. El amor no se sentía como yo esperaba se sintiera. Con frecuencia estaba buscando el sentimiento de emoción, de novedad, esa pasión que te lleva a decir *"Desnudémonos aquí mismo en la cocina"*, tan característica al inicio de cada relación. Cuando la emoción se desvanecía y aparecía un tipo de amor más maduro (quizá sutil) y con sus respectivas emociones, me sentía perdido: *"Debería de estar experimentando 'a, b, c', y no es así. Obviamente ella no es la indicada; busquemos esa emoción en alguien más"*. Y me subía a la rueda del hámster, persiguiendo el siempre evasivo 'punto máximo de la relación', encontrando sólo decepciones una y otra vez.

Así que, sé consciente de tus emociones de amor o 'no amor' y cómo actúas respecto a ellas. No esperes sentir lo que tú crees que 'deberías' estar sintiendo. Lo chistoso es que, si tienes una actitud sólida de generosidad en tu relación, si cada día luchas por tu pareja, definitivamente sentirás mucha mayor cercanía y atracción. Quizá no sea pasión desenfrenada, pero no estás a cargo de la intensidad de la emoción.

Lo que es seguro, es que, si te estás enfocando en lo que está mal, incluso en cómo es que las emociones están mal, es mucho más probable que te sientas alejado, indiferente, negativo, aburrido, incluso fastidiado con el otro. Gran parte de tus emociones dependen de aquello en lo que te estás enfocando.

El pasto no es más verde

"Cuando el pasto parezca más verde en el patio del vecino, será el momento indicado para regar tu propio jardín."

—Anónimo.

Obviamente, algunas de mis relaciones terminaron porque no eran adecuadas, pero muchas terminaron porque yo no asumí la responsabilidad de lo que hice o dejé de hacer, para dar lo mejor de mí en la relación.

El ingrediente en común en todas tus relaciones eres tú.

El pasto no es más verde en el patio del vecino, aún tendrás la misma cabeza cuando lo visites. Seguirás teniendo la misma tendencia a ver qué más hay disponible, a juzgar, comparar, dar por sentado, no apreciar o no dar activamente.

Así que, estás en una relación diferente, pero tienes la misma perspectiva, las mismas expectativas, tendencias y la misma mente insatisfecha. Tu mente nunca estará contenta: entre más busques algo mejor, más encontrarás. Terminarás buscando continuamente por algo mejor, nunca estarás satisfecho o contento.

Sin importar lo buena que sea tu relación en este momento, tu cabeza te dirá lo contrario y no te darás cuenta. Nunca disfrutarás al máximo lo que tienes, ni llegarás a conocer la belleza, ni profundidad de alguien. El fácil acceso a la pornografía ha ampliado esa búsqueda constante, especialmente en los hombres: mujeres impresionantemente despampanantes (superficialmente), que harían cualquier cosa sin que tengas que trabajar por ello... fuera de las peripecias.

Lo único que tienes que hacer es tocar a la puerta con una pizza.

Obviamente, las relaciones reales no funcionan así. Mi padre me lo explicó cuando me sorprendió viendo pornografía cuando era adolescente; no lo entendí en esa época. Me tomó mucho tiempo darme cuenta del daño que la pornografía hacía a la cantidad de amor, satisfacción y gozo que experimentaba. Reforzaba la tendencia, en mi mono mental, de buscar 'la banana perfecta' constantemente (sin albur), de no hacer caso a la felicidad que tenía debido a la sensación permanente de que había 'algo mejor'.

Los sueños son gratis, pero a veces uno tiene que despertar a la realidad.

Si quieres más de las relaciones y la vida necesitas ver qué traes a la mesa, no puede ser sólo comida chatarra.

Todo está en ti

Puedes pasar tu vida buscando la perfección constantemente, o puedes crearla ahora a través de aquello en lo que te enfocas y lo que haces.

Las 'relaciones promedio' se basan en la actitud de *"¿Qué puedo obtener de esto?"* Descubrirás que las relaciones más increíbles se basan en *"¿Cómo puedo aportar a esto? ¿Cómo puedo mejorarlo?"*

Lo que traes a la mesa, tus palabras y acciones, tu enfoque en volver la relación más fuerte y cercana, tu decisión de centrarte en lo que es bueno y está bien, tu elección por aprovechar al máximo lo que tienes y no caer en la tendencia de buscar algo mejor en otro lugar... tus decisiones son lo que realmente dan vida a las relaciones.

No esperes recibir, no esperes sentirlo, empieza haciéndolo.

Sí puedes tener una conexión increíble con alguien, llena de amor, emoción, comprensión, apoyo, aventuras, descubrimiento, profunda satisfacción, felicidad y plenitud... todo está en ti.

Pruébalo por ti mismo

Lo mejor de la aceptación, la apreciación, la gratitud y el amor es que puedes ponerlos a prueba y ver si te funcionan.

Buda dijo algo que ha permanecido conmigo por mucho tiempo, va más o menos así:

No creas lo que digo. No lo vuelvas un asunto de fe. Ten la voluntad de creer que es posible, pero ponlo a prueba. Muérdelo, siéntelo, inténtalo. Observa si mis palabras son verdaderas para ti.[7]

Si es verdad para uno, debe de ser verdad para todos; de otra forma no es la verdad.

Así que, pon a prueba la gratitud, intenta la alabanza. Disponte a apreciar a la gente en tu vida de manera activa y constante. Sé bueno contigo mismo, sé consciente del violento autodiálogo. Haz listas de cosas por agradeces. Encuentra el lado bueno. Elige apreciar a la gente o a las situaciones complicadas. Observa tu juicio. Busca crear, no destruir. No seas flojo. Observa cuando tu enfoque se mueve a aquello que está mal o falta. No tomes, da.

Sigue así y observa qué pasa. ¿De qué otra forma sabrás si funciona o no?

---

[7] Ya que, con frecuencia, Buda es citado incorrectamente, lo que en verdad dijo (según los textos bíblicos), fue:

"Ahora, Kalamas, no se dejen guiar por informes, leyendas, tradiciones, escrituras, conjeturas lógicas, deducciones, analogías, acuerdos al sopesar puntos de vista, probabilidades ni pensamientos. 'Este contemplativo es nuestro maestro'. Cuando saben por ustedes mismos que 'estas cualidades son acertadas, irreprochables o alabadas por el sabio; cuando se adoptan y se llevan a cabo, conducen al bienestar y a la felicidad', entonces debe morar y permanecer en ellas."

Pero todo esto me da jaqueca así que prefiero mí versión; siéntanse en libertad de citarme.

CAPÍTULO 13

Quinta Elección: Dar
(cuando quieras recibir)

*"Si supieras lo que yo sé sobre el poder de dar, no dejarías pasar
ni una sola comida sin compartirla, de alguna manera."*

—Buda.

El mayor regalo

Hemos estado platicando a profundidad cómo algunas personas eligen basar sus vidas en aquello que creen que es bueno, disfrutable, hermoso y correcto. Otros eligen ver la vida en términos de aquello que está mal, de lo que les falta o de lo que no tienen. Es una simple elección de perspectiva, pero afecta dramáticamente como vives. Algunos se dan cuenta de que tienen todo para dar y compartir, otros creen que deben que proteger lo que tienen.

Lo que hace a la apreciación y la gratitud tan poderosas, en especial cuando se expresan hacia otros, es que son actos de dar. Lo que aviva cualquier relación es dar. Lo que convierte una vida pequeña en una GRAN VIDA es **dar**.

Si das mucho, es posible que vivas en un mundo abundante y lleno, tranquilo y hermoso, Si das poco, es muy probable que el mundo en el que vivas sea lo opuesto.

Dar es la llave que abre a más alegría, belleza, abundancia, gracia. Es la única y grandiosa acción que te ayuda a tener menos miedos, menos juicios y más plenitud; transforma tu estado interno, tu apreciación externa de la vida, y literalmente, todo tu mundo.

Da de ti

*"Das muy poco cuando das tus posesiones.
Cuando das de ti mismo, entonces estás dando en verdad."*

—Kahlil Gibran, autor de *El Profeta*.

Únicamente puedes experimentar el poder de Dar por medio de la acción. Si te interesa vivir la vida al 200%, encuentra todas las formas posibles de dar.

Podría ser agradeciendo y apreciando, ayudando en alguna forma (poco o mucho, a conocidos o desconocidos), una sonrisa, una palabra de apoyo, echando una mano, donando tu tiempo, compartiendo tus conocimientos o tu dinero, como sea, pero empieza con una actitud de dar y servir.

Cuando das, experimentas las recompensas de inmediato. No das porque beneficias a otro, sino porque te beneficia directamente.

Cuando te sientas mal, deprimido, necesitado, preocupado por no tener suficiente dinero o sientes que tu vida no funciona de la manera que quieres, salte de tu miseria y encuentra la forma de ayudar a alguien más.

Eso transformará tu estado de ánimo. Si lo haces constantemente, cambiará toda tu perspectiva en la vida.

He aquí un secreto al dar:

Al hacerlo, empiezas a notar todo lo que tienes y tu atención se aleja de la idea de lo que no tienes. Te das cuenta de que no necesitas presionarte tanto, y eres consciente de cuán abundante eres, que la escasez es sólo una idea.

Dar te mantiene humilde, te hace agradecido y anima tu vida... Felices aquellos que han encontrado una forma de dar.

El secreto de Dar es lo mucho que mejora tu vida.

> *"Sabios aquellos que dan. Más sabios aquellos que buscan oportunidades para dar."*
>
> —Maharishi Sadashiva Isham, maestro Ishaya.

Mucha gente está dispuesta a dar, cuando así se lo piden. No muchos son conscientes de lo mucho que te empodera salirte e de la zona de confort para encontrar formas de dar.

Entre más das, más cerca estás de vivir de la misma fuente de felicidad y amor. Cuanto más das, más te das cuenta de que no hay razones para temer, que nunca necesitaste proteger o asegurar lo que es importante para ti. De hecho, no se puede. Cuanto más das, más entiendes que lo verdaderamente importante sólo aumenta al ser dado.

Entre más das, más te percatas de tu libertad innata. No porque merezcas ser libre, sino porque naciste libre, y siempre creíste que no lo eras.

Dar es la mera esencia de la vida misma.

Sé el cambio

> *"Sé el cambio que quieres ver en el mundo."*
>
> — Mahatma Gandhi, líder político y espiritual de la India.

Una certeza inviolable y fascinante de la vida es: lo que das es lo que recibes.

Si eres listo (y sí lo eres, sino no estarías leyendo esto), llegarás a la siguiente conclusión:

Si obtienes lo que das, sería buena idea dar aquello que quieres recibir.

Funciona en los niveles más básicos: si quieres más abrazos, da más abrazos; si quieres más amigos, da más amistad. Si quieres gente más feliz a tu alrededor, sé más feliz; si quieres más amor, da más amor.

Pero esto también funciona en niveles más abstractos y sutiles: si quieres más entendimiento, da más entendimiento; si quieres más honestidad, sé más honesto. ¿Quieres más claridad? Sé más claro. ¿Más paciencia, tolerancia y respeto mutuo? Sé todo eso.

> *"Porque es en dar que recibimos."*
>
> — San Francisco de Asís, fraile católico italiano.

Entre más das, más obtienes. Es la regla más simple y menos comprendida que existe. Todo comienza contigo. Puedes sentarte en tu casa, esperando o necesitando, o puedes salir y dar. Es entonces (irónicamente), cuando empiezas a recibir, incluso más de lo que puedes siquiera imaginar.

Es extraordinario una vez que lo experimentas:

Las personas abiertas, amorosas y felices tienen un mundo es amoroso, abierto y feliz. Atraen personas muy similares.

Las personas asustadas y ansiosas tienden a crear eventos y personas que los hacen sentirse asustados y ansiosos, dándoles más razones para mantenerse así.

Si te encuentras acusando a otros de ser de x, y o z manera, e insistes en ello por la razón que sea, es una buena señal de que necesitas verte a ti mismo.

Sé el cambio que deseas ver en el mundo.

El simple hecho de atraer tu atención hacia el cambio en ti mismo cambia más de lo que te puedes imaginar.

Todo comienza contigo.

Y no estoy diciendo que ignores aquellos comportamientos que son inaceptables, pero pienso que una de las mejores guías para tomar decisiones con respecto a otros viene de Jesús:

"Trata a los demás como quieres que te traten a ti."

Trata a los otros como deseas ser tratado. Dale a la persona exactamente lo que tu quisieras que te dieran, si estuvieras en su lugar.

Imagina un mundo donde todos hiciéramos eso. Donde cada uno le diéramos a los demás justo lo que nosotros mismos deseamos de la vida...

He ahí la revolución que el mundo necesita.

No nace de los líderes políticos, religiosos, deportivos o de los medios, sino de nuestro propio corazón, justo ahora. Nada más y nada menos.

Pero no me creas a mí, hazlo tú mismo. Incluso, si no estás de acuerdo conmigo, pruébalo. Demuestra que yo y Gandhi estamos equivocados, o en lo correcto, al apostar por ello.

Salva al mundo empezando por ti mismo. Eres la única persona a la que puedes cambiar, así que empieza de una vez.

Una cosa más:

¿Alguna vez has tratado de cambiar a alguien más? De hecho ¿Te das cuenta de que has tratado de cambiar a todos tus seres queridos?

Deja de hacerlo. Es inútil. La gente mete freno cuando sienten que alguien quiere cambiarlos. Pero sí responden a:

a) apertura y b) al cambio en otros. Entonces, todo apunta hacia ti.

Da integridad

> *"Trata a la gente como si ya fueran lo que pueden ser,*
> *y ellos serán aquello que son capaces de ser."*
>
> —Johan Wolfgang von Goethe, poeta, novelista, dramaturgo y científico alemán.

El más grande regalo que le puedes dar a alguien es verlo completo.

No les ayudas mucho si los ves rotos o en escasez. Sin embargo, una manera muy común de ayudar a otros es el acercamiento al *"pobre de ti"*.

Es mucho mejor percibir lo bueno en las personas y hacer de eso la base de todo tu dar. Ver a una persona como capaz, con recursos y completa, en lugar de notar aquello que no tienen o lo que tú piensas que necesitan.

Cuando ves a una persona en escasez, no ves la persona, sino la necesidad o el problema.

La cosa más grandiosa que le puedes dar a alguien es elegir el dar en totalidad. Míralos en perfección y ellos responderán a tu regalo.

La apreciación y la gratitud son incondicionales. No admiten escasez o necesidad. Cuando le dices a alguien *"A mí realmente me gusta..."*, eso no admite dudas, condiciones o suposiciones... Hay totalidad en el más mínimo cumplido.

Descubrirás que todo el dar se convierte en una conversación. No es un *"Te ayudo"* sino un *"Nos ayudamos el uno al otro"*. Te abres, naturalmente, para conectarte con el otro.

La totalidad del dar inicia con la visión total.

La verdadera compasión

Dar no es sentir el dolor de otro como propio, ni meterse al hoyo con alguien para compartir el sufrimiento; únicamente lo duplica. Sin embargo, es lo que mucha gente hace.

Algunas veces, cuando no hay mucho que puedas hacer, ese acercamiento de *"pobre de ti"* genera un sentimiento de ayuda, pero sólo refuerzas el sufrimiento de su situación, la impotencia, y no las elecciones que tienen a pesar de sus circunstancias.

Desde la perspectiva de *"Pobre de ti"* refuerza el estatus de víctima, la culpa y la falta de poder. Ayuda a que la persona abandone toda la responsabilidad personal por la situación en la que está y lo que puede hacer después.

Ver a alguien íntegro, completo, no roto o en escasez significa que les ayudas a ayudarse a sí mismos, en el más grandioso sentido.

Esto no quiere decir que no te importe, pero es sostener una visión más grande de solidaridad.

Hay un viejo adagio que representa, perfectamente, la verdadera compasión:

*"Puedes darle a alguien un pez y comerá ese día,
o puedes enseñarle a pescar y comerá toda su vida."*

Y yo le agregaría a eso, esto:

*"Y si les enseñas cómo enseñar a otros a pescar,
alimentarás a su aldea para siempre."*

La gente necesita cosas diferentes en diferentes momentos.

A veces es un empujón momentáneo, como darles el pez, un folleto, un abrazo, escucharlos, reconfortarlos, etc. A veces algo más a largo plazo, tal vez consejo o educación, hacerles notar sus opciones, o tal vez honestidad.

No lo vas a saber a menos de que les preguntes, y estés presente y a tono con lo que necesitan. Es tener la sabiduría de ver esto sabiendo que no son víctimas ni son insuficientes, a pesar de que necesiten tu ayuda.

Lo que sea que hagas o digas, la compasión es una escalera para salir y escapar del sufrimiento. Significa no reforzar la situación, sino ayudarlos a salir de ella (si eligen salir por sí mismos).

La parte más difícil de dar incondicionalmente es no tener expectativas de que la ayuda sea aceptada. Es muy fácil aferrarnos a que la persona 'lo entienda', a que te escuche y cambie gracias a tus 'sabias' palabras y acciones.

El dar verdadero es el permitir que alguien recorra su propio camino, porque en algún momento van a aprender, en serio a aprender, de su propia experiencia. En algún punto van a empezar a responsabilizarse de sus elecciones, pero no puedes obligar a nadie. No puedes hacer que lo vean, nunca.

Lo mejor que puedes hacer es ser totalmente responsable de tu propia paz y felicidad. Es lo mismo que arrojas si te molestas porque trataste de ayudar a alguien y te ignoró. Todo el dar se basa en tu propia elección de vivir al 200%.

Dar incondicionalmente

Leí en algunos libros espirituales sobre el dar incondicionalmente y cómo el dar más poderoso es aquel en donde no te apegas al resultado, sin el interés de obtener algo. Esto me perturbó porque me di cuenta cómo siempre di condicionalmente, esperando algo a cambio. No podía entender cómo alguien era capaz de dar incondicionalmente. Me mostraron como lo que hice por otros siempre había sido a cambio de algo, para que pensaran que era una buena persona.

Pude ver como le di algo a una chica, para que pensara que era bueno, y se acostara conmigo. Cuando me volví 'más espiritual', daba para tener Dharma (buen Karma) o para expiar culpas, o lo que fuera. Rara vez daba por el hecho de dar. Ver mis relaciones me dio una percepción excelente de mi propia mente... pero dar incondicionalmente parecía *imposible*.

Ahora, por supuesto obtienes cuando das, como decía antes. Dar pone en marcha el sistema de retorno hacia ti. Pero es cierto que, cuando te vuelves experto en dar, dejas de estar preocupado por ello, o apegado a lo que vas a recibir.

Dar y *recibir* se vuelve un ciclo tan natural, como lo es respirar.

El aliento sale, la respuesta natural y automática es que el aliento entre. Hacemos muy poco: sale libremente y entra libremente, y así el ciclo continúa. Das libremente y regresa de las formas más inesperadas... Pero siempre regresa.

Entender que había obtenido ganancias en todos los aspectos de los que hemos hablado me ayudó a empezar a dar más y a tener el valor de dar en las áreas de mi vida en las que tenía más miedo dar. Me ayudó a probarme y después de eso, practicar para ser mejor dando sin condiciones.

De lo que hemos estado hablando en todo este libro es de aprender y practicar algunas nuevas elecciones y habilidades para que se vuelvan naturales y usuales.

Sólo porque perfeccionar una habilidad particular se vea muy lejano para ti en este momento, no es razón para menospreciarla. De hecho, es una razón más para trabajarla. Tú quieres: hay enormes recompensas por obtener (incluso mejores) cuando das incondicionalmente.

El llevarlo a la práctica te mostrará que, cuando estás inmensamente preocupado por lo que puedas obtener de la situación, te estás apegado a cierto resultado. Esta es sólo otra forma de control y manipulación, un intento de asegurar tu felicidad bajo ciertas circunstancias o en una persona. Al aprender al dar incondicionalmente, estás aprendiendo a liberarte de todas esas condiciones y a ser libre en cada parte de tu vida.

Así que, no importa si sientes que puedes o no puedes dar incondicionalmente, sólo hazlo. Empieza dando de cualquier forma, te mostrará mucho sobre ti mismo y cómo puedes ser libre de condiciones y limitaciones en tu propia felicidad. Te mostrará que puedes liberarte del miedo.

Sabrás que estás dando incondicionalmente cuando estés viviendo tu vida inocentemente, y la gente te agradezca por ello.

Dándote a ti mismo

Algunas veces un 'No' es lo mejor que puedes dar. Algunos, como muchas mamás, dan demasiado. Dan y dan hasta estar vacíos y todos a su alrededor son dependientes. Luego viene la culpa cuando quieren hacer algo para sí mismas, incluso el visitar algunas en las tiendas provoca un gran trastorno interno.

Darte a ti mismo es igual de importante que darle a los demás. De hecho, es más importante. No puedes darle a los demás si estás vacío. Darte a ti mismo nunca es egoísta. Cuando estás al 100% todos ganan. Y ¿Cuándo estás enfadado, resentido, culpable? Nadie gana, el primero que pierde eres tú.

Las indicaciones de seguridad en los vuelos te dicen lo mismo: primero ponte la máscara de oxígeno y luego ayuda a los demás. Tiene sentido, ¿cierto?

Una razón común para dar es obtener amor o autoestima. Si te percatas de que es justo eso lo que estás haciendo, definitivamente necesitas cortar esas cadenas de dependencia que has creado. Encuentra tu fuente interna, así darás libre e incondicionalmente.

El amor no es algo que necesitas

En todo el mundo hay gente que necesita amor. El drama central de toda la existencia es: *"¡Él o ella no me ama!"*, esa es la preocupación más importante de la humanidad. La gente está en busca de amor, en particular, buscan ser amados.

Mi experiencia con mis relaciones no era diferente. Todas eran acerca de obtener amor y de ser amado. Debajo de esto había miedo, necesitaba protegerme de que no rompieran mi corazón. Si daba algo, me preocupaba saber lo que iba a recibir. Daba amor si (y sólo si) obtenía más, entonces daba más.

Exagerando un poco, era como una transacción financiera: yo era un inversionista cauteloso en el amor, tanteando el agua, protegiendo mis 'ahorros' y vigilando constantemente lo que obtenía.

No hay libertad cuando sólo das para obtener algo... además, recibes muy poco.

Es cierto, la mayoría de las relaciones en el mundo están basadas en *"¿Qué puedo obtener de esta persona?"* La mejor relación sería lo opuesto. Si haces todo acerca de lo que puedes dar, no sólo tendrás una magnífica relación, tu vida será más abundante y mágica.

¿Por qué?

Porque el amor no es algo que necesites, es algo que eres. No hay escasez de amor, se incrementa al darlo. Si quieres más amor en tu vida, tienes que dar más amor. Sólo da y notarás que nunca has necesitado nada. Verás que tu corazón jamás podrá quebrarse.

Cuando comprendas, total y completamente, que el amor no es algo que obtenemos, sino algo que damos, no volverás a insistir en que alguien te ame. Eres libre de amar abierta e incondicionalmente, sin miedo o necesidad de protección. Puedes vivir la vida sin restricciones, con los brazos y el corazón abiertos e inocentes. La vida se vuelve mil millones de veces mejor.

Dinero, escasez y abundancia

"El dinero es como el amor: mata lenta y dolorosamente al que lo retiene, y aviva aquellos que lo convierten en su prójimo."

— Kahlil Gibran, ensayista, novelista y poeta libanés.

Yo confundía el amor con la felicidad. Pensaba que si tenía más dinero sería más feliz, más libre. Pero lo que de hecho quería, era ser libre. El dinero es un indicador poderoso que me mostró, y podría hacerlo con cualquiera, exactamente en dónde no se es libre, sino apegado y limitado.

¿Sabes?, nunca disfruté gastar dinero, odiaba ver cómo se iba. Tenía más que suficiente, pero despertaba en la mañana ansioso y preocupado por él.

Dar eliminó todo eso.

La razón por la que la gente no da mucho es porque le dan poder a la escasez: *"Daría, pero no tengo suficiente. Necesito proteger mis intereses."*

Esa creencia de *"No tengo suficiente"* es como un monstruo debajo de la cama: entre más crees en la escasez, esta crece. Tu atención la hace crecer.

¿En qué punto 'tendrías' suficiente? ¿Cuánto dinero 'es' suficiente?

Considera que la abundancia, esa sensación de tener más que suficiente para dar, es un sentimiento: no tiene relación alguna con el número de tu cuenta bancaria, y en cambio modifica tu comportamiento. Tienes o no tienes suficiente, das o te aferras con fuerza y siempre estás ansioso por saber de dónde vendrá tu siguiente ingreso monetario, todo basándote en un sentimiento o una creencia.

La escasez es una creencia poderosa, se envuelve alrededor de tus propios sentimientos de supervivencia. Pero ¿y si quieres cambiarlo? ¿Si estás cansado de despertar por la mañana y que tu primer pensamiento sea sobre el dinero?

Es esta creencia limitante de *"No es suficiente"* la que estás soltando cuando haces el compromiso de vivir una vida basada en dar.

Cuando decidí dar más, ser más generoso con mis amigos y seres amados, empecé a disfrutar lo que el dinero puede dar, y lo que me daba. No era irresponsable con él, pero al estar muy alerta de los sentimientos de carencia y estrechez sobre el dinero y actuando diferente, mi mundo comenzó a cambiar.

Silenciosamente, entre más daba, más obtenía. Entre más daba, ese miedo sobre la escasez de dinero disminuía hasta desaparecer. No puedo explicarte lo bien que se siente no preocuparte por el dinero.

Noté que el dinero fluía mucho más. Antes mi enfoque estaba en el dinero que salía. Entre más aflojaba el agarre, más notaba el dinero que también entraba. Disfruté enormemente la gratitud por gastar y recibir. Mi mundo dejó de basarse en la escasez, ahora se basa en la abundancia.

El dinero no es diferente a las demás cosas. Entre más te aferras a él, menos recibes. Entre más te abres a las posibilidades, puede darte más y mejores regalos.

Muchas tradiciones religiosas se dieron cuenta del poder de dar, en especial dar dinero, de ahí que surgiera el diezmo, el cual es la práctica de dar un porcentaje de tu salario (tradicionalmente un 10%). Si deseas hacerlo, esto realmente iluminará tus creencias sobre el dinero.

Explora lo que dice tu mente cuando das el diezmo. Lo odiará de vez en cuando, pero no dejes de darlo. Aumentará el puro placer de apoyar financieramente algo que aprecias y se volverá más dominante. Tu relación con el dinero, la escasez y la abundancia cambiará para siempre.

El Regalo

El regalo de dar es la libertad.

Dar te muestra lo que es valioso en el universo entero. Dar te muestra que tienes más que suficiente. Te muestra el poder de tu atención y la creación de tu vida con tus decisiones.

Si quieres saber cómo se siente terminar con la lucha y la batalla, da.

Si quieres acabar con miedo y el vacío, da.

Si quieres acabar con el necesitar y la victimización, da.

Si quieres conocer un mundo de totalidad, amor y paz, da.

Si quieres ser libre, da.

Si quieres más en tu vida, sólo da. Deja que el dar sea el maestro. Sólo empieza y ve lo que te muestra acerca de ti mismo y tus suposiciones sobre el mundo. Sigue buscando espacios para dar y encontrarás que el mundo es abundancia de riquezas, entenderás que tu verdadera naturaleza no es más que un dar constante y placentero.

Tú creas tu realidad. Cada elección que haces la moldea. Crea tu vida como quieres que sea.

CAPÍTULO 14

Sexta Elección: Estar Presente *Aquí* y *Ahora* (cuando quieras estar en otro lugar)

"Mucha gente está viva, pero no tocan el milagro de estar vivos."

—Thich Nhat Hanh, maestro Zen de Vietnam.

Estar vivo, estar presente

Estar presente es lo mejor que puedes hacer por tu vida. Significa que te puedes enfocar, ser feliz, claro y creativo; que puedes dar el 100% de lo que sea que hagas. Cada parte de tu vida se beneficia cuando estás presente para ella.

Estar presente significa que puedes manejar, y finalmente, terminar con todo el estrés, la ansiedad, el agobio, el juicio, el enojo... con toda la negatividad.

Significa que puedes estar tranquilo y contento, sin importar las circunstancias. Cuando otra gente pierde la cabeza... tú la mantienes.

Puedes ser libre de los patrones reactivos y las reacciones explosivas. Quiere decir que tienes una elección, bastante real, sobre lo qué haces y cómo vives tu vida.

Al estar presente, la vida se vuelve más fácil y disfrutable. La vida tiene sentido cuando estás vivo, *aquí* y *ahora*. La vida toma un propósito más profundo cuando te presentas ante ella. Te muestras ante lo que es real. No a un recuerdo, un deseo o un miedo, sino a la realidad, a esto.

Estar presente es muy simple. No hay nada más sencillo. Sólo despierta, vivo, aquí, en el mismo lugar en el que está tu cuerpo.

Deja de deambular por la vida, vive presente, vive vivo.

No dejes que la vida se te escape

> *"La vida es lo que sucede cuando estás ocupado haciendo otros planes."*
>
> —John Lennon, músico, cantautor y activista por la paz.

La vida es muy chistosa. Está sucediendo justo en este momento y la mayoría de la gente no es consciente de ello. Se pierden de la vida misma, pensando y planeando algún otro momento, ese en el que creen que sucederá la vida.

Mucha gente cree que otro momento será mejor o más importante que este. El *ahora* es ignorado al ser percibido como la transición a un mejor o más importante que este, como un paseo en camión que debes aguantar hasta que finalmente 'llegues'. Cada día está lleno de planeación y de esperar ese 'mejor' momento. Mientras tanto se nos escapa este momento... que termina siendo la vida entera.

> *"La mayoría de la gente trata el momento presente como si fuera un obstáculo que necesitan superar. Esta es una manera disparatada de vivir ya que el momento presente es la vida misma."*
>
> — Eckhart Tolle, maestro espiritual y escritor alemán.

¿Haces eso? ¿Tu vida está pasando frente a tu nariz mientras tú estás en algún otro lugar? ¿Estás viviendo esa locura? A menos de que estés presente y vivo para la vida, para este momento, te estás perdiendo de todo. Es algo que necesitas hacer muy, muy pronto.

Te quiero preguntar: ¿Qué se necesita para que despiertes?

¿Qué se necesitará para que entiendas que la manera en que estás viviendo tu vida significa que está terminando, un momento a la vez? Mientras tanto, tú estás en otro lugar, perdido en tu cabeza: pensando, planeando, prediciendo, lamentando y reaccionando.

¿Cuándo dejarás de desperdiciar la vida, perdiéndote en el pasado o en el futuro, deseando, soñando con estar en cualquier otro lugar menos en este?

¿Cuándo comenzarás a sacarle el mejor provecho a cada momento y a vivir tu vida con frescura, en este momento?

¿Vas a esperar hasta tu lecho de muerte, viendo en retrospectiva y dándote cuenta de que no te queda tiempo, que ya no puedes posponerlo?

Despierta a tu vida, tómala en tus manos y anda.

Vive tu vida plenamente. Se requiere muy poco, sólo tu atención en este momento. Un sacrificio tan pequeño, el acto de dar, y que te da tanto.

¿Si no eres tú, quién? ¿Si no es ahora, cuándo?

¿En dónde estás?

La mejor manera de vivir una mejor vida es pasando el mayor tiempo posible en el mismo lugar que tu cuerpo.

Puede sonar chistoso, pero los humanos somos los mejores viajeros en el tiempo. Estamos en todos lados menos en este momento, siempre estamos en el pasado o el futuro. Vivimos en todos lados menos en nuestros cuerpos, y pasamos una gran cantidad de tiempo en nuestras cabezas.

Descubrirás que te vuelves mucho más eficiente y, aún más importante, te disfrutas a ti mismo mucho más cuando sólo estás vivo para este momento.

Estar por completo en tu cuerpo es la razón por la que disfrutas lo que más amas, ya sea jugar golf, tejer, escalar, tocar música, hacer ejercicio o sólo estar sentado... observando.

Cuando haces estas cosas, te haces presente. Te sales de tu cabeza, tus sentidos se expanden y te vuelves consciente.

Te adentras en la tarea y en este momento. Te cautiva, te aviva. Te vuelves Vivo. Entras en la 'Zona'. Trasciendes el ruido de la mente a cambio de una experiencia de paz interna; todo se vuelve silencioso, tranquilo, completo y simple.

Pero esta experiencia no se trata de lo que estás haciendo o en donde estás. En absoluto. Siempre pensé que el practicar kayak me traía mucha felicidad porque era al aire libre, en la naturaleza, además era osado, emocionante y físicamente demandante. Y sí es todas estas cosas, pero, finalmente, la experiencia de estar en la Zona no se debía a que estuviera en un río, sino que estar en el río implicaba que dejara de pensar tanto y me enfocara a estar en el *aquí y ahora*.

Hacer kayak era una forma de distraerme de mi mente; implicaba soltar la historia de mi vida. Mi vida estaba en otro lugar, pero el *ahora* era ahora. ¡Practicar kayak era 'mi tiempo personal'! El desafío adicional conllevaba el tener que enfocarme por completo en este momento; mi preocupación por las cuentas o la discusión con mi novia se volvían irrelevantes; de no ser así, mis amigos o yo saldríamos heridos.

¿No es interesante?

Tu amor por aquello que haces crece, en gran medida, porque te da la experiencia de estar completamente presente y vivo, absorto e inmerso en la tarea y en el momento. Se trata de adentrarse en la paz interior, en medio de la actividad que más te trae felicidad y satisfacción.

En un estudio reciente, se observó a un grupo de personas y se descubrió que, en promedio, pasaban el 47% de su día divagando mentalmente. Es decir, la mayoría de la gente pasa casi la mitad de su día soñando despiertos. Las personas pasan la mitad de su vida soñando.

Cuando se les preguntó qué tan satisfechos o contentos se consideraban, se descubrió que la felicidad no tiene *nada* que ver con las actividades en las que los sujetos estaban involucrados. Uno se imaginaría que una tarea interesante o absorbente te daría mayor felicidad, pero no. La realidad es que la satisfacción no está relacionada con la tarea, sino con qué tan enfocado y presente se encuentra el sujeto.

¿Quieres estar más satisfecho, contento y feliz? ¿Quieres vivir de forma fluida? Vuélvete más presente.

Conforme he aprendido a volverme más presente, he descubierto que puedo tener la misma plenitud, enfoque y satisfacción mientras lavo los trastes o estando en el río.

Quizás estar al aire libre me da ese toque extra que siento cuando hago lo que me gusta, pero ¿y la sensación de estar vivo, absorto, completa y totalmente presente en este momento? Todo eso está disponible ahora, en cada momento que lo elijo, sin importar lo que esté haciendo.

Incluso, si llevas una vida increíblemente ocupada, sólo puedes hacer una cosa a la vez, así que hazlo. Permanece completamente absorto en eso, en *este momento*. No lo hagas a medias mientras piensas en que quieres hacer a continuación. No estés en otro lugar.

Existe aquí, plena y completamente, en el mismo lugar en el que está tu cuerpo. Es la única manera de vivir una vida Viva.

Imagina que este es el único momento que existe

A un amigo mío, maestro de meditación de los Ishayas de The Bright Path, le encanta decirle a sus estudiantes que imaginen que este es el único momento que existe. Los está llevando a explorar lo que ocurre cuando asumen que no hay otro momento en el tiempo, sólo ahora.

¿Qué tal? ¿Qué pasa cuando haces esto, cuando asumes que el *ahora* es lo único que tienes, cuando sueltas y te presentas a esto, a lo que está aquí, a lo que está ahora? ¿Qué experimentas cuando lo haces? Esto implica que tienes que lidiar con eso justo ahora, que estás suspendiendo el control de todo lo demás, todo lo que no está aquí. ¡Que alivio!

Si eres como la mayoría de la gente, pasas mucho tiempo reviviendo el pasado, regodeándote en glorias y arrepentimientos pasados, o anticipando el futuro, soñando con un mejor momento venidero, preocupándote por las cosas que aún no han ocurrido, o intentando controlar o predecir el futuro.

Revivir recuerdos pasados, o soñar sobre el futuro, puede ser placentero en ocasiones. Pero pensar en el pasado o futuro es la fuente de toda la ansiedad, preocupación, resentimiento, culpa, arrepentimiento y frustración. Permanecer en el pasado o en el futuro es la causa de *todo* tu estrés y dificultades.

Si imaginas que este es el único momento que existe y te mantienes presente, si te sintonizas con este momento, te relajas y liberas, no puedes estar presente y repasar lo que pasó o lo que podría pasar, es imposible. Se abre un espacio en ti, alrededor de ti, algo que probablemente no habías notado antes.

Cuando te sales de tus pensamientos descubres que todo está bien. Nada puede estar mal cuando lo sueltas todo y das tu atención completa a este momento. La vida se vuelve extraordinariamente fácil y simple cuando la tomas un momento a la vez. Justo ahora... y ahora... y ahora... Satisfaciendo la necesidad del momento, libre de cargas del pasado o del futuro.

Estás aquí. Estás aquí realmente. No te preocupes por nada más.

En verdad, honestamente, si pudiera darte una cosa, sería el hacerte ver lo pacífica, feliz, disfrutable y eficiente que es la vida justo aquí.

Como bellamente dijo el maestro espiritual Eckhart Tolle:

> *"Si el interior está bien, el exterior lo estará también. Tan pronto como honres el momento presente, la infelicidad y la lucha se disolverán, la vida comenzará a fluir con gozo y facilidad... Lo que sea que hagas, aún la acción más simple, estará inculcado en un sentido de calidad, cuidado y amor."*

Regresa cuando lo hayas olvidado, y cada vez te resultará más fácil permanecer aquí, ahora.

Una vida presente, libre de sufrimiento

No existe problema aquí, ahora, en este momento. De verdad. Todo tu sufrimiento se desvanece cuando te sumerges por completo en la presencia del ahora... **Todo**.

Esta es una grandiosa y atrevida idea que podría ser odiada por tu mente, pero eso no la hace menos cierta.

Investiguemos: asumamos que este es el único momento que existe; vuélvete súper presente, sé consciente del ahora, inocente y fresco. Suelta todas las expectativas, insistencias, resistencias y sólo encara este momento tal y como es. Sintonízate, entrégale a este momento todo tu ser.

¿Qué más necesita tu experiencia de este momento?

Nada, es plena, abundante, completa. El *ahora* no requiere nada, no hay nada mal... cuando estás *completamente* ahí.

Puede ser que tu mente aún se rebele e intente negar tu experiencia del *ahora* con un *"Sí, pero..."*, por ejemplo: *"Sí, pero... ayer estaba lleno de miedo, enojo, tristeza"*, o *"Sí, pero... mi hija está hospitalizada de gravedad, en este momento, y eso me tiene muy ansioso"*, o *"Sí, pero... mañana tendré una conversación muy difícil con mi jefe y estoy preocupado."*

Uno de los trucos más grandes de la mente es convencerte de que las causas del miedo, la preocupación y el sufrimiento están en el presente, de que son reales en este momento. Sin embargo, tu mente está en todos lados menos *aquí*. Constantemente intenta arrastrarte hacia algún otro lugar u otro momento. El sufrimiento se vuelve real sólo cuando lo sigues.

Cuando estás completamente presente no existen el sufrimiento, la sobrecarga, el agobio, ni las reacciones ciegas. Tu mente te dirá que eres irresponsable y despreocupado si dejas ir los eventos y desafíos de otros momentos y lugares para experimentar el lugar en el que está tu vida, el único lugar en el que puedes actuar, aquí y ahora.

No permitas que tu mente te convenza.

¿Qué tan útil es estresarte y preocuparte por algo que no puedes resolver? ¿Qué tan responsable es estar tan absorto en el pasado o en el futuro que no puedes estar presente con la gente frente a ti? ¿Qué tan útil te es el sufrimiento? ¿Qué tan útil le es para cualquiera? No, no lo es.

Una vida habilidosa, feliz, compasiva y libre de sufrimiento es aquella en la que dejas ir todos los lugares y momentos para entregarte por completo a tu presente. ¡Ahí está la vida!

De nuevo, no me malinterpretes. No estoy diciendo que ignores tus retos y obligaciones estando presente, para nada. Estoy diciendo que realmente veas que los problemas están ahí, ahora, frente a ti. Observa cómo tu mente necesita eliminarlos de este momento e ir a otra situación que no está aquí, en el *ahora*. Observa todo este parloteo mental e ignóralo, en lugar de esto, da medio paso atrás y permanece presente, plenamente vivo.

¿Cómo haré planes?

Aquí viene la objeción más común: "*Sí, pero...*" objeción: "*Sí, pero ¿cómo planearé mi vida?*"

Aún harás planes para el futuro, y aprenderás del pasado, sólo que ahora eres capaz hacer y mantener distancia de todo ese procesamiento y planeación, del rumiar mental y emocional.

Esta distancia, o paso atrás, significa mantenerte en calma y claro, consciente y presente. Aún piensas, actúas y avanzas, pero no te pierdes en esto. Cuando terminas de planear, lo sueltas y avanzas a lo siguiente. Limpio y claro. Presente, enfocado, activo quizá, pero relajado.

En términos de bosquejar un futuro: te enfocas en este momento en el tiempo, conforme creas un plan, reservas los boletos y empacas tus maletas. Todo es como antes, pero con la crucial diferencia de no distraerse ni preocuparse, sin las dudas y todos los "*¿Qué tal si...?*", sin la inútil divagación mental ni las interferencias normales de cualquier plan. Entonces, una vez que has hecho el plan, lo sueltas. Listo, ya estás presente y apto para lo que sigue.

Es, exactamente, la misma diferencia entre ser utilizado por tu mente y que seas tú quien usa a la mente.

La mente es una excelente herramienta, pero si eres como la mayoría de la gente, es una herramienta de la cual ya perdiste el control.

El problema no es pensar, sino el ser incapaz de hacerlo. El problema de la humanidad no es que no podamos 'desterrar' cierto patrón de pensamiento en particular. No podemos soltar y enfocarnos en lo que sí nos queremos enfocar. Nos perdemos y atascamos en tanto pensar, que somos incapaces de distanciarnos de una mente ocupada, preocupada, arrepentida, negativa, enojada y frustrada. Puede ser increíblemente difícil. Como dijo el emprendedor y nominado al Premio Nobel de la Paz, Bryan McGill:

*"Tus propios pensamientos son los peores abusadores
con los que te encontrarás en la vida."*

Y puede que no te des cuenta cuando esto sucede, todo parece 'normal'.

Volverse presente no evita que vivas, al contrario, te permite vivir y dejar atrás todo el embrollo mental que te evita elegir por la calma, el enfoque o la felicidad a voluntad. Es soltar todo el enredo mental que te causa sufrimiento, que te limita y que no te permite vivir la vida que quieres.

Estar presente significa que te das cuenta de aquello sobre lo que tienes control, y sobre lo que no. Te muestra cuándo te estás resistiendo a la innegable realidad, o cuándo puedes avanzar y hacer un gran cambio. Dimensionas lo absolutamente inútil, debilitante y destructivos que son algunos patrones mentales, y que eres capaz de ignorarlos cuando tú quieras.

Te plantas firmemente en este momento en el tiempo, no como una transición a otro mejor momento, si no a vivir en el único lugar en el que te encuentras, justo aquí, justo ahora. Eso es todo.

Así que, ¡imagina! Imagina que este momento es lo único que tienes. Puedes, y debes, planear a futuro, pero date cuenta de que *ahora* es el único lugar en el que puedes estar vivo.

¿Sabes por qué no pasas tanto tiempo en *este momento*?

¿Alguna vez has sentido que estás luchando contra una mente constantemente activa? ¿Una a la que no puedes callar? ¿Una que no puede dejar de pensar en formas en las que no quieres pensar? O, ¿que no deja de revivir momentos pasados que quieres olvidar? ¿Una que te arranca del *ahora*, sin importar qué tan buenas sean tus intenciones de quedarte aquí?

¿Sientes que has sido entregado a tu mente, en lugar de que la mente te haya sido entregada a ti?

Por supuesto, eres humano.

El problema más grande que tiene la humanidad es el luchar contra su propia mente. Si le preguntas a cualquier persona, con conciencia propia al respecto, puede que te diga que les gustaría eliminar gran parte de sus mentes. Vi un estudio reciente que mostró que un gran número de personas preferirían lastimarse a sí mismos, dándose choques eléctricos, que sentarse solos con sus pensamientos.

Tu mente nunca descansa. Nunca está contenta y puede ser muy abusiva. Siempre está activa, eso es lo que hace. Puedes encontrar un poco de calma y felicidad, y de pronto tu mente ya se fue a buscar lo que sigue. Tu mente no puede estar contenta porque siempre está de cacería.

Si la mantuvieras avivada con tu atención inconsciente constantemente, tu mente no haría más que buscar fuentes de problemas y angustias. Te recordará todos tus errores y reforzará todos tus defectos. Saltará de una fuente de ansiedad a la siguiente, o a la culpa, o a la preocupación; una interminable serie de detonantes, de una esperanza a la otra. No es de sorprender que sea difícil encontrar paz, presencia y felicidad duradera.

El problema de pensar demasiado es que, a través del hábito, hemos permitido que la mente se vuelva la jefa. Has permitido que la mente se ponga detrás del volante, y se ha salido con la suya: prediciendo, adivinando, revisando, preocupándose, dudando, comparando... El circo completo.

Esto no es relajante de ninguna manera, tampoco es eficiente. Debido a que la mente nunca está presente, rara vez te puedes enfocar en satisfacer las verdaderas necesidades de este momento. Rara vez estás presente en la vida.

Para tener la vida más plena y abundante posible, necesitas aprender a ser el jefe de tu mente. Eso no significa cerrarla o callarla, sino darte cuenta de qué es la mente, y tener una perspectiva más grande y diferente.

No eres lo que crees que eres

Crees que eres el contenido de tu mente, pero en realidad, eres mucho más grande que eso.

Eres consciencia.

Eres consciencia ilimitada, abundante, plena, quieta, libre, vibrando con potencial. Aún así, por hábito y falta de conocimiento, te conviertes en eso que se adhiere a tu consciencia.

Si tienes un pensamiento feliz, y lo crees, te vuelves feliz. Si tienes un pensamiento de ansiedad, y lo crees, te vuelves ansioso. Si piensas *"Sí puedo hacerlo"* y lo crees... ¿qué crees que pasa? En efecto, sí puedes. Si piensas *"Estoy gordo"* y lo crees, esa será la forma en que te experimentarás, sin importar lo falso e inútil que sea.

Es probable que te vuelvas creyente de cualquier pensamiento en el que te enfoques lo suficiente. Enfocarte en el pensamiento *"Soy Jesucristo"* no te convierte en él, pero puede que adquieras un complejo mesiánico.

Por mucho tiempo, lo único que has notado son los mismos viejos trucos de la mente flotando en tu cabeza. Estás tan involucrado en los detalles que no ves nada más. Notas el contenido, pero rara vez el contexto. Las palabras, pero no la página. Es como notar un pez nadando, pero no el agua.

El mundo es un lugar enorme y maravilloso, pero si te concentras en tus pensamientos, eso será lo único que verás. El problema es que estás tan cerca y tan perdido en ellos, que no los ves claramente, no eres completamente consciente de lo que te están diciendo. Crees que eres tus pensamientos y te conviertes en lo que te dicen. Definen y filtran todo, son los lentes que dan color a lo que percibes. Son las creencias que dictan quién eres y quién no, de lo que te vuelves consciente y de lo que no.

El maestro espiritual, Anthony de Mello, escribió:

> *"El pensamiento puede organizar el mundo tan bien, que dejas de verlo."*

Buda dijo algo parecido:

> *"Somos lo que pensamos; todo lo que surge con nuestros pensamientos. Creamos el mundo con nuestros pensamientos."*

Cambia tu mente, cambia el mundo... ¿ya dije eso antes?

Distánciate de tu mente y pasará algo especial: comenzarás a ver con claridad, inocencia, calma y completa consciencia. Tendrás la experiencia directa del campo de consciencia más allá de tus pensamientos. Experimentarás tu contexto, lo que es real y no cambia, tal como es; sin luchar, sin ningún esfuerzo.

Es ahora cuando comienzas a ser el jefe de tu mente. Es tan sencillo como ser quien realmente eres.

Dando un paso más allá

No es necesario gastar tu valioso tiempo y energía para adquirir paz y felicidad duraderas, sin forzar tu enfoque. No hay que forzar a la mente para que se calle. No necesitas cambiarla, en absoluto.

Lo único que se requiere es crear distancia, de manera relajada, y desapegarse de la montaña rusa del pensamiento. Ciertamente, es de gran ayuda el encontrar buenas herramientas como la meditación, si es que no lo has hecho ya.

Es sutil, pero increíblemente importante. El cambio del que hablo aparece cuando dejas de enfocarte en los pensamientos y te hace presente y consciente. Al crear esa distancia, generas un sentido de calma y espacio. Observa el panorama completo; comparada con esto, la mente se vuelve pequeña y silenciosa.

Comprendes que *tienes* una mente y *tienes* pensamientos, así como el océano tiene peces, pero no eres ninguno de ellos. Así como el océano no tiene razón para luchar con los peces, tú no tienes razón para luchar con la mente. Deja de enfocarte en los pensamientos y serás libre de estar luchando. Serás independiente de la mente.

Comienzas a estar feliz y satisfecho. Esta fuente de gozo y dicha no estaba muy lejos; sólo eras tú quien estaba distraído, escuchando a tu mente intentando ser útil, diciéndote cualquier cosa.

Estás listo, gentilmente enfocado, alerta, preparado para cualquier cosa y para todas las posibilidades.

Puedes satisfacer las necesidades de este momento porque no estás absorto en el diálogo mental sobre el momento anterior o el siguiente. Puedes dirigir tu atención a cualquier cosa que desees, no sólo en lo que la mente te dice que es importante.

Si te conviertes en el jefe de tu mente, eres libre.

Libre de poner tu atención en lo que desees, libre para elegir y seguir lo más importante para ti, tu mayor deseo. Libre para mostrarte, por fin, frente a la vida y para participar de lleno en ella.

Principalmente, eres libre para descubrir quién eres en realidad.

Conócete a ti mismo

¿Eres consciente de que tienes voces en tu cabeza... con las cuales hablas todo el tiempo? Si al leer ese enunciado pensaste *"¡Qué sarta de boludeces! Yo no tengo ninguna voz, ¡no hablo solo!"*, bueno, precisamente a eso me refiero.

No hay de qué avergonzarse por hablar solo, la verdad es que todos lo hacemos todo el tiempo. Tienes un equipo de consultores, mentores y consejeros en tu cabeza, así como al equipo completo: los animadores y los detractores, los genios y los tontos del pueblo.

Sin embargo, si quieres paz mental, liberarte del estrés y vivir el 200% de la vida, necesitas hacerte consciente de que esa voz en tu cabeza es simplemente eso: una voz, algo pasajero, no necesariamente cierto.

Cuando no eres consciente no tienes elección. Obedeces, haces y reaccionas según la voz que esté al mando en el momento. Has sido tan íntimo con la voz de tu cabeza por tanto tiempo, que parecería que no tienes opción, simplemente haces lo que te dice. Una cosa es que la voz te diga *"Tengo hambre"* y otra completamente diferente cuando le crees a la voz que dice *"No puedo"* o *"Soy estúpido"*. Si acaso, la más engañosa es la que ordena los 'Debería'.

En la consciencia tienes una elección.

Cuando eres consciente de la voz en tu cabeza, la vida deja de ser el constante hábito de reaccionar *"como siempre lo he hecho"*, y comienzas a basarte en elecciones creativas, viviendo tu vida con sensatez. Te vuelves prudente con los patrones y hábitos, restrictivos y limitantes, eligiendo elegir algo diferente.

La palabra clave siempre es 'elección'. Hacerlo no requiere de esfuerzo, ni que tu mente se calle o desaparezca; sólo tienes que notar lo que está ahí y cambiar tu atención a algo diferente.

Intenta esto

Date un momento, aunque sea sólo un par de minutos, detente y observa tus pensamientos; vuélvete consciente de ellos, déjalos ir y venir, cuéntalos, enuméralos como si estuvieras contando nubes en el cielo.

No lleves la cuenta, te vas a confundir.

No tiene que existir una reacción para cada pensamiento; puede ser solamente un número que surge y se desvanece de regreso al lugar de donde sea que haya venido. No porque lo pienses quiere decir que sea cierto. Un pensamiento puede ser simplemente una idea, una etiqueta, una interpretación, una opción o una energía pasajera.

¿Tiene sentido?

Por ejemplo, no necesita haber una conexión entre un 'mal' pensamiento y una emoción negativa. No tienes que elegir sentirte mal, podrías decidir observarlo y dejarlo ir.

No porque tengas pensamientos significa que eres esos pensamientos. El que puedas estar consciente del contenido de tu mente quiere decir que eres más que ese contenido. Tus pensamientos no necesitan definir o limitar quién eres. De ser así, si no eres tu mente, si no eres tus creencias, si tienes una elección... ¿Entonces, qué eres? ¿Qué más existe cuando, en consciencia, das ese medio paso hacia atrás?

Despierta y descúbrelo. Conócete a ti mismo.

Vale la pena hacerlo. En mi opinión, dos de las preguntas más importantes para cualquier persona son: "*¿Quién eres?*" y "*¿Cómo quieres vivir?*"

Cualquiera que sea tu respuesta, no vivas a ciegas. Siempre hay más detrás de las voces. Siempre existe la opción de elegir, **siempre**.

La práctica de estar *aquí, ahora*... siempre

> *"El propósito de la vida es vivir, y vivir significa consciente, gozosa, embriagante, serena y divinamente consciente."*
>
> — Henry Miller, novelista estadounidense.

¿Quieres ser capaz de elegir estar presenten en el momento que lo desees? ¿Poder trascender la duda y el miedo, y mantener el enfoque sin esfuerzo? ¿Quieres ignorar la ansiedad y el desasosiego? ¿Ser capaz de crear nuevas programaciones en tu mente, que no te lleven hacia la culpa, la frustración o la furia?

¿Quieres descansar, recargarte de energía, recuperarte rápidamente y disfrutar de un sueño mejor y más profundo? ¿Quieres más gozo? ¿Tener la capacidad de elegir paz, felicidad, calma y enfoque a voluntad? ¿Quieres descubrir ese espacio tranquilo, silencioso, lleno de presencia, libre de los altibajos de la mente y de las emociones?

Si en verdad eso es lo que quieres, necesitas aprender a meditar; es crucial para el libre albedrío. Es la herramienta clave que te dará mayor consciencia. Hay muchos disparates y muchos malentendidos en torno a qué es la meditación, lo que evita que una gran cantidad de personas realicen en algo que realmente podría salvar vidas.

La meditación te da la habilidad de ser libre, de no atascarte en tus pensamientos o emociones. Te da la habilidad de mantenerte distanciado de todas las voces en tu cabeza. Es elemental para vivir al 200%.

A través de la meditación desarrollas la habilidad de atestiguar con pureza, de permitir que los pensamientos y emociones vengan y vayan. Te da perspectiva y claridad, así como la habilidad de mantenerte a flote y de no ahogarte en el embrollo negativo, abrumador y dañino de la mente.

Optimizas la habilidad de elegir en qué te quieres enfocar y aprendes a disfrutar cada aspecto de tu vida y a estar completamente presente y vivo en el *ahora*, desapegándote completamente de un pasado y un futuro sobre los cuales no tienes control.

Seguramente, habrá pensamientos negativos, preocupaciones o dudas. La meditación no trata de desterrarlos, únicamente los deja estar ahí, sin enfrascarse en ellos. Están ahí, pero no son tú. Ya no te pierdes en eso, y si lo haces, puedes decidir soltarlo de manera inmediata, simple y sin esfuerzo.

La meditación en acción es cuando tomas esta habilidad de no reaccionar en la vida diaria. Digamos que algo no resulta como quisieras y, sin embargo, eres capaz de mantenerte ecuánime, calmado y claro, de ver qué puedes hacer (si es el caso) acerca de una situación. Ya no te enfrascas en el drama. Estar calmado y en paz es mucho más disfrutable, y sabes cómo elegir esta opción. El drama pierde todo sentido.

Rompes las cadenas de reacción. Cuando alguien dice o hace algo, ya no eres jaloneado de un lugar al otro, como un mono encadenado. Renuncias a tu boleto para la montaña rusa y la vida se vuelve un momento súper estable, disfrutable, y efectivo. El gozo y la felicidad son una contundente respuesta ante la vida.

Eso es bueno. Esto también es bueno. Todo es bueno.

Desde esa claridad y calma llega la habilidad de vivir la mejor y más auténtica versión de ti mismo. Sólo se requiere es un poco de práctica y de compromiso con ser la mejor versión de ti.

Puedes hacerlo: es quien has sido todo este tiempo.

Así que, detente y tómate un descanso de querer controlar o resolver las cosas. Mantente presente y vivo en este momento. Observa la belleza de lo que hay aquí, de lo bueno que ya existe en tu vida.

¿Por qué querrías hacer el tiempo para aprender a meditar? Para convertirte en la consciencia misma, total y absolutamente vivo. Vale la pena.

El verdadero tú, más allá de la mente

La esencia de la meditación y del estar presente es cambiar tu atención, volverla a entrenar para mantenerla alejada de los pensamientos de tu mente, desvaneciendo el hábito de perderse y de creer en ellos. Es ejercitar 'el músculo de la decisión'.

Estar presente te da la habilidad de ser consciente y 'desapegarte' del pensamiento, dándote la libertad de poner tu atención en lo que deseas.

Ser indiferente a las objeciones, dudas, preocupaciones y distracciones de tu mente, y sólo estar presente, con inocencia, significa que dejas atrás toda noción de 'lo que debe ser' y entras a la experiencia de 'lo que es'. Ahí reside la práctica de total aceptación y enfoque de forma gentil, fácil, con paz, gozo y todo lo demás que viene cuando renuncias al drama de la mente.

Más allá de esto, entre más te sintonizas con el *ahora*, más tranquilo, descansado y relajado se vuelve el sentido de consciencia o presencia (o la palabra que uses). Te estás familiarizando con el contenido de tu mente, pero lo más importante es familiarizarte cada vez más con tu propia presencia, tu propio estado de ser más allá de cualquier pensamiento o sentimiento. La consciencia de ir del contexto al contenido; la consciencia, tu núcleo.

Es difícil describir en un libro el estado natural en el que naciste. ¿Cómo describes tu propia presencia? ¿Como el espacio silencioso de *ser* que podrías reconocer de vez en cuando? ¿Como la experiencia de tu existencia, tu vitalidad o ese sentido tácito y no pensado de *Yo Soy* dentro de ti?

Las palabras no le hacen justicia a la experiencia.

Es un poco como intentar describirle a alguien un color o el sabor de alguna comida. La experiencia de cualquier cosa va más allá de cualquier palabra; las palabras son sólo punteros. Y eso es importante. Puedes pensar al respecto, y tener una idea, o puedes saltar y descubrir la experiencia.

¿No sería agradable si pudieras sumergirte en esta experiencia, estar presente y consciente fácilmente, terminando el sufrimiento y sólo estando tranquilo, divertido, enfocado y libre?

¡Exacto!... Bastante agradable.

Hacer de la meditación una prioridad, y estar presente dándote el tiempo para practicar y familiarizarte más con esto, vale oro. Es la mejor cosa que puedes hacer para vivir el 200% de la vida.

La mejor manera de meditar de manera simple y sin esfuerzo

¿Cuál es la mejor técnica de meditación?

La respuesta más sencilla es: aquella que realmente lleves a cabo todos los días.

Hay miles de formas distintas de meditar. Intenta algunas y encuentra aquella con la que te acoples mejor; asegúrate de que sea sencilla y directa. Intenta también con ojos abiertos y cerrados.

Se puede aprender algo de las *aplicaciones* de meditación, de las páginas web o de libros sobre 'cómo meditar' son un excelente medio para introducirse en el tema. Pero nada se compara con la enseñanza personal.

¿Dijiste que la paz y la felicidad, en cualquiera de sus variedades, son lo más importante para ti? Si en verdad quieres encontrar la paz y la felicidad, búscate a un maestro, alguien que practique lo que predica, que viva al 200%, que esté vivo y en paz. No te conformes con menos.

Un maestro o coach que sabe de lo que habla es una ruta rápida en cualquier ámbito de la vida. La meditación no es la excepción. Consigue a alguien que pueda guiarte, ellos saben lo que están haciendo.

Una técnica de meditación válida es muy valiosa porque enfocará la mente con muy poco esfuerzo.

No todas las técnicas de meditación son iguales. Pasa como con los carros: algunos son rápidos, divertidos y fáciles de conducir, otros no. La técnica tiene que ser sencilla. La verdad es simple, si no, no es verdad. La búsqueda vale la pena.

Yo te recomiendo, abiertamente, aprender las técnicas de meditación de la Ascensión de los Ishayas de The Bright Path, las cuales practico personalmente (cada día, desde el 2003) y amo enseñar. Pero, estoy siendo honesto en mi deseo de que encuentres maestros y una enseñanza de calidad. Puedo avalar a los Ishayas de The Bright Path y su integridad, con la mano en el corazón. No sería un Ishaya de no ser así. Encuéntralos y aprende la Ascensión.

Ascender puede ser la técnica de meditación más simple y más poderosa en el universo. Debido a que la puedes usar con los ojos abiertos, puedes aprender a ser claro, tranquilo, feliz, fluido y libre durante todo el día.

Yo tenía tiempo meditando, pero cuando aprendí la Ascensión fue como si se hubiera encendido la luz después de estar dándome de topes s en la obscuridad. Así de grande es la diferencia.

Si en verdad quieres experimentar paz y felicidad absolutas e inquebrantables por el resto de tu vida, sin importar las circunstancias que estés viviendo, necesitarás más de lo que cualquier libro puede ofrecerle. Encuentra un profesor. De hecho, encuentra un profesor de The Bright Path.[8]

Lo que sea que decidas hacer, sólo siéntate y sé el centro de todo, observando, notando, siendo consciente, sólo por este momento. Tal como un niño se puede sentar y observar con inocencia, así lo puedes hacer tú. Y así lo harás, especialmente con la práctica.

Este momento es el único en el que puedes hacer algo. El pasado ya se fue, el futuro aún no llega. Sólo mantente aquí, en medio del momento.

Aquí no hay problemas, todo está bien. Disfruta.

---

[8] Visita *www.thebrightpath.com*

Sólo hazlo

> *"Los asuntos del mundo continuarán por siempre.*
> *No retrases la práctica de la meditación."*
>
> —Milarepa, yogi tibetano.

Yo sé lo grandiosa que es la meditación y el ser consciente de la presencia del ahora, sobre todo cuando se practica de manera regular, todos los días. La única forma que tienes de saberlo es probándolo tú mismo.

Si estás comprometido encontrarás el tiempo.

Cuando practicas de manera regular, los beneficios se vuelven evidentes, por lo que tu compromiso generará una inercia propia. Pero, para llegar a ese punto primero necesitas comenzar.

Si haces de la meditación y el estar presente una prioridad, tu prioridad, encontrarás una infinidad de oportunidades para hacerlo durante el día. ¿Qué porcentaje de tu día te dedicas a, digamos: divagar en Facebook, ver Netflix o leer algún libro? Si la paz y la felicidad son una prioridad en tu vida, querrás hacer un tiempo para ello. Estás haciendo aquello que es importante para ti, en lugar desperdiciar el tiempo en cosas que no son tan importantes.

Practica: tu compromiso con la paz, la felicidad, con dejar el sufrimiento atrás, se ve reflejado en lo que haces de manera regular. La práctica es la clave. Si es importante, hazlo todos los días. Probablemente no necesite decirte lo poco común que es practicar lo que se predica en este mundo. Es inusual, pero es lo único que te dará los resultados que quieres.

Haz de tus momentos de práctica una parte esencial de tu lista de 'pendientes'. Agéndalos en tu calendario. Comprométete con estos momentos, no permitas que se conviertan en esas actividades de *'Cuando tenga tiempo'*. Haz de la meditación un compromiso definitivo. De esta manera, vivir al 200%, vivir lo que es realmente importante para ti, se vuelve una realidad en el menor tiempo posible. ¿No sería esa una maravillosa manera de vivir?

Una pequeña cantidad de compromiso y listo.

Obteniendo un oasis de claridad y calma

Cuando recién comencé con la Ascensión de The Bright Path, estaba ocupado. Como instructor al aire libre, mis días estaban llenos, eran siempre diferentes, cambiando de un momento al otro. Pero como la paz era una prioridad para mí, y viendo los resultados definitivos de este compromiso, comencé a darme cada vez más tiempo a mí mismo.

Quizás eran diez minutos durante la hora de la comida, detrás de un árbol, o cuando un grupo llegaba tarde; lo que fuera, cuando fuera, siempre encontraba el tiempo para hacerlo. Sacrifiqué algunas cosas, como el tiempo con mis amigos o el no socializar tanto, pero valió la pena.

Encontrar el tiempo creó un pequeño 'oasis' de paz, calma y claridad; pequeños momentos a lo largo del día para desapegarme y recargar batería. Entre más energía, más diversión. Sentí que era un mejor maestro y un mejor guía. No llegaba a casa destruido después de un largo día; podía 'apagarme' y bajar el interruptor, en lugar de quedarme pensando hasta tarde en lo que había pasado durante el día.

Eso era una señal de que la paz y la claridad no eran sólo unos momentos después de mi práctica matutina. Me 'sintonicé' con regularidad hasta que la sensación de energía y una buena actitud, presencia y diversión, se volvieron la norma a lo largo de mi día.

Claro, de vez en cuando me topaba contra la pared, o me frustraba con algún grupo o con colega, pero tenía cómo hacer frente a esto. Entre más constante era con mi práctica de Ascensión, le daba menos importancia a este tipo de situaciones.

La práctica regular, a lo largo de tu día, te aporta muchísimo, no podría explicarte cuánto.

Calma y claridad para ti y para todos

Recuerdo que platiqué con una mujer que quería dejar de estar tan estresada. Ella, al igual que muchas madres, se agotaba a sí misma corriendo todo el tiempo, presionándose mucho y constantemente, y todo para poder darle lo mejor a sus hijos. Sin embargo, a los cinco minutos me estaba diciendo que 'necesitaba' estar estresada porque eso demostraba que se preocupa por sus hijos. No podía darse tiempo para sí misma porque sería 'egoísta'.

Este es un punto muy importante. La meditación, el estar *presente*, consciente y libre de estrés, no te vuelve egoísta, sino que es crucial para todos a tu alrededor. Ese tiempo es para que te reconectes, recargues tu batería, conozcas tu verdadero estado de paz y claridad... para que te conviertas en la mejor versión de ti.

Verás cómo tu vida entera cobra mayor un sentido y se vuelve más fácil después de, tan sólo, diez minutos de práctica con ojos cerrados. Realmente, sólo puedes ayudar a otros desde este espacio de calma, claridad y vitalidad.

No eres egoísta en lo más mínimo. Es la cosa más generosa que puedes hacer.

Darte tiempo a ti mismo significa que, efectivamente, puedes dar desde un lugar de plenitud y vitalidad.

Vale la pena repetirlo: **todos se benefician cuando estás al 100%**.

Es más divertido estar contigo porque te vuelves más agradable y pacífico. Cuando estás con la batería baja, estás a medias, nadie gana. No puedes dar lo mejor de ti. Surgen el resentimiento y la culpa, te vuelves enojón, te gotas y te agobias.

No tiene por qué ser así. Tómate el tiempo de darte a ti mismo, para que puedas dar a los demás.

Te lo agradecerán.

Creando el punto de referencia de la paz

> *"Lo que plantamos en la tierra de la contemplación*
> *será recolectado en la cosecha de la acción."*
>
> — Meister Eckhart, teólogo y místico alemán.

Para ser claros, la meditación necesita ser *vivida*. Hace una diferencia en tu vida cuando es la base para la acción, permitiéndote vivir plenamente, desempeñándote a tu máximo potencial.

Estar presente y consciente con los ojos abiertos, cuando estás activo, es esencial para la práctica misma. Sumergirte en la presencia del *ahora*, con tus ojos abiertos y cerrados, es hacer una elección decisiva para asegurarte de que tu paz y tu felicidad sean una realidad permanente.

Verás, cuando la paz es una prioridad consciente, los momentos en que 'no estás' calmado, claro o contento; cuando comienzas a confundirte, a estar frenético e insatisfecho, se hacen obvios. La práctica regular de *estar presente* en el *ahora*, con ojos abiertos y cerrados, crea el punto de referencia de la calma. Se vuelve más fácil saber cuando comienzas a alterarte y necesitas crear distancia.

Sin este punto de referencia, el estrés se apodera de ti. En ocasiones, no eres consciente de lo tenso que estás porque el estrés se va acumulando poco a poco, la muerte de las mil cortadas. No eres consciente de lo sobrecargado que estás, hasta que se derrama la última gota y te quiebras, literal. Como cuando se quiebra la espalda baja (una lesión psicosomática común causada por el estrés) o pierdes el control y le gritas a la persona que, con frecuencia, es quien menos lo merece.

Si eres constante en tu elección por regresar a estar *presente*, detenerte y meditar, entonces estás regresando a la calma y a la claridad constantemente. Le estás enseñando a tu cuerpo y a tu mente que esta es la nueva norma. Significa que se vuelve más fácil regresar a tu línea de saque durante el día.

Si pierdes el control, puedes dejarlo ir y regresar fácilmente. Entre menos te enfureces, menos necesitas disculparte y tu cuerpo sufre menos tensiones por el estrés. Todos están contentos.

La clave está en la habilidad de actuar, de tener claridad en la elección, en lugar de reaccionar por hábito.

No hay nada mejor que la habilidad de cambiar el rumbo de tu vida, de manera consciente, en la dirección a la que quieres ir. No hay necesidad de ser prisionero de los altibajos de la vida. Quieres ser el capitán de tu propia nave, y puedes serlo; sólo se requiere práctica.

Saber cuando estás a punto de ir demasiado lejos

Cuando pierdes el control y explotas, pierdes la cordura, reaccionas y dices cosas de las que luego te arrepientes... No pasa por sí solo, la inercia ha ido aumentando desde hace un tiempo, pero no te vuelves consciente de ello, hasta que ya es muy tarde.

Las siguientes son cinco 'señales internas' que te mostrarán cuando no le estás dando prioridad a tu paz y empiezas a perderla. Estar al tanto de estas señales te ayudará a regresar antes de que explotes.

Las cinco señales clave a observar:

1.- Los niveles de calma, estrés y agitación.

Monitorea tus niveles de calma y de estrés durante el día. Recuerda: la calma y el estrés tienen poco que ver con **qué** estás haciendo (la situación en la que te encuentras) y todo que ver con **cómo** lo estás haciendo.

Si meditas por la mañana, tendrás un buen punto de referencia para el resto del día. Una sesión en la tarde te relaja y te ayuda a 'reiniciar' tu día desde ahí. La meditación en la tarde te ayudará a desconectarte del día, a disfrutar lo que sea que tengas planeado y a tener un buen descanso nocturno para comenzar con frescura el siguiente día.

2.- Pensamientos negativos y de resistencia.

Toma consciencia de tu diálogo interno, si se vuelve negativo es una excelente señal de que puedes elegir otra cosa. Podría ser que sólo debas alejarte un poco y darte un respiro para tomar otra perspectiva. O, tal vez, no permitir que la voz gane y hacer lo que tengas que hacer, a pesar de ella. Como sea, es muy útil ser consciente de esa voz y de cómo te afecta.

3.- Apresurarse.

Sólo puedes hacer una cosa a la vez. Observa cuándo comienzas a correr por todos lados, intentando hacer varias cosas al mismo tiempo. Detente, tranquilízate, respira... regresa y permanece *presente*. *"Menos prisa y más velocidad"*, como decía mi abuela.

4.- Pensar en el pasado y en el futuro.

Necesitas aprender del pasado y planear el futuro (o disfrutar y soñar). No hay problema.

Sin embargo, es importante reconocer cuando estás enfrascado en el pasado y el futuro. Una gran advertencia es cuando comienzas a pensar en algo que no puedes controlar, o comienzas a sentirte frustrado e insatisfecho con tu situación actual... o sólo miras por la ventana deseando que ya llegue el fin de semana o las vacaciones.

En lugar de enfrascarte en esos pensamientos, regresa al mismo lugar en el que está tu cuerpo y enfócate en lo que tienes frente a ti.

5.- Ya no divertirse.

Cuando comiences a tomarte las cosas en serio, detente y cambia tu actitud. Esta es una señal clara de que estás pensando demasiado y de que tu paz se está yendo por el caño. Toma un descanso, sal a tomar aire y genera una perspectiva diferente. Nada en la vida necesita ser serio. Todo es más fácil cuando no lo tomas así.

En ocasiones la pregunta *"¿Cómo puedo disfrutar más esto?"* te dará una excelente idea de qué hacer, independientemente de la situación en la que te encuentres.

Toma todas las anteriores como señales de que has dejado de darle prioridad a tu paz. Entre más rápido te des cuenta de esto, más pronto cambiarás tu estado interno. Tomar esa sencilla decisión, de manera simple y automática, se logra con la práctica.

¿Qué haces cuándo la vida se complica?

Todo está muy bien si digo que no hay problemas, y quizás esa sea tu experiencia en este momento, pero ¿Qué pasa cuando se te olvida y te atascas en el sufrimiento? ¿Qué haces cuando te estresas o tienes miedo? (O lo que sea que te domine y paralice).

Lo primordial es: entre más presente puedas estar en tu día a día, más fácil será cuando las cosas se compliquen. Te darás cuenta cuando pierdas la calma y podrás crear distancia para recuperar la objetividad cada vez más rápido.

Es como ponerte en forma: sólo a través del entrenamiento es que logras correr un maratón sin sentirte apaleado y fuera de combate por días enteros, incluso semanas. Es como ahorrar en el banco, sólo por que has depositado es que podrás salir a flote cuando las cosas se dificulten. Logras recuperarte sólo porque has trabajado en esta habilidad.

Entre más prioridad le das a tu paz, más fácilmente puedes ver cuando comienza a escaparse e identificas mejor cuando no la estás haciendo tu prioridad. Se vuelve muy obvio que ya perdiste el rumbo. Cada vez se vuelve más y más fácil regresar. En realidad, llegas al punto en el que la paz va y te atrapa cada vez que te vas. Lo cual (no necesito decirte) es increíble.

Así que, no dejes de lado tu práctica cuando las cosas marchen bien.

Ese es un error muy común. No asumas que no es necesario practicar. Requieres esa habilidad y el estar en forma para elegir cuando la vida se complique. Practica, familiarízate lo más posible con tu paz interior tanto con tu paz interior y no la abandones nunca... ni siquiera si tu casa está en llamas a tu alrededor.

El estar en calma y ser claro comienza con una elección, ahora. Si eres constante en ello, estar calmado y claro se da muy rápido, de manera fácil y siempre simple, sin importar nada.

Pero ¿y si *estás* agotado y sientes que vas a perder el control? Tres cosas:

1.- Detente.

Simplemente deja de hacer lo que estás haciendo. No intentes superar lo que sea que esté pasando y después recuperar algo de perspectiva. Pisa el freno y tómate un momento, tantos como puedas; siempre tendrás un momento, por lo menos, si lo generas.

Respira tan hondo como puedas. Mantente súper presente y salte de tu cabeza. Observa tu cuerpo, si el estrés está creando alguna reacción física en ti. Lleva tu atención a ello, no lo seas, siéntelo. Date cuenta de la historia que existe entorno al estrés, pero no te enfrasques de nuevo en ella.

Las Actitudes de Ascensión de los Ishayas de The Bright Path son particularmente buenas en estas situaciones, si les das el 100% de tu atención. Mueve tu enfoque, de manera gentil pero absoluta, lejos del estrés y llévalo hacia las técnicas.

Habla con alguien, quizá con la persona que está causando el estrés, o con alguien más. Sólo habla las cosas y permíteles ayudarte para regresar a la paz y a la calma, a poner las cosas en perspectiva. No quieres consejos sobre cómo arreglar los problemas, sólo sobre cómo hacerles frente de la mejor manera, eso es lo más importante. ¿Y si surge una solución de todo esto? ¡Eso! ¡Puntos extra!

Date un espacio, genera una perspectiva y entonces, vuelve a lo que estabas haciendo. Te sorprenderá cómo unos cuantos minutos, o incluso momentos, pueden hacer toda la diferencia del mundo.

2.- No tengas miedo a la emoción.

El crítico interior puede juzgarte duramente por ser emocional. Pero, el enojo, por ejemplo, puede decirte mucho de ti mismo y de aquello que es importante.

No asumas que estar en paz y ser feliz significa nunca emocionarse ni apasionarse.

El único problema con algo como el enojo, surge cuando no dices lo que necesitas decir, cuando necesitas decirlo. Entonces se acumula hasta que explota. Me pasaba todo el tiempo: tenía algo que decirle a alguien, dudaba, pensaba que seguramente yo estaba mal o no era importante, que podía dejarlo pasar.

Al final, tal y como descubrí en un sinfín de ocasiones, sí era importante y no podía dejarlo pasar. No decía lo que necesitaba decir y esto me consumía por un buen rato. Me enojaba y me frustraba con la otra persona, y conmigo mismo. Las cosas se salían de control y estaban totalmente desproporcionadas, comparadas con lo que había pasado.

Es mucho más simple decir lo que está ahí en el momento, especialmente, si crees que se te quebrará la voz al decirlo; es así cómo sabes que en verdad es importante.

> *"Nunca te puedes poner en ridículo por hablar con vulnerabilidad. Es el camino de los campeones."*
> —Jeff Brown, autor de libros de autoayuda.

Requerirá valor, pero el dolor de un posible golpe al ego (en caso de estar equivocado o de preocuparse por lo que pensará la gente) no es nada comparado con ser consumido por el enojo y el arrepentimiento.

Cuando sientas cómo se acumulan las emociones y palabras 'pesadas', mantente alerta y observa de qué se trata. Sé tan claro como puedas con la forma en que te comunicas; no reprimas nada de lo que necesitas decir, y entonces... déjalo ir.

Con 'dejarlo ir' me refiero a que estés presente en *este momento*, no cargues con el pasado. Necesitas dejarlo ir y estar bien con que la persona no cambie o no entienda. Lo primordial es que digas lo que tengas que decir.

Si no hablas y te aferras a tener la razón, sólo te estarás lastimando a ti mismo. Créeme, tengo amplia experiencia en el tema.

No esperes hacerlo bien a la primera, más bien, síguelo haciéndolo y te volverás cada vez mejor. Será cada vez más fácil ser honesto y asertivo. No huyas ante situaciones desafiantes. No evadas hacer lo que necesitas hacer, sólo se vuelven estresantes porque preferirías que no estuvieran ocurriendo e intentas posponerlas o esquivarlas. No huyas, acepta el reto.

Siempre vas a descubrir más acerca de ti mismo; en ocasiones, los momentos difíciles son los que te enseñan más de ti mismo. ¿Cuál es la mejor actitud cuando se presentan situaciones así? Decirte a ti mismo: *"¡Excelente! ¡Que venga!"*

Tómatela ligera, ¿ok? Tampoco te lo tomes tan en serio.

3.- No te juzgues a ti mismo

Cuando has pasado por una situación estresante, lo más importante es dejarlo ir tan pronto como puedas. Entre más pronto, mejor. Deja de repasar lo que acaba de suceder, ni siquiera lo pienses. Los tiempos difíciles implican que tienes que estar presente, de otra manera el crítico en tu cabeza comenzará a darte una buena paliza. Lo que ocurre es que nos arrastramos sin rumbo por una discusión, entonces la revivimos y analizamos con nuevas ideas de lo que 'debimos' decir o hacer.

La retrospección es bastante valiosa, pero lo hecho, hecho está.

Si necesitas disculparte, ve y discúlpate, pero lo más importante es que lo sueltes. Ya está hecho. Reconoce que hiciste lo mejor que pudiste e inténtalo de nuevo si se vuelve a presentar la situación. Ya no hay nada que puedas hacer en este momento; date un respiro, borrón y cuenta nueva.

Reciclar el pasado en un ciclo sin fin no te aporta nada, pero es lo que pasará a menos de que te distancies de tu mente y te mantengas súper *presente* y vivo, en *este momento*. No caigas en la tentación de pensar al respecto, de verdad que no ayuda de nada. A nadie le gustan los refritos.

¿Qué haces cuando las cosas se desmoronan?

> *"Si estás atravesando un infierno, sigue avanzando."*
> —Winston Churchill, Primer Ministro Británico.

¿Qué haces cuando todo se desmorona y te derrumbas?

Cuando tienes una fuerte conmoción en la vida, lo único que necesitas hacer es mantenerte fuera de tu cabeza; ya sea por el fin de una relación, la muerte de un ser querido, perder un empleo, lo que sea.

Quedarte ahí no te va a ayudar en nada.

La conmoción emocional del evento es una cosa; el interminable análisis, el arrastrar el pasado, el miedo y la incertidumbre al futuro, es algo muy diferente. Todo eso puede crear una espiral descendente y cada vez mayor infelicidad.

Si piensas en ello una y otra vez, pareciera que puedes descifrar por qué pasó, pero no puedes. Tu mente no es tu amiga en esos momentos; no tiene claridad, así que aléjate de ella y regresa al momento presente.

Experimenta este momento plenamente. Si gustas, puedes usar tu cuerpo para 'sentir' este momento. ¿Olores? ¿Sonidos? ¿Sensaciones? Intégrate al mundo que te rodea. Permanece justo en donde estás, justo ahora. Respira hondo, observa cómo entra y sale el aire... adentro... y afuera... Si has aprendido las técnicas de Ascensión de los Ishayas de The Bright Path, úsalas. Trae toda tu atención aquí; permanece atento a lo que se revela, a lo que ocurre en este momento.

El presente es tu salvador. En este momento se puede lidiar con todo. En este momento es sólo lo que está frente a ti, un paso a la vez. No te enfrasques en tu cabeza. No te regodees en el pasado ni en el futuro. No escuches.

Obviamente, el alcohol y las drogas son maneras disponibles para distraerte, pero, si abusas de su consumo, sólo aumentarán tu sufrimiento.

Acércate a tus verdaderos amigos, aquellos que no te permitirán regodearte en esto; habla con ellos lo más que puedas. Ejercítate, camina, medita, canta, pasa tiempo con niños pequeños, toca un instrumento, hornea, haz jardinería.

Matt Haig habla sobre la importancia de la belleza en su libro *Razones para Seguir Viviendo*, y es lo mismo con toda la infelicidad:

> "*Donde sea que estés, en cualquier momento, intenta encontrar algo hermoso. Una cara, un verso, las nubes a través de la ventana, algún grafiti, un molino. La belleza limpia la mente.*"

Lo que sea que elijas, elige algo; haz lo que sea menos escuchar a las voces en tu cabeza. Habrá emociones, está bien. Las emociones pueden estar ahí, no hay problema.

Acéptalas, pero no te pierdas en ellas. Vuelve a leer el capítulo sobre la aceptación. Observa la diferencia entre notar la experiencia de la emoción y enfrascarse en la historia de la mente sobre la emoción. Siempre es la historia la que duele y termina en caos.

No hay diferencia si las emociones son particularmente intensas. Acéptalas, incluso abrázalas. No te resistas a ellas ni agregues más emoción a la emoción; no estés ansioso por la ansiedad, deprimido por la depresión ni enojado por el enojo.

Lo peor sobre las emociones es el juicio de que 'no deberían' estar ahí, o pensamientos como *"Ay no, aquí viene otra vez, ¡¿Algún día me desharé de esto?!"* No te presiones. Permite que la emoción 'flote', no intentes hacer nada al respecto. No te resistas.

De nuevo, no te enfrasques en ninguna historia. Sólo mantente muy presente. Todas las historias tendrán un aspecto de pasado o un futuro, la trampa está en la historia entorno a la emoción, no en la experiencia pura de la misma.

Así que, acepta: atestigua la emoción tal como es en este momento exacto. Puede que pienses *"¿De qué se trata esto?"* No la discutas ni te pierdas en ella. Simplemente observa lo que está ahí para ser experimentado. Esto pasará mucho más fácilmente desde la aceptación y la consciencia. Puede que se requiera un poco de valor para permanecer con la emoción desde la experiencia, especialmente si hay alguna combinación de culpa y arrepentimiento. Sin embargo, encárala y mírala por lo que es. Verás que no necesitas rehuirle o rebatirla, que puedes estar ahí sin que termine en caos. Es la resistencia la que crea el problema, siempre es el caso.

No te pongas horarios ni tiempos. Ni la emoción ni la situación durarán por siempre, pero tampoco puedes controlar cuándo sucederán. Aléjate de los pensamientos de *'debería'*, por ejemplo: *"Debería de sentirme mejor ahora..."* Deja de presionarte y permite que el cambio se dé en su propio tiempo.

Como dice el adagio: *"Esto también pasará"*. Lo vas a superar, vas a estar bien.

La sabiduría en los momentos difíciles

> *"La dificultad muestra de qué está hecho el hombre. Por lo tanto, cuando una dificultad recae en ti, recuerda que Dios, al igual que un entrenador de luchadores, te ha emparejado con un joven rudo. ¿Para qué? Para que puedas convertirte en un conquistador olímpico; pero eso no se logra sin sudor."*
>
> —Epicteto, filósofo griego.

Lo único que puedes hacer es dar un paso a la vez. Lo único que sabes, con certeza, es lo que está pasando frente a ti. Todo lo demás es una suposición. Esa es la belleza y la sabiduría que puede encontrarse en estos tiempos, sólo tienes este momento. Sácale el mayor provecho.

Puedes ver la pesadilla que tu cabeza puede llegar a ser. En realidad, es una bendición. Tu mente siempre ha sido así, mercurial, tu mejor amiga y tu peor enemiga; y ahora, tu mente tiene una excusa para darse rienda suelta.

En ocasiones, los momentos desdichados en nuestras vidas pueden ser el ímpetu para aprender a no recorrer ese camino de nuevo. Si hay alguna lección por ser aprendida permite que sea esta. Permite que sea sobre cómo aprender a ser más libre. Estás encontrando una manera de emanciparte de tus pensamientos, de ser el amo de tu mente y tus reacciones. Estás encontrando tu camino a ser tan estable internamente, que ningún evento podrá estremecer tu paz. Estás encontrando tu manera de vivir la vida continuamente, en *este momento*.

Así que, practica ahora, incluso si las cosas marchan bien, para que puedas danzar por los momentos difíciles. Llegarás a un espacio en el que la vida tiene sentido. En donde todo es fácil, divertido y fluido. Tu mente ya no tendrá el mismo control sobre ti. Puede que de nuevo haya dolor, pero estarás completamente libre del sufrimiento.

Ese lugar es real. Es lo único real en el mundo.

CAPÍTULO 15

Séptima Elección: Ser Audaz
(cuando quieras encajar)

"Nunca he visto una transformación de vida que no haya empezado con la persona en cuestión cansándose, por fin, de su propia mierda."

— Elizabeth Gilbert, autora de Comer, Rezar y Amar.

La valentía de ver claramente

Somos grandiosos cuentacuentos. La raza humana entera gira entorno a historias, desde los mitos colectivos sobre los orígenes y el destino, el bien y el mal o el orden 'natural' de las cosas, hasta tus historias personales sobre ti mismo y tu vida, el por qué puedes y el por qué no puedes. Las historias disponen de nuestras vidas en maneras sutiles, pero poderosas.

Liberarse de los patrones limitantes y las creencias de tu cultura, tu educación y tu pasado, ha requerido de valentía. En algún punto, te has dado cuenta de que lo que dabas por sentado como 'verdad' o 'natural' no lo es en absoluto, simplemente es la manera en la que se ha concertado vivir y percibir el mundo y tú has estado inmerso en esta visión, desde que eras muy pequeño.

Se necesita de bastante valor para sobresalir y seguir tu propio camino, aún cuando todos los demás *parecieran* encajar y operar con bastante buena; como si tú fueras el único cuestionado, el único que quiere seguir por el camino menos recorrido.

¿Qué otra cosa puedes hacer?

¿Reprimir esa certeza interna y conformarte con lo que crees que deberías ser y hacer? Eso ya se ha hecho muchas veces antes. ¿Resulta en una vida satisfactoria? En lo más mínimo.

Cuando te aventuras a seguir tu propio camino, lo único que descubres es que nunca fue el 'Ser Humano' el que te mantuvo en dónde estabas. La mayor fuente de limitación en la vida está mucho más cerca: siempre ha estado y siempre estará entre tus orejas. Debido a la habilidad de tu mente a delimitar y filtrar todo, también tiene la habilidad de evitar que hagas algo.

Ser lo suficientemente valiente para indagar tus historias y comprobar su veracidad es una de las cosas más liberadoras que puedes hacer. Es necesario evaluar tu propio progreso si quieres vivir el 200% de tu vida.

"¿Realmente estoy viviendo la vida que quiero vivir?"

"¿Qué cosas añoro y qué cosas estoy dejando de hacer?"

*"¿**En verdad** quiero esto, o sólo es una fantasía hueca?*
*¿Es algo que **creo** que debería hacer?"*

"¿Son congruentes mis palabras y mis acciones?"

"¿Qué pensamientos, creencias o historias acepto como verdaderas, pero implican que lleve una vida a medias?"

Cuando puse atención a las historias que me estaba contando a mí mismo acerca de mi vida, me di cuenta de que una gran parte era un montón de tonterías, trivialidades y excusas reforzadas de manera inconsciente, asegurando que una gran parte de mi existencia, de la cual me podía ocultar, pudiera aplazar, transigir y culpar a alguien más, evitando que yo asumiera algún tipo de responsabilidad.

Se requiere mucho valor y humildad para examinar tus creencias e historias más queridas, las cuales has creído que son Verdad. Sin embargo, cuando esta 'verdad' es vista por lo que es (una idea, una historia, una creencia) puedes ir más allá de una experiencia más amplia, profunda y rica, tanto de ti mismo como de tu vida.

Te liberas para alinearte con lo que es realmente Verdad, ¿no es maravilloso?

Verdadero heroísmo

Mirar en tu interior y aprender a ejercer tu elección en la vida, de manera plena y libre, es la travesía más gratificante en la que todo ser humano se puede embarcar. Las recompensas de alejarse del estrés y la limitación son instantáneas, te permiten ver el resultado de tu elecciones, y a ti mismo, con mayor claridad.

La consciencia es un regalo. Tus historias y patrones limitantes en la vida se vuelven cada vez más y más obvias. Esto es excelente.

Entiendo que puede no ser algo *cómodo*.

Buda dijo alguna vez que el acto más heroico que cualquiera puede llevar a cabo es enfrentarse a sí mismo:

> *"Es mejor conquistarte a ti mismo que ganar mil batallas.*
> *La victoria es tuya. No te puede ser arrebatada, ni por*
> *ángeles ni por demonios, ni por el cielo ni el infierno."*

Sé gentil cuando te observes a ti mismo con honestidad. Sé claro y directo, pero no te juzgues inclementemente si sientes que has fallado de alguna manera. ¿Qué es el juicio si no aquello que estás dejando atrás? En algún momento te volverás consciente de tus malas decisiones. ¡Excelente! Hiciste lo mejor que pudiste en el momento. Ahora estás en un lugar distinto y puedes ver con mayor claridad y elegir de mejor manera, así que lo harás mejor.

Sigue caminando hacia lo que quieres, sigue avanzando y tomando las decisiones que te traen verdadera plenitud y felicidad, no sólo para algún momento futuro, sino para este. Nunca veas hacia atrás con arrepentimiento. Si acaso, el arrepentimiento es una excelente señal de claridad y de que has avanzado. Si no fueras una mejor persona, no sentirías arrepentimiento ¿verdad? Hiciste lo mejor que pudiste, pero ahora sabes más. Suelta el arrepentimiento, sigue avanzando, sigue mejorando.

Tu sueño, la visión que tienes para tu vida, puede ser realidad. ¡Puede ser realidad! Mucha gente tiene este sueño, pero muy pocos están dispuestos a experimentarla.

Yo tengo la fortuna de estar rodeado de gente que, cada vez que los veo, me recuerdan cuál es mi sueño en la vida. Su viveza, su gratitud, su humildad y su presencia me motivan e inspiran constantemente. Puede que vivas con gente así, o no, pero puedes rodearte de gente así, si los buscas; el internet ha disminuido las distancias, apuesto a que están más cerca de lo que piensas. Lo único que necesitas es pedir ayuda.

Pedir ayuda y recibir lo que necesitas es sencillo, pero ¿qué tan seguido lo haces?

Hazlo. Haz lo que sea necesario para mantenerte inspirado y colmado de tu sueño.

Sé tu propio héroe.

Pasión y propósito, ¿qué no estás haciendo?

> *"No creo que la gente busque el sentido de la vida tanto como la experiencia de estar vivo."*
>
> —Joseph Campbell, autor de *El Periplo del Héroe*.

¿Cuál es tu sueño exactamente? ¿Tu visión para tu vida? ¿Alguna vez te has preguntado cuál es tu propósito? ¿Cuál es la razón por la que estás en este planeta?

Creo que mucha gente pasa toda su vida buscando su propósito. Quieren encontrar por qué están aquí, despertar por la mañana con un sentido de finalidad, de ser parte de algo, de contribuir en algo, de saber que son de utilidad.

La respuesta al propósito de tu vida se encuentra en la pregunta:

> *¿Qué te hace sentirte vivo? ¿Qué es lo que amas hacer?*

Las cosas que te hacen sentirte vivo son las mismas cosas que definen tu propósito. Ten claras tus pasiones y tus dones, y encontrarás tu propósito. Verás, la pasión es como un GPS en el corazón: da pie a la dirección. Como dijo el autor Joseph Campbell:

> *"Sigue tu dicha. Si lo haces te pones a ti mismo en un camino que ha existido todo el tiempo, esperando por ti, y comienzas a vivir la vida que siempre debiste vivir."*

La pasión sirve para mostrarte aquello que deberías de hacer más seguido en tu vida, es donde está tu interés y tu propósito.

La valentía que requiere el estar verdaderamente vivo

> *"Crear el propio sentido de tu vida no es fácil, pero está permitido, y creo que serás más feliz aún cuando implique un esfuerzo adicional."*
>
> — Bill Watterson, creador de *Calvin y Hobbes*.

Crear tu propio sentido en la vida es una de las cosas más difíciles, el comenzar a vivir tu pasión y tu propósito requiere cierta valentía. Tú ya sabes cuál es tu pasión, lo sabes. La parte más difícil es cuando sientes que deberías de estar haciendo otra cosa. La vieja historia de 'no ser suficiente' y de que no deberías de hacer lo que en realidad quieres hacer.

La mayoría de la gente está esperando algún tipo de permiso o autorización para hacer las cosas que les trae más gozo. Tú sabes lo que amas hacer. ¿Estás esperando el reconocimiento de que tienes permitido hacerlo? ¿Qué está bien hacerlo?

De ser así, aquí va:

Oficialmente, tienes permitido hacer lo que sea que haga cantar a tu corazón. Definitivamente Dios quiere que lo hagas; es por eso que te dio un corazón (para empezar).

Lo más probable es que no creas que sea suficiente disfrutar lo que haces, que sea 'útil'; crees que es muy simple o no es lo suficientemente importante o grandioso como para hacer una diferencia. O tal vez quieres hacerlo más seguido, pero dudas de tus habilidades o de que puedas vivir de eso... o lo que sea que pienses.

El que seas bueno o puedas ganar dinero con eso es irrelevante. Dedícale tanto tiempo como te sea posible, porque ¿en qué estado entras cuando haces lo que te gusta hacer? Consciente, absorto, emocionado, pacífico, completo, contento, gozoso, satisfecho... **vivo**.

El hecho es que necesitas hacer las cosas que amas porque hacen que valga la pena vivir tu vida, aún si eso significa tener un trabajo 'no tan bueno', pero, con buena paga o con la flexibilidad que te dé el tiempo para hacer lo que amas hacer. Sólo hazlo.

Hazlo para que puedas hacer lo que te más gusta, sólo por el hecho de amarlo y que te hace vivir bien. Podrías descubrir que haces del mundo un lugar mejor.

> *"No te preguntes qué necesita el mundo. Pregúntate qué te hace cobrar vida. Entonces ve y haz eso, porque el mundo necesita gente que ha cobrado vida."*

—Harold Thurman, teólogo norteamericano y activista por los Derechos Civiles.

Esa experiencia de presencia y quietud viva que viene al estar inmerso en lo que amas, te mostrará la clave del propósito. Toda duda sobre lo que quieres hacer se disuelve cuando te entregas por completo a esta experiencia, cuando estás absorto en tu propia presencia y consciencia, cuando dejas de preocuparte y comienzas a estar... es entonces cuando sabes que no hay duda.

Ese es el verdadero propósito: estar tan vivo que ya no existan la duda, la preocupación ni el miedo.

Tu vitalidad habla mucho por sí misma, mucho más que las buenas palabras o acciones. Cambia a la gente, las despierta. Ellos notan tu vivaz presencia y quieren vivir de verdad también.

Tu propósito es estar vivo, realmente vivo, llenando cada momento de tu vida con vitalidad.

Sé audaz, sigue tu pasión y haz una diferencia.

Pasión vs obsesión y adicción

Cuando tienes un cimiento interior basado en la aceptación, apreciación, gratitud y presencia, y tus pasiones son la piedra angular de tu vida 'externa', entonces encuentras plenitud en todo, de manera constante.

Estás tan vivo haciendo lo que amas, que amas el simple hecho de estar vivo.

Amar el simple hecho de estar vivo significa que amas todo lo que haces. Tienes una fuerte cimentación interna, la felicidad está en todo. Sin embargo, esta es una habilidad muy poco común. He visto a mucha gente que no la tiene, y tienen todo al revés.

Hay una gran diferencia entre seguir tus pasiones para estar más vivo y agradecido por todo lo que hay en tu vida, y depender de tus pasiones sentirte vivo. Hay mucha gente que depende de ciertas actividades, indicando serios problemas de adicción. Obviamente lo veo mucho en la comunidad de gente involucrada en actividades al aire libre, pero también en todos los aspectos de la vida.

Observa la naturaleza extrema de muchos fanáticos del deporte: el clímax que alcanzan cuando gana su equipo, y la desesperanza cuando 'pierden'. Ya no es sólo un pasatiempo o entretenimiento, es algo de vida o muerte. Es la búsqueda por sentirse vivos, la conexión, la identidad y el significado sólo en el exterior. Esto está sentenciado a fallar.

Con frecuencia, sucede algo similar con los atletas de cualquier nivel cuando tienen que retirarse. Lo que ellos hacían les daba algo que no es fácil de reemplazar, simple y sencillamente porque no saben en dónde buscar. La depresión es un problema serio y real para muchos.

Hasta ahora he hablado de deportes, pero lo mismo aplica para muchos campos o comunidades: negocios, música, arte, relaciones, meditación, política, nutrición, ejercicio, lo que sea.

En la persecución de la vitalidad se te ha olvidado, o quizá nunca supiste que:

No son las cosas en la vida las que te dan felicidad;
eres tú quien trae felicidad a la vida.

La adición surge porque crees que la experiencia sólo puede ser completa y plena (lo que llamamos viveza, estar absorto, en la Zona, etc...) a través de la cosa o actividad que deseas hacer. Te has comprado la idea de que aquello que más quieres en la vida *sólo* se da a través de lo que amas hacer. *Sólo* hacer 'x' te traerá felicidad. No serás feliz de ninguna otra manera.

Esto lo sé porque ya pasé mucho tiempo en ese camino.

No pensaba ni hablaba de nada que no fuera hacer kayak y sobre el siguiente viaje. Era casi como sentir comezón en la piel si llevaba días sin subirme a un barco. No encontraba el más mínimo disfrute durante mis días 'libres' lejos del río. Comencé a tener la peor actitud hacia mí mismo cuando tenía un mal desempeño, aún cuando estaba haciendo aquello que yo decía 'amar'. Llegó el momento en el que no había un punto intermedio, no había equilibrio ni un simple gozo.

Todo llegó (un poco) al extremo, antes de que me diera cuenta de que necesitaba poner los pies en la tierra. No quería vivir así. Es irónico, al estar en la búsqueda de ese nivel de entrega total, de estar absorto, es cuando más te alejas de ello.

Tener el fuerte deseo de hacer lo que amas es esencial para vivir tus pasiones, pero sólo cuando tus pasiones indican que amas, aún más toda tu vida.

Sé consciente de que, cualquier carencia o falta de felicidad en tu vida cotidiana refleja la pérdida del equilibrio. El deseo comienza a convertirse en una adicción, una maldición, pero no una adicción a tu vida. Cuando eres adicto a algo, nada más te satisface.

Ser adicto sólo conlleva al resentimiento, a la indiferencia de todo lo demás.

En la adicción no estás presente, estás todo el tiempo en el futuro, en lo que sigue. Aún si estás haciendo lo que amas, eso tiene que ser más que la última vez: debe ser mejor, más fuerte, más grande, más intenso; de otra manera sólo hay decepción, aburrimiento, intranquilidad.

Ya sea que te des cuenta o no, todo se ve afectado por esta adicción, todo lo demás pasa a ser secundario. No estás presente a nada más: si sólo puedes ser feliz yendo más allá de algún límite, únicamente serás feliz por muy breves periodos de tiempo.

> *"Lo que estás buscando (satisfacción, inmersión, ensimismamiento, completitud, significado, lo que sea) no surge de la actividad o de la situación, siempre viene de tu percepción de esta."*

No se trata de lo que hagas, si no de cómo lo hagas.

Necesitas aprender a estar completamente presente, a desconectar tu finalidad de la actividad para que puedas disfrutar plenamente cada experiencia, incluso en el tiempo libre, los momentos en que no estás 'activo' o intentando llegar a la cumbre.

La verdad es que cada momento de tu vida puede estar vivo, acentuado por el dulce ensimismamiento y plenitud, independientemente de lo que estés haciendo. La clave está en dejar ir aquello que ha sido y será.

Justo ahora, permanece despierto y presente; mantente aquí, en donde está tu cuerpo. Date cuenta y permanece completamente involucrado en el ahora. Esto nunca se va a ningún lugar, no necesita nada, es la satisfacción y viveza misma... siempre ha estado aquí.

Equilibra tu pasión, cada vez más, con la realidad de estar vivo en este momento. No te pierdas de las bondades del *ahora* por anticipar *el futuro*.

¿Recuerdas la inocencia?

Aprende a encontrar satisfacción y plenitud cuando experimentes las cosas sencillas, entonces todo será mucho más grandioso. Aprende a vivir una vida al 200% y todo lo que hagas estará lleno de vida, plenitud y generosidad.

Retomar recientemente mi pasión por el kayak en aguas rápidas, me ha mostrado claramente los beneficios del vivir al 200%. Hay una diferencia fundamental entre el *Yo* de aquel entonces y el *Yo* actual. Ahora tengo la habilidad de elegir por la plenitud en cada momento, hay un verdadero *"¡Wow! ¡Estoy vivo!"*, aún en los ríos más dóciles. La felicidad y el gozo ya no son resultado de lo que yo haga 'bien', están ahí antes que nada.

Definitivamente amo el canotaje, me da muchísimo, pero ya no me falta nada. Ya no necesito que el kayak me dé algo. Antes de aprende a meditar y a estar total y absolutamente presente, me faltaba el elemento crucial de la vida. Ya no más, y me alegra decirlo.

Sé más fuerte que tu zona de confort

> *"Toma acción. Cada historia con la que alguna vez has conectado, cada líder al que has admirado, cada cosa insignificante que has logrado es el resultado de tomar acción. Tienes una elección: puedes ser una víctima pasiva de las circunstancias, o puedes ser el héroe activo en tu propia vida."*

— Bradley Whitford, actor y activista político norteamericano.

¿En dónde estarías si nunca hubieras hecho nada diferente?

¿Qué experiencia tendrías si nunca hubieras dado un paso a lo desconocido?

Siempre lo mismo, lo mismo que todos.

Entiendo que en ocasiones es más fácil decirte a ti mismo que no puedes cambiar o abandonar la situación. A veces es más fácil aceptar y tomar el camino que implique menos resistencia, lo sé. Pero la única manera en que realmente vas a vivir una vida al 200% es teniendo el valor de tomar decisiones distintas.

Todo lo que has hecho, lo que ha valido la pena hacer, ha requerido que vayas más allá de tu zona de confort. Rara vez es cómodo avanzar. Esta es la razón por la que la mente odia el progreso, esa sensación es un indicador de aquello que es realmente importante para ti.

Como explica el autor Steven Pressfield en *El Arte de la Guerra*: si la idea de hacer algo te pone nervioso, te hace dudar si podrás hacerlo o te pone a pensar "*¿Qué pensará la gente de mí?*", entonces esto es un excelente e importante indicador.

Sigue esa idea. Hazlo.

Si algo no te invita a superarte, aunque sea el más mínimo nivel de resistencia interna, probablemente no tenga valor para ti. Entre mayor sea la resistencia, mayor el valor que tiene para ti. Como señala Steven Pressfield: "*Lo opuesto al amor no es el odio, si no la indiferencia.*" Y agrega:

> "*¿Estás paralizado por el miedo? Esa es una buena señal. El miedo es bueno. Al igual que dudar de ti mismo, el miedo es un indicador y nos dice lo que tenemos que hacer. Recuerda la regla práctica: entre más miedo tengamos de un trabajo o llamado, mayor la certeza de que tenemos que hacerlo.*"

No creo que llegues a un punto en el que ya no se necesite valor, sólo te vuelves mejor lidiando con las cosas e ignorando la voz que dice *"no puedo"* o *"aún no estoy listo"*; por supuesto también está la de *"Puede que toda salga mal ¿y luego qué?"*

Pareciera que ser más valiente es una habilidad que tienes que practicar si quieres más y mejor. Comienza con ser consciente de los lugares en los que tu mente establece un límite y cambia tu enfoque a un punto más allá de ellos.

¿Qué quieres hacer? ¡Espera la resistencia, y salta de todas maneras!

El primer paso antes de volar es dar un salto.

> *"Nunca intentes escapar del miedo cuando esté ahí. De hecho, tómalo como un indicador. Esas son las direcciones en las que quieres viajar. El miedo es simplemente un reto que te llama: "'¡Ven!'"*
>
> —Osho, maestro espiritual.[9]

Arriesgarse al fracaso

> *"La valentía no es la ausencia del miedo, si no el entendimiento de que hay algo más importante que tu propio miedo."*
>
> —Ambrose Redmoon, autora y superviviente norteamericana.

El fracaso. Cuando pierdes o cuando renuncias, avergonzado, con tus

---

[9] Un documental del 2018 causó bastante controversia sobre Osho y su ashram. Sin embargo, sus palabras siempre me han parecido verdaderas.

sueños hechos trizas, todo porque no fuiste suficiente.

Uff... incluso escribir ese enunciado fue desagradable.

Y las consecuencias del fracaso... ¡Cómo tiende la mente a enfocarse en lo que podría salir mal!

La posibilidad de que termines como un indigente y sin un centavo. De que mueras solo, o te vuelvas loco y termines en un hospital psiquiátrico...

Todos estos escenarios futuros, descabellados pero tentadores, pueden ser una fuente real de temor e inacción: cuando lo crees, cuando lo alimentas, se vuelve más grande y más real.

El miedo al fracaso es una de las razones por las que la gente no alcanza sus metas ni vive su propósito.

Es todo de lo que hemos hablado en este libro, todas las razones por las que puede que tengas ideas y sueños grandiosos, pero nunca hagas nada: la zona de confort, la inseguridad, el miedo a que las cosas salgan mal.

Tu mente generará miedo en ti y dirá: *"No te arriesgues a fracasar, así tus sueños no pueden arruinarse. No arriesgues nada, mantén las cosas tal como las tenemos."*

Pareciera que jugar de manera segura y cómoda es una buena idea, al menos para tu mente... pero nunca lo es. Si nunca te arriesgas, tus sueños seguirán siendo sueños. Llegas al final de tu vida sin haber llevado a cabo ninguna de tus ideas, permaneciendo tan nebulosas como las nubes en tu cabeza. Nunca vives tu propósito, nunca vives en verdad.

El riesgo es necesario. No estoy hablando de ser irresponsable o de hacer apuestas arriesgadas con las finanzas. Estoy hablando de no tenerle miedo al miedo, de poner tu zona de confort a prueba. Sin embargo, notarás que conforme más pongas a prueba tu zona de confort, más cambiará la definición que tu mente tiene por 'irresponsable'.

Comprende que la magnitud de ese riesgo depende ti, no permitas que nadie te presione.

En retrospectiva, uno de los momentos de mayor orgullo en mi vida fue al decidir no saltar del *bungee*. Estaba aterrado y realmente no quería hacerlo. Me amarraron, hicieron la cuenta regresiva, y... no salté. Los operadores volvieron a hacer la cuenta regresiva y... otra vez no salté. Se burlaron de mí, me dijeron que *"me los amarrara"*. Obviamente este no fue el enfoque correcto.

Me sentí muy avergonzado al salir del lugar sin dar el salto, pero después me sentí orgulloso de mí mismo. Saltar de cualquier lugar alto es algo especial para mí, y quería que la experiencia fuera hermosa, a falta de una mejor palabra. Las condiciones no eran las adecuadas, así que, a pesar de la presión, decidir no hacerlo era la única opción.

El riesgo, al igual que el miedo, es algo muy personal.

Volverte consciente de tus miedos, tus resistencias y limitaciones, eligiendo hacer algo ligeramente diferente en cualquier área de la vida, es valeroso y hermoso. En verdad.

Hacer a un lado los miedos en mi mente y enfocarme en lo que necesito hacer para bajar por un rápido en mi kayak es algo hermoso (para mí), pero también lo era superar mis miedos al compromiso y comprometerme con mi ahora esposa. Eso requirió un gran salto, al igual que navegar por los rápidos.

Ser padre también involucra un riesgo: *"¿Y si lo estamos haciendo mal?"* Hay muchos consejos contradictorios y experiencias personales acerca de todo, sin mencionar tu propia intuición. Tienes que elegir el camino que a ti te parezca correcto. Sólo tienes que dar el salto.

Sin importar en qué parte de tu vida te topes con el miedo o cuál sea tu percepción de la escala en tu camino a seguir, date una palmada en la espalda por enfrentarlo. Buen trabajo al aceptar la verdadera invitación del miedo y arriesgarte a tener la curiosidad de qué es lo que hay del otro lado. No es fácil, lo sé, pero sí es gratificante.

Toma el estímulo y la inspiración de los demás, pero no la presión. Puede que nunca te avientes de un puente amarrado a una banda elástica, y no tienes que hacerlo si no quieres. Ahora que conozco los riesgos, probablemente nunca intentaré saltar del *bungee*. No necesito hacerlo.

El valor de cometer errores

"El precio de la inacción es mucho mayor al costo de cometer un error."

— Meister Eckhart, místico alemán.

Ir más allá de tu miedo a fracasar implica que *tienes* que correr el riesgo de cometer errores. Para hacer *cualquier* cosa *tienes* que correr el riesgo de cometer errores.

La realidad es que la única manera de aprender, de mejorar, de tener dominio de cualquier cosa es intentando y practicando aquello en lo que no eres bueno. Al hacer esto, *cometerás* errores. No puedes aprender nada sin errores.

Hace algunos años leí una entrevista que le hicieron a un *snowboarder* profesional, ella dijo: *"Si no estás fracasando, no lo estás intentando. Si no lo estás intentando, nunca vas a mejorar.*" A partir de entonces, cada vez que me caía de nalgas lo veía de manera completamente diferente, ya no como la evidencia de mi inutilidad y una razón más para darme por vencido.

Esto no sólo aplica en el ámbito deportivo, también en cada aspecto de la aventura humana: en los negocios, el arte, las relaciones, ser padre, hacer dieta, superar adicciones, ser más valiente, ser un mejor ser humano.

Los errores son parte de mejorar. No les tengas miedo.

Ahora, habiendo dicho eso, si te descubres a ti mismo cometiendo los mismos errores una y otra vez, entonces estás pasando por alto algo primordial: necesitas poner atención a esto o, mejor aún, conseguir ayuda. Es de gran valor contar con una perspectiva externa e imparcial a tus historias.

Los errores pueden ser incómodos, ¿verdad? Bastante incómodos a veces. Y ¿conseguir a alguien que te ayude con tus errores? Esto definitivamente puede ser extremadamente incómodo. No es de sorprender que tanta gente prefiera mantenerse cómodos o 'a salvo' y nunca mejoren.

Si tienes la actitud correcta abrazarás tus errores, puede que incluso te *emocionen*.[10]

Verás, un error es simplemente la luz de la consciencia mostrándote en dónde están las cucarachas en la habitación: si pones atención, te muestra las creencias, hábitos, juicios y patrones limitantes en juego.

A las cucarachas no les gusta la luz, huyen y se esconden de ella. Con los errores puede surgir la vergüenza y autoviolencia, por lo que dejas de investigar. No llegas a la raíz, sólo te vuelves a enfocar en lo que salió mal

---

[10] Extraño, lo sé... ¡pero cierto!

y en lo 'estúpido' que eres. No aprendes de tus errores: o sigues haciendo lo mismo o te retraes y nunca te vuelves a arriesgas a cometer el mismo error.

Recuerdo una ocasión en la que me estaba flagelando por un aparente pecado. Después de cierto tiempo, logré abrirme y hablé con un amigo y colega Ishaya de The Bright Path, cuya opinión respeto mucho.

Él me mostró que cuando cometes un error puedes elegir emocionarte, o por lo menos interesarte: *"¡Te veo!"* Ese "¡Te veo!" significa que ahora puedes hacer algo respecto a lo que antes era invisible, que tienes la ventaja contra tu oponente en el juego interno, contra las cucarachas. "¡Te veo!" significa que ahora tienes una elección.

Cómo redefinir el fracaso

Los errores y el fracaso son una parte *necesaria* para dominar algo.

Si ese es el caso (y lo es), ¿existe entonces tal cosa como un 'error'? Sé que todas las cosas que he hecho, y de las que me he avergonzado, me han mostrado algo invaluable. En lugar de ocultarse, es crucial montarse de nuevo al caballo e intentarlo. Con la actitud correcta de aceptación, consciencia y encontrando el lado positivo, los errores no son retrocesos. Son trampolines, y te pueden ayudar avanzar a saltos agigantados.

Necesitarás mantenerte supremamente presente y humilde. Todas las elecciones en este libro involucran humildad y sentido del humor ¿no es así?

Ahora, has cometido un error... algo salió 'mal' y no te lo puedes sacar de la cabeza, te tiene acorralado. Puede que estés intentando acoger tu error, '¡Te veo!', pero no deja de dar vueltas en tu cabeza. Entre más practiques la meditación y el estar presente, mayor será tu capacidad de ver el lado positivo, de soltarlo y tener un nuevo comienzo. Es realmente una bendición, en todos los sentidos, para terminar con el arrepentimiento, la culpa y la autoviolencia.[11]

Sin embargo, si te es posible en este momento, habla con alguien en quien confíes. ¿No hay nadie cerca? ¿No quieres hablar? Paul Mort, el *coach* de vida y de negocios, usa una herramienta muy útil para ayudarte a estar presente, crear distancia, ver el lado positivo de todo y terminar con la desesperación y desesperanza de 'arruinar las cosas'.

Simplemente siéntate y escribe todo lo que pasó, tan objetivamente como te sea posible. Mantente tan presente como puedas y no te enfrasques en la historia o la emoción al respecto. Plásmalo todo en papel. Una vez que los hechos están escritos, traza una línea debajo de ellos. Esta es la historia, es el pasado, lo que ya pasó. Ahora es momento de avanzar. Detalla lo que harías diferente la próxima vez que estés en la misma situación, te embarques en un proyecto similar o cualquiera que sea el caso.

Permanece presente, ignora todo intento de tu mente para desviarse hacia el pasado y pregúntate a ti mismo: *¿Qué he aprendido? ¿Hay algo que pueda hacer ahora? ¿Qué haré la próxima vez? ¿Cómo me aseguraré de hacerlo?* Escribe todo a detalle; cuando termines, **ya terminaste**. No tomará mucho tiempo. Las cosas pasan muy rápido cuando creas distancia y estás presente.

¿Y entonces? Deja todo pasar, mantente aquí y ahora, *en este momento*.

---

[11] ¿Cómo va tu práctica?

Date permiso de ser libre para disfrutar plenamente de este momento y de lo que tienes frente a ti.

Es una herramienta muy útil ya que te ayuda a dejar de enfocarte en lo que está mal, en el pasado y en toda la rumia mental que viene por añadidura, moviendo tu atención hacia lo que hayas aprendido y lo que puedes hacer de ahora en adelante. Te ayuda a distanciarte de la autoagresión y te brinda un nuevo futuro. Te da optimismo en lugar de desesperanza.

Te permite estar presente de nuevo, y eso es lo más importante al repasar cualquier error o fracaso, no tanto el aprendizaje. Cuando eres consciente, no se requiere de mucho análisis para aprender de tus errores, se da bastante rápido, incluso más que el pensamiento en sí, mucho más de lo que te imaginas. Lo sabes, lo reconoces, ya lo estás 'incorporando'. Aprendizaje: listo.

Seguir a tu mente y pensar al respecto una y otra vez, intentando exprimirle una lección a cada experiencia, intentando descifrar por qué volviste a arruinarlo todo refleja, sutilmente, que el miedo te ha ganado. Es la manera que tiene el miedo de asegurarse de que te mantengas en un estado de inacción.

Significa que no confías en ti mismo ni en tu habilidad de aprender sin el constante comentario de tu ocupada, miedosa, insegura y arrepentida mente, diciéndote cosas como: *"Si lo hiciste una vez, lo volverás a hacer"*, demostrándote que ya estás inmerso en el futuro y castigándote a ti mismo por fracasar.

El miedo refleja que has olvidado, momentáneamente, darle prioridad a tu paz y felicidad, sin importar las circunstancias en las que te encuentres.

¿Qué hacer una vez que te das cuenta de lo que estás haciendo? Salta de regreso al río de la presencia.

No hay fracaso

La realidad es que, si tienes el valor de recibir los errores cambia tu percepción de la vida entera.

Dejas de ser una víctima que percibe los errores como 'castigos de la vida' y evidencia de que 'otra vez estás mal'. En cambio, se convierten en una valiosa guía.

Cuando acoges los errores, la Vida, el Universo, el Ser Supremo, quien sea o lo que sea que nos guíe a todos y tenga como prioridad nuestros deseos, se emociona. Cuando finalmente asumes la responsabilidad absoluta, incluso de tus errores, y realmente comienzas a *jugar*, el Universo te va a mostrar todo tipo de cucarachas, todo tipo de limitaciones:

"Oye, ve esto, aquí hay un área que puedes amar más, aceptar más; aquí puedes estar más presente, ser más honesto, más valiente..."

Ahora, la vida te da exactamente lo que necesitas y enseñarte lo que tienes que ver, sólo tienes que mostrarte, tener curiosidad y estar presente. ¿No es maravilloso? No estás siendo castigado, *te están cuidando y atendiendo*. Esto está pasando *para* ti.

Tu camino entero hacia el dominio y la libertad ha sido definido, sólo tienes que dar un paso a la vez. Esto es reconfortante *si* tienes el valor de aceptarlo.

¿Cómo puede existir el 'fracaso' en esto?

¿Tal vez el 'fracaso' sea mejor definido como 'renunciar por temor a intentarlo'? Parafraseando al coach de salud, y filósofo, Pat Flynn: el único fracaso en la vida es no intentar, es la inacción.

La verdadera razón detrás del miedo al fracaso

Lo he mencionado anteriormente, pero vale la pena repetirlo: tener miedo de intentar, tener miedo a fracasar es bastante común; es todo un tema. Una de las razones del miedo al fracaso es el no ser percibido como suficientemente bueno, especialmente cuando eres tú mismo quien no se considera así.

Sin embargo, la mayor fuente de miedo viene en realidad de lo que los demás puedan llegar a pensar. Es nuestro cerebro mamífero el que nos cohíbe, preocupado con la conexión social y las jerarquías, pero, sólo si se lo permites.

No es el miedo quien realmente frena las cosas, si no el miedo de fracasar *frente a otros*. La verdad es que, si por ti fuera no tendrías problema en fracasar, siempre y cuando nadie se de cuenta; esto cambia en cuanto te pones bajo la luminaria.

El miedo a fracasar frente a otros evita que hagas muchas cosas por el simple hecho que al hacerlo te estás subiendo al escenario. Ahí no hay protección, te pueden ver a millones de kilómetros, y puede que te juzguen, que se rían de ti, que crean que eres un idiota, puede que cometas un gran error.

Conforme agrego los toques finales a este libro, me doy cuenta de que muy pronto lo leerán personas a quienes respeto mucho. Me mantengo firme en cada palabra y estoy a punto de publicarlas. Aún cuando conozco bien este miedo, dar *click* para 'enviarlo' a la editorial requiere algo extra.

Hacer lo que necesitas hacer y decir lo que necesitas decir puede ser bastante incómodo, especialmente al principio. Es muy importante reconciliarse con esta falta de comodidad. De no hacer las paces con este miedo y la preferencia a mantenerse cómodo, simplemente no harás las cosas que pretendes hacer. Nunca obtendrás la respuesta a tus preguntas y nunca se resolverán tus dudas. No dirás las cosas que necesitas y quieres decir. No vivirás la vida que quieres.

¿Y si nunca vives realmente tu propósito, tus pasiones o eres tú mismo? Y todo porque tienes la idea errónea de que hay algo malo en ti.

> *"Lo único que tienes que hacer es seguir adelante y nunca ceder un sólo centímetro ante el miedo. Enfócate en lo que es real, nunca dudes, nunca te alejes del Uno. Entonces, cuando tienes dominio de eso, la vida es simple..."*
>
> —Maharishi Sadashiva Isham, maestro Ishaya.

El valor de ser auténtico

> *"Si quieres mejorar, alégrate con que te consideren tonto y estúpido."*
>
> —Epicteto, filósofo griego.

¿Estás mal, equivocado, al revés?

No es cierto, *en absoluto*. Aún así, casi todos tienen la creencia fundamental: "*Lo estoy haciendo mal. Estoy mal*". Creen que todos los demás están bien, todos saben qué hacer, y ellos son los únicos que están batallando y haciendo las cosas mal.

Es por esta creencia que muchos somos cuidadosos de no poner, si quiera, un pie fuera de la línea, de no hacer muchas preguntas, de no sobresalir o ser honesto y convertirse en el blanco; y todo porque la gente puede darse cuenta de lo equivocados que estamos si nos ven. En lugar de eso presentamos una imagen, una máscara, intentamos encajar y ser todo para todos. Pensamos que ellos están bien y nosotros mal... En realidad, si hay un problema es nuestra culpa.

Salir de estos patrones limitantes requiere consciencia y valentía.

¿Qué otra cosa puedes hacer?

Se necesita mucha energía para ser alguien más, para esconderse. Hay gran paz y plenitud en ir más allá del *"¿y si cometo un error?"*, *"¿Qué van a pensar los demás?"* También es muy inspirador para los demás. La gente se da cuenta y le encanta. Puede que no lo reconozcan conscientemente, pero lo reconocen en algún nivel: *"Aquí hay alguien real, alguien completo y cómodo consigo mismo. No necesita aprobación, no tiene nada que esconder ni nada que demostrar; yo también quiero esa vida."*

Así que hazte un favor, a ti y a los demás, y ten el valor de ser real y auténtico. Cuando tu corazón comience a palpitar, hazlo, dilo. Armarse de valor puede ser excelente un GPS para vivir al 200% y libre de arrepentimientos.

Elige tener el valor de hacer cosas diferentes... o hacer las mismas cosas de diferente manera

Estoy completamente a favor de tener el valor de hacer las cosas de otra manera. Es una parte importante de la vida, algo en lo que te volverás mejor entre más lo hagas. Sin embargo, toma en cuenta que hay dos aspectos diferentes al momento de tomar decisiones. Es un punto crucial porque todos se enfocan en lo nuevo y lo diferente. Todos se enfocan en cambiar el mundo exterior.

Todos quieren empacar todo y huir a una isla tropical y destruir sus teléfonos. Todos son buenos señalando hacia afuera y diciendo: *"Bueno, necesito hacer algo, algo aquí no está funcionando, así que cambiaré eso, y esto; mientras tanto, la voy a mandar a volar..."* ¿Sabes a lo que me refiero?

Creas una historia completamente diferente con sólo ajustar tus decisiones internas: hacer las mismas cosas, pero desde una perspectiva distinta. En lugar de deshacerte de tu teléfono, quizá podrías aprender a usarlo; en lugar de renunciar a un trabajo que no te gusta, podrías aprender a ajustar aquello en lo que te enfocas; en lugar de mudarte a una isla tropical en la que esperas que no haya estrés, podrías ajustar la forma en la que manejas el estrés; en lugar de terminar tu relación con tu pareja, podrías cambiar lo que aportas a la relación.

Porque, si no tienes el valor para cambiar tu actitud básica y tus elecciones internas, entonces no importa qué cosas haces, en dónde vives, tu pareja, tu trabajo, si tienes un teléfono inteligente o no. Nada de esto importa, porque cada vez más vas a recrear los mismos problemas, sin importar a dónde vayas, ni lo que hagas... ¿sabes por qué? Porque llevas tu cabeza contigo a todos lados, y esa es la fuente de todos tus problemas.

"Tú eres el único problema que jamás tendrás,
y tú eres la única solución."

—Bob Proctor, coach y autor de autoayuda.

No te confundas con esto.

Que puedas aprender a lidiar con cualquier cosa no significa que *debas* hacerlo. Si quieres hacer un cambio, hazlo. Pero date cuenta de que si no cambias tus elecciones internas vas a recrear los mismos problemas una y otra vez.

Con frecuencia, el retomar el rumbo en la vida comienza con un cambio interno: hacer las *mismas* cosas de diferente manera, con consciencia y elección. Es ahí que yace la libertad. No se trata de cambiar el mundo externo para que se ajuste mejor a ti, se trata de que tú cambies primero tu actitud y tus circunstancias.

¿Qué harías si supieras que no puedes fracasar?

¿Qué harías si supieras que el futuro resultará a la perfección?

¿Y si...?

Mantén la puerta de las posibilidades completamente abierta. Ve más allá de la voz que dice que es probable que fracases, que algo puede salir mal, que no eres lo suficientemente bueno.

El crítico interior sólo puede ver la limitación y los problemas, no puede ver el potencial ni la posibilidad. El infinito es demasiado para que la mente pueda asimilarlo, y es por eso que se enfoca en lo pequeño: en la carencia, en lo que no tienes, y en lo que podría salir mal.

Cree esto y el mundo se compactará y perderá su color... y tú junto con él.

¿Y si le dieras la vuelta este pensamiento de carencia? ¿Y si te enfocaras en lo que podría salir bien? ¿Qué eres lo bastante suficiente?[12]

¿Por qué no?

¿Por qué no apropias una actitud de visión y posibilidad? En lugar de escuchar el *"por qué no puedes"* o el *"por qué no lo harás"*, ¿por qué no mejor escuchar el *"¿Qué pasaría si...?"* o *"¿Qué tal si...?"*

Suelta las limitaciones, son imaginarias; sólo tienen poder porque tú crees en ellas. En lugar de esto, enfócate en la posibilidad y en la grandeza de lo que podría pasar.

Asume una actitud que ilumine tu vida, con ello también iluminarás la vida de todos a tu alrededor. Asume la actitud de que todo estará bien. Agradece que, ahora, el futuro ha sido resuelto. Permanece altamente en esta certeza. ¿Cómo vives ahora que sabes esto?

¿Por qué no lo harías así? ¿Qué tienes que perder? ¿No sería un cambio increíble en tu vida?

La actitud lo dice todo.

Posibilidad

Hay quienes viven sus vidas como si nada fuera posible, que ya no hay espacio para el cambio. Después están quienes creen que todo es posible (aún si sólo fuera teoría). Vaya diferencia que hace.

Como dijo el fabricante de autos Henry Ford:

---

[12] Busca al conductor inglés Benjamin Zander, y ve su plática Work (how to give an A). www.youtube.com/watch?v=qTKEBygQico

"Ya sea que creas que puedes o que no puedes, tienes razón."

Ahora, el cinismo saludable es grandioso. No te estoy diciendo que no creas en nada, pero es posible ser inocente y abierto, para creer que todo puede pasar. No es muy científico negarse a abrirse a cosas nuevas o diferentes. Necesitas probarlas, realmente ponerlas a prueba.

Alguna vez, el maestro Ishaya Maharishi Sadashiva Isham dijo algo bastante profundo:

"La vida fue hecha para ser vivida en gozo eterno, libertad infinita, amor incondicional y consciencia ilimitada; cualquier otro tipo de vida se está perdiendo totalmente el punto de haber nacido humano."

Él insistía en que el derecho de nacimiento de cada persona es la paz, el gozo y la dicha eterna; que el amor no es una emoción, sino tu verdadera naturaleza. Que no sólo es posible vivir completamente libre del sufrimiento, es así se supone debes vivir.

Puedes ver esto de dos maneras:

Que es imposible, que ha perdido contacto con la realidad, o por lo menos con la vida de una persona común, y sus palabras son sólo para unos cuantos elegidos.

O, sus palabras son tan increíbles que todo lo que ha dicho es realmente posible para cualquiera que se comprometa a esto, por completo.

¿Por qué no lo intentas? ¿No sería eso mejor que detenerte antes de siquiera comenzar?

> *"Ya que la muerte es inevitable, ¿por qué no haces lo que los sabios dicen y ves si lo que dicen funciona?"*

—Nisargadatta Maharaj, maestro espiritual de la India.

Yo preferiría vivir con la puerta de las posibilidades abierta de par en par, es un estilo de vida muy expansivo. Es tan liberador vivir desde el "¿Y si...?" Es muy liberador asumir que no hay limitaciones, además de las que impongo sobre mí mismo.

Elige permanecer abierto a cualquier cosa que esté ocurriendo, a no aferrarte a que algo permanezca fijo o a algún tipo de certeza, sólo a la posibilidad de la magia.

Y esa posibilidad *es* magia.

La mayor posibilidad

La mayor posibilidad en tu vida llega cuando te vuelves consciente de la naturaleza de la historia predominante, sin embargo, es la más sutil que te has contado a ti mismo, es el inconsciente conductor de toda tu limitación y drama, el que se ha reforzado por cada persona que has conocido (porque ellos también lo han creído):

Crees que estás dañado o defectuoso.

Crees que eres imperfecto, que (de alguna manera), algo está mal en ti. Que necesitas convertirte en algo mucho mejor y más completo, antes de ser realmente merecedor. Necesitas aprender, acumular más conocimiento, discutir más; y entonces podrás actuar, o ser quien realmente quieres ser.

Crees que estás escalando una montaña hacia un mejor estado del Ser, para convertirte en una mejor persona. Un camino, una metamorfosis: progresando, educándote, mejorándote. ¿No es así cómo se siente? Se siente como si la transformación sucediera porque escalaste fuera de un estado hacia uno mejor, uno más avanzado.

Escalar una montaña es maravilloso cuando te sientes grandioso y todo parece marchar bien. El problema es que es horrible cuando parece que las cosas empiezan a ponerse difícil, cuando te derrapas, sientes que te caes y pierdes el preciado suelo. Los errores podrían parecer de vida o muerte; no es de sorprender que tengamos problemas para aceptarlos.

En ocasiones, la resbalosa montaña es tan real que no genera más que un despreciable miedo a caer directo al infierno, la ansiosa esperanza de que algún día encontrarás el cielo.

A veces, pierdes la moral al resbalar y te rindes al caer en los viejos hábitos:

"¡¿Cuál es el punto?!", le gritas al cielo... y a ti mismo. *"¡De todas formas nunca voy a llegar!"*, dices mientras avientas tu intención, tu meta y tu visión para tener, algún día, la vida que quieres y ser la persona en la que te quieres convertir.

Quiero que consideres algo.

La historia que te has estado contando es que careces o necesitas algo para ser mejor, que no eres lo suficientemente bueno y que, para ser merecedor y estar 'completo', es necesario sacrificar o adquirir algo.

Pudiera parecer así, pero este 'camino' es muy diferente.

El juego interno no se trata de llegar a algún lugar, sino como dijo Buda cuando habló de caminar en el filo de una navaja... ¡Oooooh! Suena dramático, ¿verdad? Pero es como una cuerda floja, un acto de equilibrio en el que sólo necesita mantener el equilibrio para llegar a donde quieres.

Entre más consciente, más presente estarás para trascender el estrés, la negatividad y la limitación, lo único que tienes que hacer es saltar al *ahora*. ¿Quieres dejar de estar enojado, triste o malo? Sólo sé consciente ahora.

¡Claro que te vas a caer! Al igual que cualquier otra habilidad, no eres tan bueno al principio. ¿Qué haces? Te levantas y te mantienes *ahí* y *ahora*.

No has perdido nada ni has retrocedido, no estamos jugando serpientes y escaleras; simplemente te caíste, se te olvidó y te quedaste dormido.

Ahora estás despierto, ¡vuélvete a subir! Constancia, vuélvete a subir y haz las cosas que sabes que necesitas hacer. En términos de trascendencia, la parte limitada de ti es simplemente mantenerte alerta al *ahora* y a tu presencia dentro de eso.

Vuélvete a subir.

Te quedarás ahí cada vez más tiempo y las cosas que te hacían caer se volverán más obvias. Comenzarás a hacer un buen manejo del enfoque sin esfuerzo, fluido y simple, para quedarte arriba hasta que un día descubras que pasas mucho más tiempo arriba que cayendo. Y todo porque le diste mayor importancia a volverte a subir que a caer, todo porque te volviste a subir a esa zona e ignoraste todos esos pensamientos que te decían que era mejor que te rindieras porque te habías vuelto a caer, porque 'eres inútil'.

Y aún más cierto es que vivir frecuentemente libre de estrés, de negatividad, de limitación, vivir en calma y feliz, más que un acto de equilibrio es sumergirse en un baño caliente; mientras, ese pequeño 'tú', el ego, tus creencias y patrones limitantes son como un cubo de hielo.

Todas las cosas que no sabes y las interferencias que se atraviesan en el camino se derriten al sumergirte en la presencia del **ahora**.

No hay correcto o equivocado cuando se trata de darse un baño ahí, sólo existe el sumergirse; no hay errores ni fracasos, sólo recordatorios de que te saliste de la bañera por hábito, y puede que al principio lo hagas muy seguido. ¡*No importa!* Sólo te quedaste dormido... sólo te quedaste dormido.

Ahora estás despierto, vuélvete a meter al único lugar que en verdad te satisface, el único lugar en el que *ni* el estrés, *ni* el drama, *ni* la negatividad *pueden* existir... el único lugar en el que todo aquello que no necesitas se desvanece.

Conforme más vuelves a entrar, más te das cuenta de cuán placentero es este baño: nunca se enfría, y siempre tiene tu patito de plástico favorito. La bañera es el único lugar en el que eres pleno y completo. No descompuesto, roto ni incompleto... Eres *perfecto*. Estás en el lugar y momento correcto.

¿Qué pasa cuando crees que estás incompleto, que *hay* algo malo en ti?

Simplemente saliste de la bañera, eso es todo... vuélvete a meter.

Cómo un 'No está roto' o 'No está descompuesto' cambia el juego externo

Dominar tus creencias limitantes, el no esperar a estar 'mejor', permanecer completamente abierto a estar listo y "ser suficiente" justo ahora... todo esto significa que tienes el cimiento interno para mejorar cualquier cosa en el juego externo.

En realidad, sumergirte en un baño caliente en el que no hay nada malo en ti, también describe la mejor base para aprender y tener éxito en cualquier área.

Dan John, entrenador en levantamiento y lanzamiento, además de ser académico de estudios religiosos, alguna vez dijo que el éxito surgía de un proceso dividido en tres partes:

1. Preséntate (deja de hablar y comienza a actuar).

2. No renuncies.

3. Haz preguntas.

Es *igual* que sumergirte en una bañera. Métete, quédate ahí, sumérgete en la experiencia, el apoyo y la comunidad de aquellos que han estado ahí antes que ti.

Como creemos que estamos incompletos, no somos inocentes. Estamos esperando a convertirnos en merecedores, en alguien mejor, y esto genera miedo, inacción y una falta de exploración. Pasas mucho tiempo hablando sobre 'querer' hacerlo, te preparas acumulando conocimiento, pero nunca empiezas. Si no comienzas y no eres constante, la norma será procrastinar; tienes miedo de levantar la mano y hacer las preguntas necesarias para mejorar.

Te desanimas fácilmente cuando, inevitablemente, sucede algo inesperado y crees que te estás yendo montaña abajo. Como dice Dan:

> *"Si he aprendido una lección al entrenar es esta: 'el atleta renuncia un día antes de dar un gran salto'. La frustración, las lesiones, el perder y el fracaso son oportunidades para aprender más en los deportes... y en la vida. Lo que te convierte en un campeón es lo que haces con el fracaso."*

Renuncias justo antes del gran salto, vas y buscas algo en lo que eres 'bueno', algo que crees que puedes hacer... que no es más que otra forma de decir: *"algo en lo que no puedo fallar"*. Es increíble que podamos aprender algo desde el nivel de una cabeza estresada, agotada y ocupada, con una mente distraída, confundida, ansiosa, temerosa al fracaso, negativa, limitante, resistiendo, culpando y dudando. Puedes notarlo en lo rápido que los niños pequeños dominan una multitud de habilidades diferentes. Los adultos rara vez pueden hacer eso.

Ser inocente y trascender la idea de *"estoy descompuesto"*, combinado con el compromiso de volverte a meter a la bañera de la experiencia, de darte el tiempo de sumergirte en lo que sea que estés aprendiendo, es una fuerza imparable.

¿De acuerdo? Así que no esperes, deja de hablar y pensar al respecto y comienza, toma acción; vuelve a meterte.

Adopta la perfección y sé pleno, esto cambia todo.

Ser perfecto no es ser arrogante

> *"Se requiere valor para reconocer que no somos víctimas de nada afuera de nosotros. El reconocer que somos perfectos es una de las cosas más valientes que podemos hacer."*
>
> — Priya Ishaya, maestro Ishaya.

"¿Quién soy para declararme perfecto?"

Definitivamente es una movida audaz, pero no tiene nada que ver con la arrogancia. No tiene nada que ver con la evaluación, el progreso ni con ser mejor.

La perfección no es lineal, no tiene nada que ver con aprender o alcanzar metas, no tiene nada que ver con hábitos, ni con el pasado, ni con el futuro. No tiene nada que ver con nada que tu mente pueda concebir. La perfección viene de la experiencia de que no hay nada malo en ti, de que, en efecto, adquirirás conocimiento y sabiduría, pero tu naturaleza fundamental es la perfección misma: exactamente tal y como eres.

Observa a un pequeño bebé. ¿Existe en él tal cosa como la inseguridad o la autoestima? No. No existe, no hay lucha interna. Sin embargo ¿cuánto amor, gozo y atracción sientes por este pequeño ser perfecto? ¿Qué no darías para nutrirlo, protegerlo y guiarlo? Son tan maravillosos, tan magnéticos, simplemente porque son libres e inocentes.

Los momentos más memorables que tuve antes de aprender a Ascender, aún cuando eran fugaces, involucraban esta ausencia de autojuicio, autocrítica y automanipulación. Solamente caía en un espacio, en la verdadera naturaleza de simplemente ser; un espacio de ser que no necesitaba nada, nada en lo absoluto.

Muy diferente a mí otra existencia basada en la mente, de constante esfuerzo y lucha.

Quizá tú también has tenido momentos como estos. Independientemente de cuál sea el caso, cuando vas más allá de la necesidad de la mente de intentar, mejorar, aumentar, asegurar, defenderte... más allá de todo eso estás tú: pleno y completo. No hay nada por hacer.

Esto es vivir una vida del 200%: tener el coraje de dejar ir lo que la mente cree que sabe, lo que teme, lo que juzga y cree. Abandonando la lucha para convertirse y asegurarse de editar y presentar una imagen adecuada, administrada y controlada; donde te rindes a la bondad y perfección innata que ya está dentro de ti.

Al leer este libro, puede que estés buscando convertirte en una mejor persona. A lo largo de tu vida has vislumbrado ser esta persona y quieres que sea permanente. Aún así, así, lo único que necesitas para convertirte en esta *persona perfecta* es dejar de intentar ser algo que no eres; descansa en la presencia que ya está dentro de ti. Necesitas hacer muy poco, sólo deja ir la mente.

La paradoja perfecta

En verdad, veo la paradoja en esto.

Si no tienes el deseo de mejorar no harás nada, no serás constante y no te desharás de tus cadenas ni adquirirás paz permanente. Pero si no dejas ir la necesidad de la mente de mejorarse a sí misma, tampoco encontrarás paz continua.

El psicólogo norteamericano Carl Rogers escribió:

"La curiosa paradoja es que cuando me acepto tal y como soy, es cuando puedo cambiar."

Necesitas hacer muy poco para cambiar. Te sumerges en el baño del *ahora* y todas tus limitaciones y hábitos se disuelven en el momento perfecto, dándote cada experiencia y cada lección que necesitas, conforme lo necesites.

La perfección es la experiencia de la que no se habla, como cuando dejas de escalar la montaña y simplemente te sumerges en la bañera, en la presencia del ahora, mucho más allá del factor limitante de tu mente haciéndote dudar de ti mismo, llenándote de carencia.

Sólo la puedes experimentar desde la bañera, no afuera. Así que... ¡métete!

Sumergirte es la conclusión lógica a todas las elecciones hasta ahora: la aceptación que te eleva en la espiral ascendente, la apreciación, el amor, la valentía y la responsabilidad plena. Nunca dejas de elegir, pero las elecciones que ya describimos se vuelven tu manera natural de responder a la vida.

Tener la experiencia de estar en el único lugar en el que no necesitas nada, en el que nada está mal, no significa que no tengas que hacer ni decir nada. Sólo significa que lo haces con perfecta autenticidad. Lo haces sin preocuparte por las expectativas de otras personas, de lo que no puedes o no deberías.

Se requiere bastante audacia para asumir tu perfección. Cuando todos los demás creen que hay algo mal con ellos, cuando tu mente cree que hay algo mal contigo, es lo opuesto a encajar. No es arrogancia, es simplemente renunciar a la creencia de que hay algo mal en ti. Es el fin del ego, sólo te puede inmovilizar cuando no te amas o no aceptas plenamente, exactamente como eres justo ahora.

Es renunciar al juicio propio, a la historia donde eres la víctima de cualquier cosa en la vida, al pasado, a las heridas y a todo, a cambio de descansar plenamente en este momento presente en el tiempo.

No es que no puedas aprender nada o que no vas a evolucionar, simplemente no hay nada malo en este momento, inmerso en tu presencia. Todo está bien, todo es perfecto. Todo está bien, todo avanza según el plan porque no hay un plan, estás en el lugar perfecto y en el momento perfecto, porque ahora es la vida misma:

> *"Una vez que te das cuenta de que el camino es la meta y de que siempre estás en el camino, no para alcanzar una meta, sino para disfrutar de su belleza y sabiduría, la vida deja de ser una labor y se vuelve natural y simple... un éxtasis en sí misma."*
>
> —Nisargadatta Maharaj, maestro espiritual.

Desde esa base la vida se vuelve más fácil. Gastas mucho menos energía en intentar vivir según tus expectativas de cómo 'debería' de ser. En lugar de eso, simplemente eres. Sabes lo que es bueno para ti. Hay un increíble entendimiento de la manera en que tu mente define todo lo que crees que es real, incluso quien crees que eres. La elección de salirte de tus pensamientos y experimentar la realidad es obvia, simple y clara.

Así que, considera la posibilidad, ya que es la mayor de las posibilidades, de vivir la vida tan inmerso en el baño del *ahora*, más allá la inseguridad, del bien y el mal, de la creencia de que *"algún día seré merecedor"*... que la perfección sea una realidad.

Lo más probable es que vivas en tal felicidad, que ni siquiera te des cuenta.

Deja de esperar

La belleza, la simplicidad, la verdad es que ya eres lo que buscas. Aquí y ahora. Lo eres.

Deja de esperar.

Vas a necesitar valor; no me importa que tan valiente creas ser, esta es la prueba final.

Una de las cosas más heroicas que puedes hacer es vivir como si no hubiera nada malo contigo, como si no estuvieras incompleto, como si fueras más que suficiente.

Deja de esperar. Esto es todo. Deja de posponer, de esperar un mejor momento en el futuro o una futura versión de ti.

La vida no es la práctica del convertirse, aún cuando logras convertirte.

La vida es la práctica de *vivir* sin restricciones, porque no hay momento como el presente, porque no habrá una mejor versión de ti en algún momento futuro.

Eso es todo. Aquí estás. Agarra al toro por los cuernos y baila, a la luz de la luna, si te gusta la poesía, pero baila ahora.

Eso es todo. Estás aquí. Toma al toro por los cuernos y baila a la luz de la luna (si te gusta la poesía), pero baila ahora.

No te quedes en la banca, *esperando*...

CAPÍTULO 16

Octava Elección: Ser Nada
(cuando todos te dicen que seas algo)

*"Cuando te conviertes en nada,
tu poder se vuelve invencible."*

—Mahatma Gandhi, líder de la India.

Vuélvete Nada

Con frecuencia la gente que se acerca a mí para aprender la Ascensión de los Ishayas de The Bright Path me pregunta qué van a obtener. Por lo general les digo cosas agradables: menos estrés y conflicto, mejor descanso, más paz, descanso, energía, enfoque y propósito. Pero, si realmente están interesados en el camino les digo que no van a obtener nada, que, de hecho, van a perder muchas cosas.

Cuando te sumerges en una enseñanza verdadera pierdes todas tus posturas, tus juicios, la necesidad de estar seguro, de controlar y de tener la razón; pierdes todos tus 'debería'; pierdes toda idea de lo que crees ser. Lo más importante es que tu mente pierde el poder que tiene sobre ti. Es la pérdida de esas cosas la que te trae paz y libera tu potencial, no el adquirir algo.

El místico alemán, Meister Eckhart, lo dijo perfectamente:

"A Dios no se le encuentra en el alma
al agregar, si no al quitar."

La pérdida de toda limitación interna revela tu verdadero poder y belleza, la esencia de quien ya eres, quien siempre has sido. Pero has estado intentando acertar y controlar, esforzándote por ser quien crees que deberías ser.

Es una paradoja interesante, todo el mundo pareciera decirte que seas alguien, sin embargo, tu mayor paz y potencial reside en reducirte a cero, a nada. Cuando decides hacer esto, un poder más elevado, el Ser superior (o como quieras llamar a esa fuerza más sabia, divertida y compasiva de lo que tu pequeño 'yo' pueda jamás llegar a ser) puede fluir a través de ti sin impedimentos, completo, sin alteraciones.

Esta es la forma en que logras el mayor impacto en el mundo; no siendo alguien, sino siendo Nada, quitándote de tu propio camino:

"El Universo está diciendo, 'permíteme fluir a través de ti,
sin restricciones, y verás la magia más maravillosa
magia que jamás hayas visto'."
—Klaus Joehle, autor alemán.

Deja de buscar, deja de luchar

Probablemente ya has saboreado estos instantes; no es como que se requiera cierto tiempo, definitivamente no requiere ningún esfuerzo. Todo lo que necesitas para vivir ya se encuentra dentro de ti.

Como si el cielo se despejara, has tenido la experiencia de la perfección preexistente: *"Ahhhh"*, dirás, *"así es como la vida debe de ser vivida"*. Esto es... la emoción, la experiencia, la unidad, el momento perfecto, esto es lo que todos están buscando. Es la razón por la que haces lo que haces, por la cual te encanta la sensación de hacer algo 'bien'.

Es un poco complicado explicar el 'hacerlo bien', pero sabes cuando ocurre, todos lo saben, no importa si eres un campeón olímpico o un atleta local, el bailarín principal o un parrandero empedernido, un concertista o un guitarrista amateur, un artista o un pintor aficionado; todos conocemos esa 'atmósfera' interna, o ese sentido de estar en un estado de Flujo, en la Zona, en un baño del ahora.

La ansiedad no existe. No hay distracción o preocupación, sólo presencia total, acción fluida. Es simple, totalmente fresca, y a la vez clara, tan obvia, tan 'familiar', libre de esfuerzo, enfocada, y magníficamente disfrutable. Aquí reside la fuente de todo el éxito y el gozo.

Más que cualquier otra recompensa, es esta experiencia interna es la que nos lleva a volver por más, nos cambia la vida. Fluir puede ser intenso, como una experiencia espiritual. Ambos vienen de la misma fuente. La dedicación de un monje al Ser Supremo y la búsqueda del surfista por la ola perfecta sólo se distinguen por el contexto. La esencia de la humanidad es fluir. Es como se supone debemos vivir todo el tiempo.

Es la razón por la que trabajamos tan arduamente, por la luchamos con tanto ahínco. Es la razón por la que controlamos, nos agotamos, y buscamos poder, dinero, un alma gemela o una medalla de oro... es incluso la razón por la que emprendemos diversas aventuras o consumimos drogas: para experimentar eso que, irónicamente, ya somos.

Es lo que busca la humanidad, y lo perdemos en nuestro intento por ser mejores en ella.

Buscamos en todos lados, menos adentro. Incluso aquellos que buscan adentro no lo hacen con inocencia si no desde el 'debería' o 'necesito convertirme en', con ideas predeterminadas de aquello que está bien o mal con ellos, y esta es la trampa más grande.

> *"La única función de las enseñanzas es hacernos recorrer el camino de vuelta a nuestra Fuente Original. No necesitamos adquirir nada nuevo, sólo renunciar a las ideas falsas y adherencias inútiles. En lugar de hacer esto, intentamos aferrarnos a algo extraño y misterioso porque creemos que la felicidad se encuentra en otro lugar. Este es el error."*
> —Sri Ramana Maharishi, místico de la India.

Es por esto por que amo la palabra tibetana para la meditación: 'familiarización'. No es la práctica de buscar nada nuevo, es la práctica de descubrir lo que ya está ahí, más allá de la mente indagadora, reactiva y crítica.

Deja de escalar la montaña de 'convertirse en...' y sumérgete en el baño de Ser. Tú eres eso, sólo necesitas detenerte y serlo. Como dijo el maestro espiritual Nisargadatta Maharaj:

> *"No hay nada que pueda darte que no tengas ya."*

No hay nada que los maestros, ni siquiera los más grandiosos, puedan darte. Te pueden ayudar recordándote la verdad sobre quien eres, ciertamente te pueden recordar siendo la presencia misma, pero no pueden hacer más que sostenerte en tu perfección y permitirte elevarte a eso.

Entregándote

> *"Si quieres darme algo, dame tu avaricia, tus lujurias, tus debilidades. Eso es lo que aprecias por sobre las demás cosas. Dame todo lo que se interpone entre Dios y tú."*

—Brahmananda Saraswati, maestro espiritual de la India.

Esta puede ser una experiencia muy frustrante *si piensas al respecto*. Ese era mi caso cuando me obsesionaba pensando en eso, y lo hice por muchos años.

"¿Cómo puedo ser eso cuando no lo experimento todo el tiempo? ¿Cuando mi mente se sigue interponiendo en el camino? ¿Cuando continúo reaccionando de formas de las que me arrepiento? ¿Cuando me sigo deprimiendo y enojando? ¿Cuándo lo entenderé finalmente? ¿Qué más tengo que hacer...?" Le lloriqueaba a Maharishi, mi maestro Ishaya de Ascensión de The Bright Path.

Estaba atrapado en la búsqueda, en el intento de convertirme en algo más, y no hacía aquello que realmente me ayudaría a trascender las partes de mí, y de mi vida, que tanto juzgaba... Estar absolutamente lleno de la presencia, ahora.

Si quieres hacer algo, dale por completo toda tu atención. Quítale tu atención a la mente, codiciosa y egoísta, de los 'debiera', del insistir, del vivir en el pasado y del futuro. Llévala en su totalidad a la presencia, quieta y silenciosa, que reside más allá del pensamiento. Ahí se encuentra el campo del ser apacible, silencioso, espacioso... eternamente paciente.

La mente se encuentra constantemente tomando, no es más que 'yo, yo, yo', y el mundo se encuentra, por hábito, atrapado en esto. *"Sé alguien"*, es el grito del ego, mientras que el niño interno dice *"¿qué hay de mí?"* El pequeño 'yo' sólo te ha traído confusión, miseria y la constante búsqueda de más. Claro que ha habido periodos de relativa felicidad y satisfacción, pero nada perdurable. El enfoque en aquello que está mal y la búsqueda de algo más retoman el control rápidamente.

A diferencia de esto, esa presencia interna, quieta, silenciosa y consciente, no necesita ni requiere más que simple apreciación. Al darle tu atención, estás literalmente renunciando a todas tus limitaciones y egoísmo. Estás regresando a Nada.

Entre más lo haces, más vives desde la experiencia de *Soy 'Eso'*. Comienzas a vivir la más maravillosa de las vidas, al renunciar a la búsqueda y sintonizarte con lo que este momento tiene para ofrecerte.

La trampa del no hacer

"Puede que nunca sepas el resultado de tus acciones. Pero si no haces nada no habrá ningún resultado."

—Mahatma Gandhi, líder de la India.

Elegir la paz y la felicidad no significa elegir no actuar; no quiere decir que elijas no vivir.

La vida sigue siendo acerca de la acción, pero ahora es sobre el tipo de acción que no se alimenta del conflicto ni del esfuerzo, sino de la inspiración, la presencia y el fluir.

Al principio de este libro hablé mucho sobre cómo la mayoría de la humanidad vive de manera automática, reactiva... ciega. Al ser Nada también vives un tipo de vida automática, pero una en la que tus hábitos, programaciones y filtros no afectan tus respuestas. No necesitas examinar nada, no *quieres* examinar nada, vives tan libre como eres. Tus elecciones provienen puramente de tu sabiduría y bondad innata.

El conflicto, la tensión y el control desaparecen, por eso el pequeño tú 'no hace nada'.

Es imposible de describir, pero, mantente presente, regresa a ser Nada y lo sabrás, lo vivirás.

No se trata de no actuar. La vida no se trata de esperar a que las cosas te sean dadas, de ignorar lo que te apasiona o te gusta hacer, de aceptar que todo es "perfecto" y no hacer nada cuando sientas que hay algo por decir o hacer.

La rendición a la Nada no se traduce en 'nada de acción', 'nada de deseo', ni 'nada de pasión'. La rendición es quitarse del camino en el que están todas las barreras que inhiben la acción, la pasión, y el deseo puro. La rendición es determinar la diferencia entre la mente y la intuición. Te repito, no pienses al respecto, no luches con esto, sé la presencia misma, y suelta, observa que pasa.

Lo más importante es que volverás al punto de partida. Comenzamos este libro diciendo que una de las cosas más importantes que puedes tener es ser inocente (no tener expectativas o juicio) acerca otros o de ti mismo.

Eres devuelto a la inocencia. Será la inocencia quien te guíe.

Inocencia

El mundo entero espera que tengas una opinión, que seas parte de algo.

"¿En qué crees? ¿Esto está bien? ¿Esto está mal?"

Vaciarte por completo y abrirte, dispuesto a entender y a decidir en el momento preciso en el que necesitas hacerlo, es un acto bastante radical cuando el mundo entero quiere dividir y definir según creencias y juicios.

Cuando el mundo entero quiera que tomes una postura, vuélvete Nada y regocíjate en la experiencia de que ahora no existe el sufrimiento y no hay problema en la Presencia, entonces todo se vuelve claro:

No eres tus opiniones, tus creencias ni tu cultura. No eres por quien votaste, tu trabajo, tus posesiones, ni lo que has hecho o dejado de hacer. No eres tus sueños, tus planes, ni tus ideales.

Tienes todas estas cosas, pero no eres eso.

Si crees que eres estas cosas, entonces así es como percibes a los demás. ¿Cómo puedes conectar con alguien exactamente cómo son? ¿Cómo puedes comprender realmente cualquier cosa cuando el prejuicio nubla cada interacción, cada decisión? ¿Cómo puedes satisfacer las necesidades precisas de este momento, que es la vida misma?

No puedes, no con estos filtros.

La única manera en que puedes vivir sin filtros es soltando todas tus creencias, expectativas, demandas y necedades. Entonces puedes ser realmente eficiente y estar lleno de gozo. No estoy diciendo que renuncies a tus preferencias y pasiones, ni que te dejen de importar, si no que te ocupes de la realidad, que fluyas con la claridad de lo que es, en lugar de lo que tu mente prejuiciosa, llena de creencias y opiniones, dice que debería de ser.

Estamos hablando de la inocencia. Cuando renuncias al pequeño 'yo' te conviertes en Nada, recuerdas la inocencia absoluta. La inocencia no es necesitar o resistirse a algo, sino recibir todo lo que viene, es la forma más pura de aceptación y rendición.

En la inocencia no queda nada que sea egoísta o que esté absorto en sí mismo. Junto con la pérdida de la mente limitada viene el perder la perspectiva de la carencia, el vaso medio vacío, y la subsecuente necesidad de proteger.

En cambio, vives desde la perspectiva de la plenitud, de la abundancia, y del potencial. En realidad, la única perspectiva es la de la plenitud, no existe otra posibilidad. Vives magníficamente porque te das cuenta de que, en realidad, nunca necesitas nada.

En la inocencia olvidas las exigencias que te impones a ti mismo. Olvidas la idea de que necesitas convertirte en algo diferente, y al hacerlo, olvidas las exigencias que pones en los demás. Es ahí que surge la fascinación con lo que es, no con lo que debería ser; no esperas nada y lo celebras todo.

La inocencia es un don grandioso en cada interacción: simplemente estar dispuesto y deseoso por interactuar y relacionarte con una persona tal y como es, y no con tus ideas ni intenciones, sin asumir ni tomar posturas. Cuando te quitas las máscaras y presunciones, le das a todos la libertad de hacer lo mismo. Le das a todos el espacio de ser quienes realmente son.

Puedes realmente entender, ver, actuar, trascender todo el sufrimiento y el dolor que viene de tu propia mente. Puedes hacer una verdadera diferencia: fortalecer la unidad, la pureza de corazón, mente, cuerpo y alma.

No pienses al respecto

No puedes pensar en convertirte en Nada, sólo puedes hacerlo. No puedes llegar a una experiencia pensando al respecto. Los pensamientos pueden etiquetar y comentar sobre la experiencia, pero nunca serán la experiencia misma.

Es como el pez nadando en el océano. El pez puede ser capaz de decirte cómo cree que es estar mojado, pero desde la perspectiva del océano, no sabe nada. Tal como Maharishi, mi maestro, dice: es la diferencia entre pensar en chocolate y comer chocolate. ¿Quién quiere sólo pensar al respecto? Y aún así, la retórica de corrientes de filosofía, mindfulness y prácticas espirituales, están fundadas en pensar, en la teoría.

El enfocarte en pensar evitará que experimentes lo que es real de manera directa, lo verdadero, lo permanente. Pensar es el proceso que, erróneamente, crees que eres. Crees que eres tus pensamientos, no es así, eres la consciencia que contiene los pensamientos, la plenitud vacía a través de la cual se mueven.

Más allá del pensar, cuando renuncias a ello, ahí Eres. No pienses, Sé.

Puede que digas *"Si soy eso, ¿para qué necesito una práctica? ¿Por qué necesito algo?"*

Porque creer que eres el pensamiento es un hábito muy arraigado, incluso sutil. Tener una práctica, una herramienta para ayudarte a soltar y traerte de regreso a la experiencia, hace tu regreso más sencillo y rápido.

Puedes esperar un despertar espontáneo: que te caiga un rayo iluminador; o puedes tomar acción y conseguir una herramienta que te ayude a regresar, ahora. Puedes ser irregular con tu práctica, o puedes encontrar tu camino de regreso a casa. El camino que elijas depende de ti.

Regresa a Nada

> *"La iluminación es la mayor decepción del ego."*
>
> —Chogyam Trungpa, maestro budista tibetano.

Regresar y recordar es lo opuesto a lograr y convertirse, no hay premios, y, de todas formas, cuando vuelves a Nada no queda ninguna parte de ti que quiera el reconocimiento de que 'has' logrado algo.

Es lo opuesto a las glamorosas expectativas de tu mente. Es simple y natural, y debido a esto, '*eres* capaz' (no 'lo *haces* posible').

Olvidarás y volverás a dormir. No importa olvidar, es irrelevante. Recordar es la única cosa que cuenta, y puedes hacerlo ahora.

¿A qué parte de ti le importa haber olvidado? ¿Qué parte de ti lleva la cuenta? La parte de ti que necesita mejorar. A Nada no le importa que hayas olvidado, simplemente le encanta que estés en casa; recordarlo y vivirlo en este momento lo es todo.

Lo olvidarás una vez más, pensarás al respecto, batallarás y te esforzarás. Harás una miríada de cosas; pero cada vez que olvides, simplemente recuerda sin caer en el autodiálogo violento en las recriminaciones.

¿Qué parte de ti necesita destruir el ego? ¿Qué parte de ti necesita aniquilar y destruir los malos hábitos? ¿Qué parte de ti necesita castigar y controlar?

A Nada no le importa que hayas olvidado. El océano no se preocupa por el pez, no se opone, nutre todo y permanece intocado por nada.

Oprime el botón de reinicio, y vuelve a empezar. Sé nuevo, observa lo que tienes ahora, en lugar de lo que no tuviste hace un momento, o lo que crees que deberías tener.

Vive basado en la experiencia de Nada. ¿Cómo lo sabrás si no es haciéndolo? ¿Cómo sabrás lo que es ser Nada, si no te involucras en la experiencia en el único momento en que puedes hacerlo... es decir ahora?

¿Sólo porque nadie a tu alrededor lo esté haciendo significa que no es Verdad?

Sabes que es cierto, lo sabes, sólo necesitas ignorar las dudas de la mente, la única parte que está activamente involucrada en que no despiertes a la verdad de quien realmente eres, ni a la forma en que puedes vivir la vida.

El que tu mente comience a hacer berrinche por esto, es una excelente señal de que vas en la dirección correcta, es la única cosa cuya supervivencia depende tu elección por el sufrimiento, el conflicto, y el 'yo'. Intentará distraerte y convencerte de que estás tirando todo por la borda.

Te dirá que no te va a gustar tu 'nuevo yo', pero en realidad, es la única parte de ti que no te ama y acepta tal como eres. Te dirá todo tipo de cosas para seguir siendo necesaria, para parecer relevante.

Lo único que tienes que hacer es ignorar esa voz, justo ahora. No necesitas hacerlo por siempre, sólo aquí y ahora... ignórala, regresa a la experiencia una y otra vez.

Sigue haciéndolo y no querrás dejar de regresar a la experiencia de Nada; te convertirás en la experiencia misma. Se vuelve tan natural que es difícil pensar que hayas creído ser cualquier otra cosa, que hayas vivido de cualquier otra manera.

Es más, todas las elecciones que expliqué en este libro se cumplen cuando regresas a Nada. Todo, la elección por la paz, por una vida presente (llena de paz, consciencia, aceptación, apreciación, valor, amor, y bondad) está contenida en el ser Nada.

Esa es la belleza y el poder de Nada: te *conviertes* en la elección; es la expresión natural, la actitud que vivir la vida inspira en ti.

La vida más grandiosa posible se obtiene de: quitarte de tu propio camino, regresar.

"He aprendido tanto de Dios,
Que ya no puedo llamarme a mí mismo
Un cristiano, un hindú un musulmán,
Un budista, un judío.

La verdad ha compartido tanto de sí conmigo,
Que ya no me puedo llamar,
Un hombre, una mujer, un ángel,
Ni siquiera un alma pura.

El Amor se ha vuelto tan íntimo amigo de Hafiz,
Se ha vuelto ceniza y me ha liberado
De cada concepto e imagen
Que mi mente ha conocido."

—Hafiz, poeta y místico persa.

CAPÍTULO 17

Viviendo Plenamente – Viviendo de Verdad

*"Al final de mi vida, cuando me pare frente a Dios,
espero que no me quede absolutamente nada de talento y
pueda decir: 'utilicé todo lo que me diste'."*

—Erma Bombeck, autora y columnista norteamericana.

El mundo no te debe nada

Tu actitud hace una gran diferencia.

Algunas personas viven pensando que merecen más. Tienen razón, todos merecen más, pero la suya es una exigencia sin apreciación por lo que tienen, pataleando como un niño mimado, frustrados por lo carente que creen que es su mundo.

Cuando exiges, y eres desagradecido, el mundo te da la espalda. El mundo no te debe nada, al contrario, eres bendecido por estar aquí. Cada momento que estás vivo es un milagro. Vuélvete consciente de eso, y te llenarás de tanta gratitud y asombro que jamás exigirás de nuevo.

Tienes tanto, estás inmerso en riquezas... ¿por qué te quejas?

Elección

> "Nosotros, que vivimos en campos de concentración, podemos recordar a los hombres que caminaban por las barracas reconfortando a otros, dando su última pieza de pan. Quizás fueron pocos, pero fueron evidencia suficiente para demostrar que a un hombre se le puede quitar todo, menos una cosa, una de sus últimas libertades: el elegir su propia actitud en cualquier circunstancia, elegirla a su manera."
>
> —Viktor Frankl, neurólogo y psiquiatra austriaco, sobreviviente del holocausto.

Tu derecho de nacimiento es saber que la vida no la que te trae felicidad, eres tú quien trae felicidad a la vida. Elegir de forma constante te lleva más allá del sufrimiento y la carencia, por siempre.

Tu vida es tu elección. Nadie más puede elegir por ti.

Asume la entera responsabilidad de tus elecciones. Elige constantemente llenar tu atención de lo que es bueno, de presencia y viveza, de Ser Nadie, y tu vida se transformará.

Se vuelve más simple, más lleno de Vida, con propósito, con gozosa claridad, facilidad y felicidad. Se vuelve Ideal. Aquí, ahora, no falta nada. Todo está lleno, carente de nada, sin exigir nada. Simplemente, el mundo te llena de tesoros. Imagina cómo sería la vida si vivieras en un estado de plenitud absoluta, sin necesitar nada, pero disfrutando todo. ¿Cómo sería la vida si tu *supieras* que la paz o el dolor es tu elección, y elegir por la paz fuera tan simple como recordar?

Da prioridad a las cosas importantes

Que el cimiento de tu vida sea tu mayor deseo, aquello que realmente es lo **más importante** para ti, **siempre**. Vuélvelo el núcleo de cualquier solución a cualquier problema o situación. Sin importar qué hagas, en todo lo que hagas, haz que tu prioridad sean la paz, la felicidad y el amor. No quiere decir que no tomes acción, pero no pierdas de vista lo más importante para ti. De otra forma, lo pierdes todo.

No te pierdas a ti mismo en las circunstancias de la vida, aún cuando estas aparenten ser importantes, incluso cruciales. Mantén las cosas importantes como prioridad, no permitas que algo más 'urgente' las precedan.

Hacer esto te ayudará a ver la vida como un juego. Juega para ganar, pero recuerda que es un juego. La seriedad llega sólo cuando puedes ganar o perder. Juega bien, juega de lleno, pero el hecho es que la única vez que pierdes en *el gran juego de la vida* es cuando olvidas tu conexión con lo que es realmente importante para ti. Así que, conserva la paz, la felicidad y el amor como tu prioridad en todo, lleva una sonrisa y un corazón ligero, y observa qué pasa.

El camino correcto a seguir siempre se revela desde esta base. Es maestría en acción, así que no te preocupes si lo olvidas, te volverás mejor recordando. La única cosa que es realmente importante es que recuerdes en este momento... Sólo recuerda.

La verdad es...

El tiempo es corto: estás muriendo, cada día, a cada momento. Puede que no lo sepas, pero mucha gente vive en un sueño, inconsciente, asumiendo que siempre habrá más tiempo, cuando en realidad queda menos a cada momento. No tienes tiempo que perder, retrasando lo que es importante para ti. Puede que no haya un después. No sabes qué tan larga será tu vida.

Algunos amigos míos murieron cuando yo era joven. Vivir en una comunidad involucrada en los deportes extremos implica que la gente se lastime y en ocasiones muera. Otros se suicidaron, a uno le dio cáncer, a otro lo atropelló un auto cuando iba en bicicleta por la calle. Lo que todos esos funerales de gente de menos de treinta años me mostraron, fue que necesitaba tener mis prioridades claras y vivir plenamente antes de que se me acabara el tiempo. No fue fácil experimentarlo, pero me da gusto haberlo hecho.

A menos de que seas consciente, desperdiciarás tu vida en sueños incumplidos y palabras calladas. A mí se me dio el regalo de verlo de joven, pero muchos no tienen esa oportunidad. La lección está ahí para todos: no desperdicies tu vida. Cada momento cuenta, vívelo plenamente.

¿Realmente viviendo? O, ¿muriendo lentamente?

"Cuando naciste, lloraste y el mundo se regocijó.
Vive tu vida de manera en que, al morir,
el mundo llore y tú te regocijes."

—Anónimo.

Al final de la película *Salvando al Soldado Ryan*, el soldado Ryan, ya un anciano, visita las tumbas de los hombres que murieron rescatándolo.

Rompe en llanto y le dice a su esposa: *"dime que he vivido una buena vida"*. Quiere que le reconozcan que su vida ha valido la pena y que la aprovechó al máximo, sabiendo que la oportunidad de vivir le fue otorgada por hombres que dieron la vida. Esta escena me conmovió en muchos niveles y resumo lo siguiente: no quiero llegar al final de mi vida y no estar seguro, o peor, saber que me perdí de algo por temor o flojera. La muerte invita a muchas preguntas sobre el sentido de la vida. Por lo general, la mente también surge con el arrepentimiento de cosas dichas o calladas, hechas o sin hacer.

Para mí, llevar una vida abundante y con sentido de vivir sin arrepentimiento, convertirme en Nadie y experimentar la Verdad de la vida para que el arrepentimiento no tenga lugar en este momento; y al mismo tiempo, hacer todo lo que pueda para jugar mi papel en todo y a cada instante, asegurándome de no plantar semillas de arrepentimiento.

La verdadera belleza de saber la verdad es que cada momento puede morir limpiamente, sin dejar rastro, para que este momento pueda ser realmente vívido, fresco y nuevo.

> *"¿Hay vida antes de la muerte? ¡Esa es la cuestión!"*
>
> —Anthony de Mello, maestro espiritual.

No retrases

> *"¿Crees que si no rompes tus ataduras estando vivo los fantasmas lo harán después?"*
>
> —Kabir, poeta y místico de la India.

No retrases elegir la paz o la consciencia. Búscala dentro de ti, búscala ahora.

Si este libro contiene algo de valor para ti, entonces llévalo a cabo. Practica lo que dice. Si te interesa, te puedo decir que aprender la Ascensión de los Ishayas de The Bright Path, vale su peso en oro.

Pero haz que tu prioridad sea el ser la mejor versión de ti mismo, no aceptes excusas de tu mente. Ahora tienes la habilidad y el conocimiento de transformar tu vida, sólo es cuestión de hacerlo.

Mi maestro, Maharishi Krishnananda, una vez dijo que cualquiera de nosotros puede experimentar todas las maravillas del mundo, las maravillas de las que los sabios han hablado por milenios:

"La pregunta no es '¿puedes?', la pregunta es, '¿lo harás?'"

Puedes elegir ignorar todo esto, aventar el libro y pensar: *"Estoy bien, la vida es buena, no me importa conformarme con menos."* Pero como nos advirtió el psicólogo Abraham Maslow:

"Si deliberadamente planeas ser menos de lo que puedes ser, entonces te advierto que serás infeliz el resto de tu vida."

No quieres llegar al final de tus días viviendo a medias, como una versión transigente de ti mismo. La oportunidad de estar plenamente vivo, completamente enfocado, calmado, claro, contento y de vivir una vida al 200%, está disponible para ti. Es tu decisión. Todo depende de ti.

¿Qué tal si fuera real? ¿Qué tal si todo lo que los sabios dicen es cierto? ¿Te aventurarías por ello?

¿Qué tal si...?...

Si no es *ahora*, ¿*cuándo*?

"Es una bendición el ser otorgado el deseo de ser libre.

Es una enorme bendición tener esa chispa de deseo por experimentar algo más que aquello que nos dijeron que debería de ser la vida.

Es una bendición tener el deseo de experimentar todo, en su máxima expresión, en lugar de intentar sobrevivir.

En realidad, es una gran bendición saber que quienes en verdad somos va más allá de quienes creímos ser. Una cosa es reconocer ese deseo, y otra es hacer de ese deseo tu prioridad. Depende de nosotros el convertirlo en un deseo tan ardiente que creemos justo lo que necesitamos para alcanzarlo.

Son aún menos los que siguen el llamado de ese deseo y encuentran su camino.

Pero es por elección."

—Maharishi Krishnananda Ishaya, maestro de The Bright Path.

EL SIGUIENTE PASO

The Bright Path

Al escribir este libro encontré muchas citas increíbles que decían todo lo que yo quería que dijeran, sólo que en menos palabras. Se volvió evidente que hace miles de años había gente que encarnaba todo lo que yo quería decir en este trabajo. ¡Já!

No hay nada nuevo bajo el sol. Esto es completamente cierto cuando se trata de la verdad, la cual es la misma en el corazón de todos. La clave está en reconocerla o no.

Cuando experimentas la verdad subyacente de la existencia, las palabras que utilizas para describirla puede variar, pero la experiencia es universal en el corazón y alma de todos.

Ninguna cultura, religión o persona tiene control sobre la verdad. En el mejor de los casos, son guías mostrando el camino.

La verdadera pregunta es: ¿qué le habla a tu corazón? ¿Qué te ayuda a recordar?

Para mí fue practicar la Ascensión de los Ishayas de The Bright Path. Puede que ya te hayas dado cuenta del valor que tiene para mí, así que quería decir algunas cosas más al respecto. Esta es la práctica que sigo y amo sobre todas las cosas. No puedo pensar en otra cosa que recomiende más que esto. Sé que no soy imparcial, pero me gusta pensar que me queda un poquito de credibilidad y objetividad.

No se trata de la siguiente moda en una lista de cosas maravillosas, esperando a ser reemplazada la próxima semana; realmente creo que *es* magia pura.

La he practicado y enseñado desde el 2003, y continuamente recibo mucho de ella. Si no funcionara para cualquiera que la practique, sobre todo para mí mismo, ya estaría en otro lugar buscando otra cosa. El que no sea el caso dice mucho.

La práctica trae paz, claridad, propósito y simplicidad; enfoque, diversión y fluidez, volviéndolo todo muy fácil. Es un juego de herramientas que utilizas en la vida para sacarle el máximo provecho.

Los maestros te apoyarán tanto como quieras y necesites. La comunidad de Ascendedores es internacional y está viva.

Me disculpo si mi emoción me hace parecer como un evangelizador de la Ascensión. Mi intención no es decir: *"este es el camino, el único camino, síguelo o muere."* Creo fielmente, y sobre todas las cosas, en la elección informada y consciente.

Mi intención es expresar el profundo valor que tiene esta sencilla práctica para vivir una vida maravillosa y libre de sufrimiento. Puedes ganar mucho haciendo muy poco.

Así que, ahí lo tienes: no te deseo más que plenitud. No importa el camino que elijas o las decisiones que tomes, si aprendes a Ascender o no. De todo corazón espero que tengas la mejor vida posible.

Si alguna vez necesitas algo o tienes alguna pregunta, por favor no dudes en contactarme. ¡Me encantará ayudarte! La página de The Bright Path es: *www.thebrightpath.com*

Si vistas *www.arjunaishaya.com/freestuff* podrás descargar varias guías útiles y suscribirte a mi lista de distribución. Será genial contar contigo.

Si te interesa trabajar directamente conmigo para transformar tu relación con tu mente y vivir al 200%, entonces puedes ir a *www.arjunaishaya.com/mentoring* para más información.

SOBRE EL AUTOR

Soy originario de Nueva Zelanda, pero actualmente resido en Yorkshire del Norte, Gran Bretaña. Me encontraba viajando por el mundo enseñando la técnica de meditación de Ascensión de los Ishayas de The Bright Path cuando conocí a una chica. La relación se formalizó, sentamos cabeza y ahora tenemos una familia en su pueblo natal.

Me encanta el aire libre, me encanta comer. Si tuviera un millón de doblones de oro los gastaría en llevar a mi familia y amigos alrededor del mundo. Experimentaríamos en aventuras al aire libre para abrir el apetito, compartiríamos una maravillosa comida y una gran plática.

Amo escribir. Me gustan los buenos libros y las buenas películas.

La vida es buena, realmente buena; no lo digo sólo en esa manera moderna al estilo de Facebook e Instagram, intentando parchar las grietas para hacerme sentir o parecer mejor a los demás. De verdad, la vida es realmente buena.

Ahora tiene sentido, no siempre fue así. Ahora sé cómo funciona. Sé como tener la viveza, conexión y sentido; sé cómo disfrutar plenamente cada momento, cómo vivir siendo esa mejor versión de mí en constante evolución.

Como dije, este no fue siempre el caso. Tropecé por muchos años, siempre preguntándome si había más en la vida que vivir (pero nunca realmente buscando porque todo se veía bastante bien), cuando caí en un pozo obscuro. Entonces la búsqueda comenzó formalmente. Necesitaba encallarme y confundirme para convertirme en maestro de meditación y monje Ishaya de The Bright Path en el 2003. Fue entonces que la vida comenzó a cobrar sentido, rápidamente.

Hoy, amo enseñar y compartir lo que he descubierto y continúo descubriendo. Amo hacer las cosas de la manera más clara y simple posible: práctica y aplicable en la vida 'real' de mujeres y hombres.

La vida es buena.

¡Adelante!

GLOSARIO DE CITAS Y BIBLIOGRAFÍA

Gran parte de las citas que utilicé en este libro vienen de libretas que solía cargar conmigo. Por años me han servido como una especie de mapa del tesoro, apuntando hacia la Verdad, recordándome en dónde buscar, llamándome hacia la vida que realmente quería vivir. Tal como si fueran verdaderos mapas del tesoro, estas libretas fueron una de mis más valiosas posesiones por mucho tiempo. Aún ahora disfruto de una buena cita, y aún cuando son maravillosos recordatorios, estoy inmensamente agradecido de ya no *necesitarlos* para recordar.

En ese entonces no estaba realmente interesado en todos los detalles de la fuente de las frases al momento de apuntar algo que realmente me iluminaba o avivaba; ahora que quiero darle a los autores el reconocimiento que merecen me doy cuenta de que hubiera sido buena idea. Me disculpo en caso de que alguna de las citas haya sido atribuida incorrectamente, por favor háganmelo saber para que pueda corregirlo. ¡Gracias!

Principio del Libro

MKI (n.d.) *"Sé excelente."* [Uno de sus dichos favoritos.]

Palahniuk, C. (1999) *Invisible Monsters* (n.d.): W. W. Norton. *"Nada de mí es original. Soy el esfuerzo combinado de todos los que he conocido."*

Gandhi, M. (n.d.) *"En la vida hay algo más importante que acelerarla."* Atribuida.

Aurelio, M. (1994) *Las Meditaciones* (G. Long, Trad.) Recuperado en 2019, de *http://classics.mit.edu/Antoninus/meditations.html* Escrito en 167 A.C.E. *"No es a la muerte a quien debería temer el hombre, debería de temer a nunca comenzar a vivir."*

Da Vinci, L. (n.d.) *"La simplicidad es la máxima sofisticación."* Atribuida.

1

Gallwey, W. T. (2015) *The inner game of tennis: The ultimate guide to the mental side of peak performance.* London: Pan Books. *"Un jugador de tenis enfrenta el Juego Interno por primera vez cuando descubre que hay un oponente mucho más formidable dentro de su cabeza que aquél del otro lado de la red."*

Collins, J. (2001) *Good to great: Why some companies make the leap and others don't.* London: Random House business. *"Los grandes líderes... encarnan la aparente paradoja de tener voluntad y enfoque intensos y unidireccionales y, a su vez, poseer una gran cantidad de 'habilidades interpersonales' tales como la humildad y el altruismo."*

Mort, P. (n.d.) Paul Mort Live. Presentación en vivo (n.d.), (n.d.) *"Tratamos al descanso como una recompensa al trabajo duro, y no lo es. El descanso y la recuperación son un prerrequisito para ser sobresalientes."* [Para saber más acerca del trabajo de Paul Mort visita *https://unstoppablemanproject.com*]

Brilliant, A. (n.d.) *"En ocasiones, la acción más urgente es descansar por completo."* [Para ver más de su gran trabajo véase *www.ashleighbrilliant.com*]

2

Kaplan, S. (2011) *Negociar con el diablo: La negociación, base para vivir mejor*. Editorial Libros del Zorzal. ISBN 9789875991910. "*Todo ha sido resuelto, excepto cómo vivir.*" (Jean-Paul Sartre, citado por el autor.)

Sartre, J. P. (Autor) Bernárdez, A. (Trad.) (2004) *A puerta cerrada*. Buenos Aires, Losada. ISBN 950-03-0633-6. "*El infierno son los otros.*"

3

Christie, K. (n.d.) "*En última instancia, sólo hay una lección que aprender en la práctica de la vida: Yo elijo. Yo elijo como me siento. Yo elijo lo que hago. Yo elijo lo que quiero y lo que no quiero. Yo elijo, una y otra y otra vez, momento a momento, respiración a respiración... Y la culminación de esos cientos de miles de millones y billones de opciones equivale a mi vida, de la cual soy responsable porque ya soy grande. Porque soy un adulto.*" [Una publicación hermosa de su página personal de Facebook. Ya no tengo el enlace a la publicación, ¡perdón, Kim!]

4

Cochrane, K. (2012) *Katie Piper: I asked Mum to kill me*. Recuperado de https://www.theguardian.com/lifeandstyle/2012/jun/02/katie-piper-acid-attack-book "*Oh, realmente no pienso en eso, porque es energía desperdiciada, ¿no es así? Lo hecho, hecho está, no podemos cambiarlo, pero podemos cambiar la manera en que lidiamos con ello.*" (Diane Piper, cuando le preguntaron sus sentimientos sobre los hombres que lanzaron ácido en la cara de su hija Katie.) [Para saber más acerca del trabajo de Katie Piper visita https://katiepiperfoundation.org.uk]

Aristóteles. (n.d.) "*Somos lo que hacemos repetidamente. La excelencia, entonces, no es un acto sino un hábito.*" Recuperado de https://es.wikiquote.org/wiki/Aristóteles (Original: "*We are what we repeatedly do. Excellence, then is not an act but a habit.*" Fuente: Will Durant, *The Story of Philosophy: The Lives and Opinions of the World's Greatest Philosophers* (1926) [Simon & Schuster/Pocket Books, 1991, ISBN

0-671-73916-6] [El error de atribución deriva de la explicación ofrecida por este autor en el capítulo II (Aristóteles y la Ciencia Griega) en la parte VII (La Ética y la Naturaleza de la Felicidad) donde, al sumar ideas y citas del propio Aristóteles conforma, como resultado la frase, atribuida por error al filósofo griego. En castellano se ha traducido como se indica desde la correspondiente en inglés reflejada en la variante.])

Buda (n.d.) *"Sólo hay dos errores que uno puede cometer en el camino a la verdad: No recorrer todo el camino y no comenzar."* Atribuida.

5

Palahniuk, C., Dobner, T., & Pivano, F. (2017) *Fight club*. Milano: Mondadori. *"Si no sabes lo que quieres, terminas con muchas cosas que no quieres."*

7

Ishaya, Priya (n.d.) Presentación en vivo (n.d.), (n.d.) *"El 'no tener suficiente tiempo' no es una razón para algo que no puedes hacer, es sólo una excusa para algo que no quieres hacer."*

Eisenhower, D. (1954) *Second Assembly of the World Council of Churches (EUA)* Evanston, Illinois. *"Tengo dos tipos de problemas: el urgente y el importante. Lo urgente no es importante, y lo importante nunca es urgente. Esto, creo yo, representa un dilema para hombre moderno."*

Ford, D. (2004) *The right questions: Ten essential questions to guide you to an extraordinary life.* New York: HarperOne. *"Nuestro mundo exterior refleja nuestros compromisos internos. Si queremos saber con qué estamos realmente comprometidos, sólo tenemos que mirar nuestras vidas. Conscientes o no, siempre estamos creando exactamente aquello con lo que estamos más comprometidos. Es vital comprender que las elecciones que hacemos siempre están alineadas con nuestros compromisos más profundos. Al examinar lo que tenemos y lo que no tenemos, podremos ver y descubrir con qué estamos realmente comprometidos."*

John, D. (2016) *The Gable Method*. Recuperado de *htttps://www.t-nation.com/training/gable-method* "Si es importante, hazlo todos los días."

Lao Tzu (2018) *Tao Te King*. (n.d.) A & D Publishing. "Un viaje de mil millas comienza con un sólo paso."

Anónimo (n.d.) *El Talmud*. (n.d.), (n.d.) "No vemos las cosas como son, las vemos como somos. No escuchamos las cosas como son, las escuchamos como somos."

Goldman, P. (2012) Obtenida de una conferencia en vivo (n.d.), (n.d.) "Ten opiniones firmes, pero sostenlas suavemente."

LaRoche, L. (1998) *Relax-you may have only a few minutes left: Using the power of humor to overcome stress in your life and work*. New York: Villard. "Ríete de lo que te es sagrado, y mantenlo sagrado." (Cita de Abraham Maslow, recuperada de este documento, p. xvii.)

Twain, M. (n.d.) "Las vacas sagradas hacen las mejores hamburguesas." Atribuida.

8

Niebuhr, R. (1942) *Oración de la Serenidad*. "Concédeme la serenidad para aceptar las cosas que no puedo cambiar, el coraje para cambiar las cosas que puedo, y la sabiduría para reconocer la diferencia." [Atribuida a diversos autores a lo largo de la historia.]

Flynn, P. (n.d.) *Newsletter de Pat Flynn*. (Via Email) "El verdadero fracaso en la vida es la inactividad. No seas esa persona que deja pasar todas las oportunidades." [Para saber más acerca del trabajo de Pat Flynn visita www.chroniclesofstrength.com]

9

Mello, A. D. (1990) *Taking flight: A book of story meditations*. New York: Doubleday. "Nada supera la santidad de aquellos que han aprendido la perfecta aceptación de todo lo que es. En el juego de cartas llamado vida, uno juega la mano que recibe lo mejor posible según sus habilidades. Aquellos que insisten en no jugar la mano que recibieron sino la que *insisten debieron recibir, fracasan en la vida. No se nos pregunta si vamos a jugar. Esa no es una opción. Debemos jugar, y nosotros podemos elegir cómo."*

10

Taylor, J. B. (2011) *Un Ataque de Lucidez: Un Viaje Personal Hacia la Superación*. London: Hodder & Stoughton General Division. *"Cualquier otra respuesta emocional es sólo la persona eligiendo permanecer en esa repetición emocional... Si continúas sintiendo miedo, ira, etc. necesitas observar los pensamientos que están volviendo a estimular los circuitos que generan esta respuesta fisiológica una y otra vez."*

Moy, D. (2017) *Dax Moy Live*. Presentación en vivo. (n.d.), (n.d.) *"Los animales se sientan seguros."* (Información en tabla) [Para saber más acerca del trabajo de Dax Moy visita http://www.mindmapcoach.com/mindmap-mapped-2018]

11

Tolle, E. & DiCarlo, R. E. (2016) *The power of now: A guide to spiritual enlightenment*. London: Yellow Kite. *"Acepta, después actúa. Lo que sea que el momento presente contenga, acéptalo como si tú lo hubieras elegido. Siempre trabaja con eso, no en contra."*

Epicteto & Lebell, S. (1995) *The art of living: The classical manual on virtue, happiness, and effectiveness*. New York: HarperOne. *"La felicidad y la libertad comienzan con el claro entendimiento de un principio: algunas cosas están dentro de nuestro control, y algunas no. Sólo después de que hayas aceptado esta ley fundamental y aprendas a distinguir entre lo que puedes y no controlar, que la tranquilidad interna y externa se vuelven posibles."*

Armstrong, L. (n.d.) *"No doy nada por sentado. Ahora sólo tengo días buenos y días geniales."* Atribuida.

Epicteto & Long, G. (n.d.) *Selections from the discourses of Epictetus with the Encheiridion*. Philadelphia: H. Altemus. "Los hombres no se perturban por lo que pasa, sino por su opinión sobre lo que pasa."

Collins, J. C. (2009) *Good to great: Why some companies make the leap... and others don't*. New York, NY: Collins. James Stockdale Citado por J. Collins: "Nunca dudé, no sólo en que saldría libre, sino que prevalecería y convertiría esa experiencia en un momento determinante en mi vida, que, en retrospectiva, no cambiaría por nada."

Nietzsche, F. (n.d.) "¿Algo que todos pueden hacer? Apreciar y culpar. Esta es la virtud humana, esta es la locura humana." Atribuida.

Beattie, M. (2005) *Language of letting go*. (n.d.) Hay House. "La gratitud libera la plenitud en la vida. Hace que lo que tengamos sea suficiente, y más. Convierte la negación en aceptación, el caos en orden, la confusión en claridad. Puede convertir una comida en un manjar, una casa en un hogar, un extraño en un amigo. La gratitud da sentido a nuestro pasado, trae paz a nuestro presente, y crea una visión para el futuro."

Mott, S. (2015) *7/7 bombings 10 years on: Martine Wright lost both legs in the attack*. Recuperado el 9 de Febrero del 2019 de https://www.independent.co.uk/news/uk/home-news/77-bombings-10-years-on-martine-wright-lost-both-legs-in-the-attack-she-explains-how-her-experience-10350219.html Martine Wright, citada por Sue Mott: "Puede parecer una locura que lo diga... pero ahora, mi vida es increíble. He tenido la oportunidad de hacer tanto, de conocer a tanta gente. Creo que no regresaría en el tiempo, si es que tuviera esa oportunidad... Créanme que he tenido días en los que me pregunto '¿por qué yo?' Pero, con la ayuda de mi maravillosa familia y amigos, he podido lidiar con esto. No es que no tenga piernas, ahora tengo piernas nuevas. Todo es posible."

Wright, M. & Mott, S. (2017) *Unbroken: My story of survival from 7/7 bombings to Paralympics success*. London: Simon & Schuster.

Mort, P. (2017) *Paul Mort Live*. Presentación en vivo (n.d.), (n.d.) "El hueco en el futuro..." y "Lista de victorias..."

Lao Tzu (2018) *Tao Te King*. (n.d.) A & D Publishing. "*Siéntete pleno con lo que tienes, regocíjate en cómo son las cosas. El mundo entero te pertenece cuando te das cuenta de que nada falta.*"

Bach, R. (2001) *Illusiones*. London: Cornerstone. "*Lo que la oruga llama 'el fin del mundo' el maestro lo llama mariposa.*"

Chadwick, I. (2012) *Bad Lao Tzu meme adds to growing list of mis-identified quotes online*. Recuperado en Febrero 9, 2019 de http://ianchadwick.com/blog/bad-lao-tzu-meme-adds-to-growing-list-of-mis-identified-quotes-online Wang Fou, Hua Hu Ching citado por Ian Chadwick: "*Si quieres despertar a la humanidad entera, entonces despiértate a ti mismo. Si quieres eliminar el sufrimiento en el mundo, entonces elimina todo lo obscuro y negativo en ti. En verdad, el regalo más grande que puedes dar es tu propia autotransformación.*"

Mello, A. D. & Stroud, J. F. (1990) *Awareness*. Collins Fount. "*No estamos aquí para cambiar el mundo, estamos aquí para aprender a amarlo.*"

Einstein, A. (n.d.) "*Ningún problema puede ser resuelto con la misma mentalidad que lo creó.*" Atribuida.

MSI (1998) *Ascension! An analysis of the art of ascension as taught by the Ishayas*. Waynesville, NC: SFA Publications. "*El principio básico es este: si estamos sembrando división, profesando destrucción, buscando y encontrando maldad en el mundo (¡aún si la buscamos con la intención de eliminarla!), entonces somos parte del problema, no de la cura.*"

Mateo (2003) *Versión Rey Jacobo (7:1)* Houndmills: Palgrave Macmillan. "*No juzgues, y no serás juzgado.*"

Valles, C. G. (1994) *Unencumbered by baggage: Father Anthony de Mello, a prophet for our times*. Anand, India: Gujarat Sahitya Prakash. "*No cambies: el deseo a cambiar es el enemigo del amor. No se cambien: ámense tal como son. No cambien a otros: amen a los demás tal como son. No cambien el mundo: está en manos de Dios, y él lo sabe. Y si lo haces, el cambio ocurrirá maravillosamente a su propia manera y en su propio tiempo, cede a la corriente de la vida, libre de equipaje.*"

Hanh, T. N. (2008) *Art of power*. Harpercollins. "*Ser hermoso significa ser tú mismo. No necesitas ser aceptado por otros. Necesitas aceptarte a ti mismo.*"

Gottman, J. M. (2009) *What predicts divorce? The relationship between marital processes and marital outcomes*. New York: Psychology Press. Proporción 5:1 para una relación exitosa. Citado por Lisitsa, E. (2016) *The Workplace: The Ideal Praise-to-Criticism Ratio*. Recuperado el 9 de Febrero, 2019 de https://www.gottman.com/blog/the-workplace-the-ideal-praise-to-criticism-ratio (La investigación que detalla la proporción 5:1 que aparece en equipos exitosos de trabajo es citada en el mismo artículo.)

Anónimo (n.d.) "*Cuando el pasto parezca más verde en el patio del vecino, será el momento indicado para regar tu propio jardín.*"

Soma. (1987) *The Kalama Sutta*. Singapore: Singapore Buddhist Meditation Centre. Recuperado de https://www.accesstoinsight.org/tipitaka/an/an03/an03.065.than.html "*Ahora, Kalamas, no se dejen guiar por informes, leyendas, tradiciones, escrituras, conjeturas lógicas, deducciones, analogías, acuerdos al sopesar puntos de vista, probabilidades ni pensamientos. 'Este contemplativo es nuestro maestro'. Cuando saben por ustedes mismos que 'estas cualidades son acertadas, irreprochables o alabadas por el sabio; cuando se adoptan y se llevan a cabo, conducen al bienestar y a la felicidad', entonces debe morar y permanecer en ellas.*"

13

Goldstein, J. & Kornfield, J. (2001) *Seeking the heart of wisdom: The path of insight meditation*. Boston: Shambhala. Buda, citado en el libro. "*Si supieras lo que yo sé sobre el poder de dar, no dejarías pasar ni una sola comida sin compartirla, de alguna manera.*"

Gibran, K. (2009) *The Prophet*. BN Publishing. "*Das muy poco cuando das tus posesiones. Cuando das de ti mismo, entonces estás dando en verdad.*"

MSI (n.d.) Obtenido de material no publicado. "*Sabios aquellos que dan. Más sabios aquellos que buscan oportunidades para dar.*"

John, P. (2011) *Misquotes that Bapu is forced to wear - Times of India*. Recuperado de https://timesofindia.indiatimes.com/city/ahmedabad/Misquotes-that-Bapu-is-forced-to-wear/articleshow/10211948.cms "Sé el cambio que quieres ver en el mundo." *(Falsamente atribuida a Gandhi, M.)*

Assisi, F. (2016) Crosswalk Editorial Staff. *The Prayer of St. Francis - Make Me an Instrument!* Recuperado en Febrero 9, 2019 de https://www.crosswalk.com/faith/prayer/prayers/the-prayer-of-st-francis-make-me-an-instrument.html "Porque es en dar que recibimos."

Lucas (2003) *Versión King James* (6:31). Houndmills: Palgrave Macmillan. "Trata a los demás como quieres que te traten a ti."

Pikunas, J. (1969) *Human development: A science of growth: (formerly: Psychology of human development)*. New York a.o: McGraw-Hill. Johan Wolfgang von Goethe citado por el autor: "Trata a la gente como si ya fueran lo que pueden ser, y ellos serán aquello que son capaces de ser."

Gibran, K. & Douglas-Klotz, N. (2018) *Kahlil Gibrans little book of life*. Charlottesville, VA: Hampton Roads Publishing. "El dinero es como el amor. Mata lenta y dolorosamente al que lo retiene, y aviva aquellos que lo convierten en su prójimo."

14

Hạnh, N. (1995) *Salm esŏ kkaeŏnagi; Kŭmganggyŏng = The diamond that cuts through illusion*. Sŏul: Changgyŏngkak. "Mucha gente está viva, pero no tocan el milagro de estar vivos."

Lennon, J. (n.d.) "La vida es lo que sucede cuando estás ocupado haciendo otros planes." (Atribuida a él y a otros personajes tales como Betty Talmadge, Thomas La Mance, Margaret Millar, William Gaddis y Lily Tomlin.)

Juline, K. & Tolle, E. (n.d.) *Awakening to Your Life's Purpose*. Science of Mind Magazine. https://www.eckharttolletv.com/article/Awakening-Your-Spiritual-Lifes-Purpose "La mayoría de la gente trata el momento presente como si fuera un obstáculo que necesitan superar. Esta es una manera disparatada de vivir ya que el momento presente es la vida misma."

Tolle, E. & DiCarlo, R. E. (2016) *The power of now: A guide to spiritual enlightenment*. London: Yellow Kite. "Si el interior está bien, el exterior lo estará también. Tan pronto como honres el momento presente, la infelicidad y la lucha se disolverán, la vida comenzará a fluir con gozo y facilidad... lo que sea que hagas, aún la acción más simple, estará inculcado en un sentido de calidad, cuidado y amor."

McGill, B. (n.d.) *Simple Reminders: Inspiration for Living Your Best Life*. "Tus propios pensamientos son los peores abusones con los que te encontrarás en la vida."

Mello, A. D. (2008) *One minute wisdom*. Anand: Gujarat Sahitya Prakash. "El pensamiento puede organizar el mundo tan bien, que dejas de verlo."

Byrom, T. (2010) *The Dhammapada: The sayings of the Buddha*. London: Ebury Digital. (Cita atribuida por el autor a Gautama Buda: "Somos lo que pensamos; todo lo que surge con nuestros pensamientos. Creamos el mundo con nuestros pensamientos.")

Miller, H. (2015) *Tropic of Capricorn*. UK: Penguin Books. "El propósito de la vida es vivir, y vivir significa consciente, gozosa, embriagante, serena y divinamente consciente."

Milarepa & Chang, G. C. (1999) *The hundred thousand songs of Milarepa*. Boston, MA: Shambhala. "Los asuntos del mundo continuarán por siempre. No retrases la práctica de la meditación."

Krieger, R. A. (2002) *Civilizations quotations: Lifes ideal*. New York: Algora Pub.(Cita atribuida por el autor a Meister Eckhart: "Lo que plantamos en la tierra de la contemplación será recolectado en la cosecha de la acción.")

Brown, J. (n.d.) "Nunca te puedes poner en ridículo por hablar con vulnerabilidad. Es el camino de los campeones." Atribuida.

Churchill, W. (n.d.) "Si estás atravesando un infierno, sigue avanzando." Atribuida.

Haig, M. (2016) *Reasons to stay alive*. Leicester: Thorpe. "Donde sea que estés, en cualquier momento, intenta encontrar algo hermoso. Una cara, un verso, las nubes a través de la ventana, algún grafiti, un molino. La belleza limpia la mente."

Epicteto. (1989) *Discourses*. (W. A. Oldfather, Trad. Loeb, Ed.) *"La dificultad muestra de qué está hecho el hombre. Por lo tanto, cuando una dificultad recae en ti, recuerda que Dios, al igual que un entrenador de lucha, te ha emparejado con un joven rudo. ¿Por qué? Para que puedas convertirte en un conquistador olímpico; pero eso no se logra sin sudor."*

15

Gilbert, E. (Mayo 7, 2014) *Dear Ones: Yesterday I wrote on Twitter, "I've never seen any life transformation..."* Recuperado de https://www.elizabethgilbert.com/dear-ones-yesterday-i-wrote-on-twitter-ive-never-seen-any-life-transformati *"Nunca he visto una transformación de vida que no haya empezado con la persona en cuestión finalmente cansándose de su propia mierda."*

Byrom, T. (2010) *The Dhammapada: The sayings of the Buddha*. London: Ebury Digital. *"Es mejor conquistarte a ti mismo que ganar mil batallas. La victoria es tuya. No te puede ser arrebatada, ni por ángeles ni por demonios, ni por el cielo ni el infierno."*

Campbell, J., Moyers, B. & Flowers, B. S. (2012) *The power of myth*. (n.d.) Turtleback Books. *"No creo que la gente busque el sentido de la vida tanto como la experiencia de estar vivo."*

Campbell, J., Moyers, B. & Flowers, B. S. (2012) *The power of myth*. (n.d.) Turtleback Books. *"Sigue tu dicha. Si lo haces te pones a ti mismo en un camino que ha existido todo el tiempo, esperando por ti, y comienzas a vivir la vida que siempre debiste vivir."*

Watterson, B. (1990) Presentación en vivo: Discurso de graduación 1990 en la universidad de Kenyon, Ohio. Recuperada el 8 de Febrero, 2019 de http://web.mit.edu/jmorzins/www/C-H-speech.html *"Crear tu propio sentido de la vida no es fácil, pero está permitido, y creo que serás más feliz aún cuando implique un esfuerzo adicional."*

Thurman, H. (2001) *Violence unveiled: Humanity at the crossroads* (G. Bailie, Ed.) New York: Crossroad. *"No te preguntes qué necesita el mundo. Pregúntate qué te hace cobrar vida. Entonces ve y haz eso, porque el mundo necesita gente que ha cobrado vida."*

Whitford, B. (2004, May 15) *Spring commencement*. Presentación en vivo. Recuperado de https://news.wisc.edu/spring-commencement-transcript-of-address-by-bradley-whitford "Toma acción. Cada historia con la que alguna vez has conectado, cada líder al que has admirado, cada cosa insignificante que has logrado es el resultado de tomar acción. Tienes una elección: puedes ser una víctima pasiva en las circunstancias, o puedes ser el héroe activo en tu propia vida."

Pressfield, S. (2012) *The war of art: Break through the blocks and win your inner creative battles*. New York: Black Irish Entertainment. "¿Estás paralizado por el miedo? Esa es una buena señal. El miedo es bueno. Al igual que dudar de ti mismo, el miedo es un indicador. El miedo nos dice lo que tenemos que hacer. Recuerda la regla práctica: entre más miedo tengamos de un trabajo o llamado, mayor la certeza de que tenemos que hacerlo."

Osho (2007) *Emotional wellness: Transforming fear, anger, and jealousy into creative energy*. New York: Harmony. "Nunca intentes escapar del miedo cuando sea que esté ahí. De hecho, tómalo como un indicador. Esas son las direcciones en las que quieres viajar. El miedo es simplemente un reto, te llama: "¡Ven!"

Keller, J. (2018) *The mysterious Ambrose Redmoon's healing words*. Recuperado el 27 de Agosto, 2018 de http://articles.chicagotribune.com/2002-03-29/features/0203290018_1_chicago-police-officer-terry-hillard-courage "La valentía no es la ausencia del miedo, si no el entendimiento de que hay algo más importante que tu propio miedo."

Eckhart, M. (2007) *Gearys guide to the worlds great aphorists*. (J. Geary, Ed.) New York: Bloomsbury. "El precio de la inacción es mucho mayor al costo de cometer un error."

Mort, P. (2017) *Paul Mort Live*. Presentación en vivo. (n.d.), (n.d.) *Herramienta para corregir errores*.

Flynn, P. (n.d.) *Newsletter de Pat Flynn*. (Via Email) "El verdadero fracaso en la vida es la inactividad. No seas esa persona que deja pasar todas las oportunidades."

MSI (n.d.) "Lo único que tienes que hacer es seguir adelante. Nunca ceder un sólo centímetro ante el miedo. Enfócate en lo que es real, nunca dudes, nunca te alejes del Uno. Entonces, cuando tienes dominio de eso, la vida es simple."

Epicteto (1970) *The enchiridion* (D. Erasmus & R. Himelick, Trad.) Gloucester, MA: P. Smith. *"Si quieres mejorar, alégrate con que te consideren tonto y estúpido."*

Proctor, B. (n.d.) *Bob Proctor*. Recuperado de https://www.facebook.com/OfficialBobProctor/posts/you-are-the-only-problem-you-will-ever-have-and-you-are-the-only-solution-change/10151235359999421 *"Tú eres el único problema que jamás tendrás, y tú eres la única solución."*

Tzapinar. (2012) *Benjamin Zander - Work (How to give an A)*. Recuperado el 9 de Febrero del 2019 de http://www.youtube.com/watch?v=qTKEBygQic0

Ford, H. (n.d.) *"Ya sea que creas que puedes o que no puedes, tienes razón."* Atribuida.

MSI (n.d.) *Unity. The Ascending Current*. *"La vida fue hecha para ser vivida en gozo eterno, libertad infinita, amor incondicional y consciencia ilimitada; cualquier otro tipo de vida se está perdiendo totalmente el punto de haber nacido humano."*

Maharaj, N. (2012) *Sri nisargadatta's lost satsang part 6*. Recuperado el 8 de Febrero de 2019, de https://www.youtube.com/watch?v=ejDUEW9xdSQ *"Ya que la muerte es inevitable, ¿por qué no haces lo que los sabios dicen y ves si lo que dicen funciona?"*

John, D. (n.d.) *Re: "Show Up, Don't Quit, Ask Questions"* Recuperado el 8 de Febrero del 2019, de http://danjohn.net/100reps

Ishaya, Priya. (n.d.) *"Se requiere valor para reconocer que no somos víctimas de nada afuera de nosotros. El reconocer que somos perfectos es una de las cosas más valerosas que podemos hacer."*

Rogers, C. R. (2004) *On becoming a person: A therapists view of psychotherapy*. London: Constable. *"La curiosa paradoja es que cuando me acepto tal y como soy, es cuando puedo cambiar."*

Maharaj, Nisargadatta, Sri (2012) *I Am That: Talks With Sri Nisargadatta Maharaj*. Acorn Pr. *"Una vez que te das cuenta de que el camino es la meta y de que siempre estás en el camino, no para alcanzar una meta, sino para disfrutar de su belleza y sabiduría, la vida deja de ser una labor y se vuelve natural y simple, un éxtasis en sí misma."*

Jack, A. Homer (2005) *The Wit and Wisdom of Gandhi*. (n.d.) Dover Publications. (Cita atribuida a Mahatma Gandhi: "Si nadas en el fondo del océano de la Verdad, debes de reducirte a Cero.")

Fox, M. (2014) *Meister Eckhart – a mystic-warrior for our times*. New World Library. "A Dios no se le encuentra en el alma al agregar, si no al quitar."

Joehle, K. (n.d.) "El Universo está diciendo, 'permíteme fluir a través de ti sin restricciones, y verás la magia más maravillosa magia que jamás hayas visto'." Atribuida.

Ramana, & Greenblatt, M. (2007) *The essential teachings of Ramana Maharshi: A visual journey*. Carlsbad, CA: Inner Directions Foundation. "La única función de las enseñanzas es hacernos recorrer el camino de vuelta a nuestra Fuente Original. No necesitamos adquirir nada nuevo, sólo rendir las falsas ideas y adherencias inútiles. En lugar de hacer esto, intentamos aferrarnos a algo extraño y misterioso porque creemos que la felicidad se encuentra en otro lugar. Este es el error."

Maharaj, N. (n.d.) "No hay nada que pueda darte que no tengas ya." Atribuida.

Saraswati, B. (n.d.) "Si quieres darme algo, dame tu avaricia, tus lujurias, tus debilidades. Eso es lo que aprecias por sobre las demás cosas. Dame todo lo que se interpone entre Dios y tú." Atribuida. (Disponible en: http://www.paulmason.info/gurudev/miscellaneous.html)

Gandhi, M. (n.d.) "Puede que nunca sepas el resultado de tus acciones. Pero si no haces nada no habrá ningún resultado." Atribuida.

Kelly, J. P. & Martin-Smith, K. (2014) *The heart of Zen: Enlightenment, emotional maturity, and what it really takes for spiritual liberation*. Berkeley, CA: North Atlantic Books. (Cita atribuida a Chogyam Trungpa: "La iluminación es la mayor decepción del ego.")

Ḥāfiẓ & Ladinsky, D. J. (1999) *The gift: Poems by Hafiz the great Sufi master*. New York: Arkana. "He aprendido tanto de Dios, Que ya no puedo llamarme a mí mismo Un cristiano, un hindú un musulmán, Un budista, un judío. La verdad ha compartido tanto de *sí conmigo, Que ya no me puedo llamar, Un hombre, una mujer, un ángel, Ni siquiera un alma pura. El Amor se ha vuelto tan íntimo amigo de Hafiz, Se ha vuelto ceniza y me ha liberado De cada concepto e imagen Que mi mente ha conocido."*

17

Bombeck, E. (n.d.) *"Al final de mi vida, cuando me pare frente a Dios, espero que no me quede absolutamente nada de talento y pueda decir: 'utilicé todo lo que me diste'."* Atribuida.

Frankl, V. (2004) *Man's search for meaning: The classic tribute to hope from the holocaust.* Rider. "Nosotros que vivimos en campos de concentración podemos recordar a los hombres que caminaban por las barracas reconfortando a otros, dando su última pieza de pan. Quizás fueron pocos, pero fueron evidencia suficiente para demostrar que a un hombre se le puede quitar todo, menos una cosa, una de sus últimas libertades: el elegir su propia actitud en cualquier circunstancia, elegirla a su propia manera."

Mello, A. D. (2008) *One minute wisdom.* Anand: Gujarat Sahitya Prakash. "¿Hay vida antes de la muerte? ¡Esa es la cuestión!"

Kabat-Zinn, J. (2018) *Meditation is not what you think: Mindfulness and why it is so important.* New York: Hachette Books. (Cita atribuida a Kabir: "¿Crees que si no rompes tus ataduras estando vivo los fantasmas lo harán después?")

MKI (2015) Presentación en vivo. España. "La pregunta no es '¿puedes?', la pregunta es, '¿lo harás?'"

Neehall-Davidson, J. (2004) *Perfecting your private practice: Suggestions and strategies for psychologists.* Victoria, B.C.: Trafford. (Cita atribuida a Abraham Maslow: "Si deliberadamente planeas ser menos de lo que puedes ser, entonces te advierto que serás infeliz el resto de tu vida.")

MKI (n.d.) Presentación en vivo. "Es una bendición el ser otorgado el deseo de ser libre. Es una enorme bendición tener esa chispa de deseo por experimentar algo más de aquello que nos dijeron debería ser la vida. Es una bendición tener el deseo de experimentar todo, en su máxima expresión, en lugar de intentar sobrevivir. Es una gran bendición en *realidad saber que quienes realmente somos va más allá de quienes creemos hemos sido. Una cosa es reconocer ese deseo, y otra es hacer ese deseo tu prioridad, depende de nosotros el convertirlo en un deseo tan ardiente que creemos justo lo que necesitamos para alcanzarlo. Son aún menos los siguen el llamado de ese deseo y encuentran su camino. Pero es por elección."*

www.ingramcontent.com/pod-product-compliance
Lightning Source LLC
LaVergne TN
LVHW041606070426
835507LV00008B/162